Heiner Geißler   Das nicht gehaltene Versprechen

Heiner Geißler

DAS NICHT GEHALTENE VERSPRECHEN

Politik im Namen Gottes

Kiepenheuer & Witsch

Erste Auflage 1997

© 1997 by Verlag Kiepenheuer & Witsch, Köln
Alle Rechte vorbehalten. Kein Teil des Werkes darf in
irgendeiner Form (durch Fotografie, Mikrofilm
oder ein anderes Verfahren) ohne schriftliche Genehmigung
des Verlages reproduziert oder unter Verwendung
elektronischer Systeme verarbeitet, vervielfältigt
oder verbreitet werden.
Umschlaggestaltung: Rudolf Linn, Köln
Umschlagfoto: Kurt Steinhausen
Gesetzt aus der Garamont Amsterdam (Berthold)
bei Kalle Giese Grafik, Overath
Druck und Bindearbeiten:
Graphischer Großbetrieb Pößneck, Pößneck
ISBN 3-462-02618-6

Inhalt

Das Versprechen

Niemand ist gezwungen, an Gott zu glauben oder die Evangelien als Botschaft Jesu Christi zu akzeptieren. Wer sich jedoch auf Gott beruft, sich Christ nennt oder den Begriff »christlich« im Namen seiner Partei verwendet, muß sich in seinen Worten und Taten mit dem Inhalt seines Glaubens und seiner Religion konfrontieren lassen. Dies gilt für evangelische und katholische Christen genauso wie für Muslime und Angehörige anderer Religionen.

George Bernanos schreibt in seinem Buch »Die Sonne Satans«: »Die Frau ist ein Versprechen, das nicht gehalten werden kann.« Ich vermute, daß die Zahl der von Männern enttäuschten Frauen größer ist. Aber wie viele sind es wohl in der Geschichte der Menschheit gewesen, die im Namen Gottes, oder Allahs, oder Jesu Christi politische Versprechen geweckt und nicht gehalten haben?

Es gibt Politgangster, die ihre Verbrechen im Namen Gottes begehen. Sie reichen von den Kreuzfahrern, Großinquisitoren, Hexenverbrennern und islamischen Terroristen bis zu den Mullahs, die Ehebrecherinnen bis über die Hüfte im Sand eingraben und steinigen lassen.

Staatsmänner, andere Politiker, Medienzare und Ajatollahs jeglicher Couleur führen den Namen Gottes im Mund oder in ihren Programmen, in Wirklichkeit aber haben sie damit nichts im Sinn. Sie sind die modernen Schriftgelehrten, von denen Jesus sagt, man solle sich nicht nach ihnen richten, »denn sie reden zwar, handeln aber nicht danach. Sie binden schwere und unerträgliche Lasten und legen sie auf die Schultern der Menschen; selber aber wollen sie keinen Finger rühren.«[1]

Auch ohne und gegen Gott wird Politik gemacht: Hitler, Stalin, Pol Pot und Karadžić und ihre Schergen und Folter- knechte so wie andere Sadisten, die ihre Gefangenen etwa mit Vorschlaghämmern liquidierten oder vom Hubschrau- ber aus in aktive Vulkane warfen.

Aber es gibt seit über 3000 Jahren Menschen, die das Wort Gottes ernst nehmen und in ihrem Leben verwirklichen wollen: die Kinder Israels, griechische Philosophen, die Jünger Jesu, Brahmanen, buddhistische Mönche, Staats- männer wie Thomas Morus, Priester und Nonnen, die Blut- zeugen in den Konzentrationslagern, Pazifisten – und nicht wenige christliche Demokraten.

Es geht in diesem Buch um die politische Dimension des Evangeliums, aber auch anderer Religionen. Die »Theo- Politik«, wie Pinchas Lapide, einer der großen jüdischen Religionswissenschaftler und Repräsentant des jüdisch- christlichen Dialogs, die politischen Konsequenzen aus der Bergpredigt bezeichnet, wird in der politischen Realität immer wieder zum Scheitern gebracht.

In Konzentrationslagern, Folterkammern und Gefängnis- sen unseres Jahrhunderts hat sich das Schicksal des nach einem rechtswidrigen Hochverratsprozeß 1535 enthaupte- ten Thomas Morus unzählige Male wiederholt. Am Aus- gang dieses Jahrtausends werden auf der Erde Milliarden von Menschen ihres Glaubens und ihres Gewissens willen oder wegen ihres Geschlechts, ihrer Rasse, ihrer ethnischen Zugehörigkeit unterdrückt, gefoltert und getötet oder leben in Armut, Sklaverei oder ohne Arbeit. Sie können sich zum Beispiel mit Jesus leicht identifizieren. Jesus als Sklave, der anderen die Füße wäscht, als Verbrecher am Kreuz: In der Welt des Bundesverbands der Deutschen Industrie, des »Shareholder-Value«, in der Erfolg, Dividen-

den, Konsum, Rang und Titel die Leitbilder der Gesellschaft geworden sind, wirkt dieser Mensch fremd, depla-
ziert und sein Appell zum Dienen absurd. Er stellt die
damals wie auch heute gültigen Werte und Maßstäbe auf
den Kopf.

Deo lo vult

Perversionen der Geschichte

Die Vielweiberei des Papstes Sixtus IV. – der einer der großen Baumeister unter den Päpsten war und der die Sixtinische Kapelle »zum Bilderbuch der Malerei« in der italienischen Hochrenaissance ausgestaltete – und die Grausamkeiten der Kinder Cesare und Lucrezia des Borgiapapstes Alexander VI. gelten zu Recht als moralische Tiefpunkte des Papsttums. Im Jahr 1527 verwüsteten deutsche Landsknechte Karls V. Rom, hängten Römer der Reihe nach an den Genitalien auf und ließen sie krepieren: der »Sacco di Roma«. Aber niemand behauptet, daß diese Verbrechen im Namen Gottes verübt worden seien. Weder diese Päpste noch Kaiser Karl V. beriefen sich auf die Bibel oder einen Auftrag Gottes, um ihre Unmenschlichkeiten zu begründen.

Als aber Papst Urban II. auf dem Konzil von Clermont (1095) die Christen zum 1. Kreuzzug aufrief, versammelten sich die Zuhörer der päpstlichen Predigt unter dem Ruf »Deo lo vult« (»Gott will es«), schnitten Stoffkreuze aus ihren Umhängen und hefteten sie zum Zeichen der Pilgerschaft in der Nachfolge Christi und des Kriegszugs gegen die Ungläubigen an ihre Schultern. Als 1099 Jerusalem erobert worden war, hing noch Tage danach ein süßlicher Verwesungsgestank über der Stadt. Die siegreichen Kreuzfahrer hatten viele Einwohner jeglicher Religionszugehörigkeit niedergemetzelt, auch Frauen und Kinder. Zeitzeugen berichteten, daß man bis zu den Knöcheln im Blut der Ermordeten gewatet sei.

Im Vorfeld dieses Kreuzzugs hatten Leute wie Petrus von Amiens, Walter Sans-Avoir und Emicho von Leiningen den Pöbel aufgehetzt gegen die heimischen Nichtchristen, nämlich die Juden, und gegen den Widerstand zum Beispiel der Bischöfe von Mainz und Worms die schwersten Pogrome des Mittelalters provoziert. Deo lo vult?

Im Namen der römischen Götter hatte schon Kaiser Nero die Christen, denen er den von ihm selbst gelegten Brand Roms in die Schuhe schob, den Löwen vorwerfen lassen. Im Namen Gottes wütete Kaiser Theodosius I. (379–395) gegen die Anhänger des alten heidnischen Glaubens. Sie wurden als Hochverräter bestraft, was zur Folge hatte, daß alle Tempel und Heiligtümer des alten Glaubens im Reich zerstört wurden, darunter das Serapeion von Alexandria, den Zeitgenossen das schönste und berühmteste Bauwerk des Ostens.

1429 brachte Jeanne d'Arc, die Jungfrau von Orléans, die Wende im Hundertjährigen Krieg zwischen Frankreich und England. Frankreichs König Karl VII. betrachtete sie als eine von Gott gesandte Botin, und sie ermutigte die französischen Truppen in ihrem Kampf. 1430 wurde sie in Kämpfen bei Compiègne von den Burgundern gefangengenommen und an die Engländer verkauft. Nach kurzer, harter Gefangenschaft wurde ihr der Prozeß wegen Zauberei und Ketzerei gemacht. 1431 wurde sie auf dem Scheiterhaufen verbrannt. Deo lo vult?

Etwa ab 1170 begann der Kaufmann Petrus Waldes in Lyon und Umgebung die apostolische Armut in der Nachfolge Christi zu predigen. Wegen seiner Kritik am ungeistlichen Leben der Kleriker und an der Lehrautorität der Kirche wurden die Waldenser in die Nähe einer anderen Bewegung gebracht, die sich seit Mitte des 12. Jahrhunderts ausbreitete, der Katharer (aus dem Griechischen »katharos«, »rein«), von denen sich das deutsche Wort »Ketzer« ableitet. Mit der Bekämpfung dieser religiösen Gruppen begann die Ketzerverfolgung.

In der älteren Kirchentradition war noch die Auffassung vertreten worden, daß gegen die Verbreitung von Häresie nicht mit Gewalt, sondern mit Predigt und Kirchenstrafen vorzugehen sei. Im Hochmittelalter aber wurden abweichende Meinungen zunehmend kriminalisiert. Hauptermittlungsmethode war nun die Inquisition, und die Strafen wurden verschärft. Sie reichten von der Vermögenskonfiskation über die Kerkerhaft bis zum Tod durch Verbrennen. Papst Gregor IX. (1227–1241) machte die Inquisition zum spezifischen Instrument der Ketzerbekämpfung und stattete den Dominikanerorden mit Spezialvollmachten für diese Aufgabe aus.[2] Ein Ergebnis dieser Politik im Namen Gottes war die größte »Ketzerbewegung« der Christenheit, nämlich die von Martin Luther begründete Reformation.

Im Jahr 756 eroberte der Omaijade Abd ar-Rahman das spanische »Al Andalus«, das heutige Andalusien. Seine Macht konnten weder die abbasidischen Kalifen von Bagdad noch Karl der Große brechen, der 778 vor Saragossa wieder kehrtmachen mußte. Die Omaijadenherrscher verschönerten die Städte: Córdoba ist für seine Moschee – die Mezquita – berühmt, die ihresgleichen nur in Mekka und Medina hat. Granada kam zu hohem Ansehen, dort wurde der berühmte Alhambra-Palast gebaut, ein Symbol für die letzte Blütezeit der maurischen Kultur in Spanien. Das Zusammenleben aller ethnischen Gruppen – Araber, Berber, Juden und christliche Spanier – verlief harmonisch.

Mit dem 11. Jahrhundert begannen die christlichen Spanier Al Andalus zurückzuerobern.[3] Nach dem Fall Granadas wurden Juden wie Muslime zwangsgetauft oder vertrieben. Wenn sie ihrer alten Religion im geheimen weiter anhingen, wurden sie von der Inquisition verfolgt. Große Teile der jüdischen und maurischen Bevölkerung verließen das Land. Deo lo vult?

Das Schicksal der europäischen Juden ist ein besonders trauriges Kapitel einer Politik im Namen Gottes. Ihre Lage pendelte zwischen Abgrenzung und Selbstbehauptung, zwischen Resignation und Flucht, zwischen Duldung und Schutz durch Kaiser, König oder Landesherr, verbunden mit Gettobildung, Sondersteuern und blutigen Pogromen. Am Ende stand der Völkermord durch die Nationalsozialisten.

»Adversus Judaeos« – eine Reihe theologischer Schriften vom 2. bis zum 7. Jahrhundert nach Christus trug diesen Titel, und in ihnen wurden den Juden Gottlosigkeit, Ritualmord und Unsittlichkeit vorgeworfen. Die gravierendste Anklage war jedoch die des Gottesmordes: Die Juden hätten Gottes Sohn, Jesus von Nazareth, getötet. Die Synagoge wurde zum Ort des Unglaubens erklärt, und der erste Synagogenbrand fand 388 in Kallinikon, einer kleinen Stadt am Euphrat, statt. Der Kirchenlehrer Augustinus, Bischof von Hippo, beschimpfte die Juden als »aufgerührten Schmutz, triefäugige Schar, zu Essig ausgearteten Wein der Propheten«. Er begründete die Ausgrenzung der Juden damit, daß sie den Bund des Neuen Testaments ablehnten. Ihre heimatlose Zerstreuung sei gottgewollte, heilsgeschichtliche Notwendigkeit.[4] Deo lo vult?

Das Bild vom Judentum, das Martin Luther 1543 in seiner Schrift »Von den Juden und ihren Lügen« entworfen hat, diente vielen Antisemiten späterer Generationen als Steinbruch. Die Berufung auf einen so berühmten Kronzeugen hat sicher einen Teil des evangelischen Kirchenvolks dazu veranlaßt, die von den Nationalsozialisten an den Juden begangenen Verbrechen zu billigen oder wenigstens stillschweigend zu dulden. Die Aversion des Reformators richtete sich gegen ein kleinbürgerliches Judentum, dem der Eintritt in die Zünfte ebenso verwehrt war wie der Erwerb von Grundbesitz, der den Ackerbau ermöglicht hätte. Handel und Pfandleihe waren ihre einzigen Verdienstmöglichkeiten. Luther rief immerhin nicht dazu auf, die Juden zu ermorden, hielt es aber für angebracht, sie rigoros zu unterdrücken und zu vertreiben.[5]

Martin Bucer, der Reformator Straßburgs, empfahl dem hessischen Landgrafen Philipp, den Juden das Geldgeschäft zu nehmen und sie zu schwerster, niedrigster körperlicher Arbeit zu zwingen. Johannes Calvin, der französischschweizerische Kirchenerneuerer, verurteilte die Juden als »profane, bellende Hunde, ein verfluchtes Lumpenpack voller Habgier und Hochmut«. Zwar wurden die Empfehlungen der Reformatoren nicht umgesetzt, doch haben ihre Ideen jahrhundertelang dem Antisemitismus Argumente geliefert.[6] Der religiöse Antisemitismus hat schließlich dem rassischen den Boden bereitet.

Zwischen 1450 und 1700 fand die große europäische Hexenjagd ihren Höhepunkt. Aufgrund einer speziellen Theologie wurden von Schottland bis Siebenbürgen und von Spanien bis Finnland Tausende von Frauen systematisch gefoltert, hingerichtet, vorwiegend auf dem Scheiterhaufen verbrannt, unter ihnen auch Kopernikus' Mutter.[7] Deo lo vult?

Im Heiligen Römischen Reich Deutscher Nation bewirkte erst die Veröffentlichung der Cautio Criminalis des Jesuiten Friedrich von Spee 1631 – eine vernichtende Kritik der bei deutschen Prozessen angewandten Folterverfahren – eine langsame Wende in der Hexenpolitik.

Im Zeitalter der Konquistadoren und des beginnenden Kolonialismus, im 15. und 16. Jahrhundert, verbanden sich Entdeckungsfahrten mit traditionellen christlichen Vorstellungen wie Kreuzzugsideen, aber auch mit materiellen Interessen bei der Suche nach neuen Ländern und den Wegen zu fernen Quellen des Reichtums. Auf der Route nach Süden, entlang der afrikanischen Küste, hoffte man, eine Querverbindung zum Roten Meer zu finden und dort auf das Reich des sagenumwobenen Priesterkönigs Johannes zu stoßen, um mit dessen Hilfe das Heilige Grab von den Muslimen befreien zu können.

1454 ließ sich Portugal durch ein Edikt des Papstes das ausschließliche Recht erteilen, Kolonien zu erschließen. Der Papst leitete seine Kompetenz dazu aus seiner Stellung als Vertreter Gottes auf Erden ab. Land von Nichtchristen durfte aufgrund ihrer »Sündhaftigkeit« in Besitz genommen werden. Der Papst verlieh den Eroberern das Land als Lehen mit der Pflicht zur Heidenmission. Die Einbeziehung des Papstes auch bei der Aufteilung von Einflußsphären zwischen Spanien und Portugal durch die Verträge von Tordesillas (1494) und Saragossa (1529) lieferte den vom christlichen Herrschaftsverständnis geprägten Monarchen durch den Auftrag der Heidenbekehrung eine besondere Legitimation für ihre größtenteils von materiellen Interessen bestimmte brutale Eroberungspolitik. Deo lo vult?

Der Mißbrauch des Namens Gottes ist kein »Privileg« vergangener Jahrhunderte. Er ist hochmodern. Nationalismus und religiöser Fundamentalismus, Nation und Religion haben sich in vielen Gegenden der Welt zu einer unheiligen

Allianz mit dem Ziel verschworen, Menschen nur deswegen zu verfolgen, zu diskriminieren und zu töten, weil sie Muslime, Albaner, Armenier, irische Katholiken und Protestanten oder Hindus sind.

Die serbischen Kriegsverbrechen im letzten Jahrzehnt dieses Jahrhunderts sind nicht zu verstehen ohne die Identifikation der Serben mit dem orthodoxen Christentum, genauer gesagt, mit der Feindschaft gegen den Islam. Die legendäre serbische Niederlage gegen das türkische Heer in der Schlacht auf dem Amselfeld im Jahr 1389 wurde mythisch verklärt und gilt bis heute als aufopferungsvoller Kampf aller Serben gegen den Islam für das christliche Abendland. Aus einer verlorenen Schlacht entstand irrationaler Haß gegen eine andere Religion. Hier wurde die identitätstiftende Idee eines großserbischen Reichs geboren, das es nur für eine sehr kurze Zeit Mitte des 14. Jahrhunderts gegeben hatte.

In Indien und Pakistan und zwischen beiden Staaten gibt es seit Jahrzehnten ethnisch und religiös motivierte blutige Auseinandersetzungen.[8] Auch in dem selbständig gewordenen Teil Pakistans, in Bangladesch, brechen immer wieder religiöse Unruhen aus. Die buddhistischen Bergvölker verlangen Autonomie im muslimischen Staat, islamisch-fundamentalistische Kräfte bedrohen die republikanisch-parlamentarische Verfassung und rufen zum Beispiel zum Mord an der Dichterin und Schriftstellerin Taslima Nasrin auf. Allahs Wille?

Ein Paradebeispiel für die Verschränkung religiöser und ethnischer Motive bei blutigen Auseinandersetzungen ist der Kaschmir-Konflikt zwischen Indien und Pakistan.[9] Auch im indischen Punjab toben ethnisch-religiöse Kämpfe. Extremistische Sikhs fordern wegen ihrer ökonomischen, politischen und religiösen Benachteiligung seit 1918 Autonomie für den Punjab. Der Goldene Tempel in Amritsar, eines der wichtigsten Heiligtümer und Zentrum der Sikh-Rebellen, wurde am 5. Juli 1984 von indischen Soldaten gestürmt. Es wurden mehr als tausend Aufständische getötet. Das Herz der heiligen Stätte, das Akal Takht, wurde zerstört.[10]

Auch der alles überschattende Konflikt zwischen Israel und der arabischen Welt hat in dieser unheiligen Verstrickung von Religion und Nationalismus eine seiner wesentlichen Ursachen. Panarabische und zionistische Bewegungen werden verstärkt durch religiöse Abschottung, Diskriminierung und Intoleranz. Dabei glauben Juden wie Araber an einen Gott und haben in Abraham einen gemeinsamen Erzvater.

Der Dauerbürgerkrieg im Libanon ist ohne das Gegeneinander von christlich-nationalen Falangisten und Maroniten auf der einen Seite (40 Prozent der Bevölkerung) und den Organisationen der Sunniten (23 Prozent der Bevölkerung), der Schiiten (30 Prozent der Bevölkerung) und der pseudoislamischen Drusen (7 Prozent der Bevölkerung) nicht zu verstehen.[11]

Einer der schlimmsten Fälle ethnisch-religiöser Verfolgung ist der von den Türken begangene Genozid an den Armeniern, dem über eine Million Menschen zum Opfer fiel.[12] In Sri Lanka verloren im ethnisch-religiös begründeten Konflikt zwischen den buddhistischen Singhalesen mit 74 Prozent der Bevölkerung und den hinduistischen Tamilen mit 18 Prozent der Bevölkerung bis 1995 mehr als 40 000 Menschen das Leben.

Das Paradebeispiel für die verheerende Wirkung eines Konflikts zwischen ethnischen und religiösen Bevölkerungsgruppen ist Nordirland.[13] Dieser Streit um unterschiedliche Richtungen innerhalb ein- und derselben Religion – dem Christentum – tobt nur einige hundert Kilometer entfernt von London, einer der größten Metropolen der industrialisierten Welt. Deo lo vult?

Kapitulation der Ethik?

Nach der Niederschlagung des Nationalsozialismus und
dem Zusammenbruch des kommunistischen Herrschafts-
systems hatte die Menschheit Hoffnung schöpfen können,
der Überwindung des Unmenschlichen und Totalitären
viele Schritte nähergekommen zu sein. Aber die Wirklichkeit ist anders. Die Menschen sehen im Fernsehen jeden
Abend Bilder von unvorstellbarer Armut und Grausamkeit.
Wegen des Öls wurde gegen den Irak ein blutiger High-
Tech-Krieg geführt. In Bosnien-Herzegowina wütete ein
ethnisch und religiös verursachter Ausrottungskrieg, vor
allem von serbischer Seite. Millionen von Frauen und Mädchen werden jedes Jahr an ihren Geschlechtsteilen verstümmelt. Wir sind die Zeitzeugen von Völkerwanderungen,
auch in Deutschland mit zwei Millionen Aussiedlern und
über 300 000 Flüchtlingen aus dem Südosten Europas. Auf
der Erde lebt eine Milliarde Menschen, die pro Tag weniger
zum Leben haben als den Gegenwert eines Dollars. Zwei
Milliarden können kein sauberes Trinkwasser genießen
und haben keinen Zugang zu ärztlichen Diensten. Dies
sind keine Angaben von Amnesty International oder terre
des hommes – beides verdienstvolle Institutionen, deren
Informationen auch richtig sind –, sondern Zahlen aus dem
letzten Entwicklungshilfebericht der Bundesregierung.
Jede Sekunde kommen drei Menschen auf die Welt. Die
Fachleute sprechen von der sogenannten B-Bombe. Vor
vierzig Jahren lebten 4,6 Milliarden Menschen auf der Erde,
heute sind es 6 Milliarden, bald werden es 8 bis 9 Milliarden
sein. Über achtzig Prozent der Menschen werden in nicht
allzu ferner Zeit in der südlichen Hälfte des Globus leben, in

Megametropolen wie heute schon Tokio oder São Paulo. Junge Menschen, hungrige Menschen, die durch den Massentourismus aus den Industrienationen und durch die weltweite Telekommunikation genau wissen, wie man wo gut lebt. Man kann die Straße von Gibraltar auf einem Surfbrett mit Segel in zwanzig Minuten überqueren und überschreitet damit gleichzeitig die Armutsgrenze zwischen Europa und Afrika. Das liegt nicht weit von Deutschland. Das Mittelmeer ist ein Binnenmeer zwischen Europa und Afrika und den arabischen Ländern. An seinen südlichen Ufern erhebt der islamische Fundamentalismus sein Haupt und will dort Gottesstaaten errichten – von Marokko über Algerien bis hin zur Türkei, Afghanistan, Malaysia und Indonesien. In Algerien, Afghanistan und Tadschikistan wollen die Gotteskrieger in blutigen Auseinandersetzungen Klerikalregime errichten, wie es ihnen in Libyen, im Sudan und im Iran bereits gelungen ist. Der islamische Fundamentalismus ist zu einer der größten Herausforderungen Europas geworden. Dabei geht es nicht allein um Probleme in fernen Ländern. Der Islam, der, vom Fundamentalismus abgesehen, eine friedliche und menschenfreundliche Religion ist, stellt inzwischen die drittgrößte Glaubensgemeinschaft in Deutschland.

Die globalen Konflikte verschränken sich mit lokalen Problemen. Die Klimakatastrophe rückt näher, und Deutschland droht bald im Verkehr zu ersticken. Die Vorboten der neuen weltweiten Völkerwanderung klopfen an die Türen unserer Sozialämter. Die innere Einheit Deutschlands ist noch nicht vollendet. Die osteuropäischen Staaten befinden sich im Übergang von der alten Ordnung, die zerstört ist, in eine neue Ordnung, die sie noch nicht gefunden haben.

Unsere Wirtschafts- und Arbeitswelt hat sich durch den Computer radikal verändert – tiefgehender und umfassender als durch die Erfindung der Dampfmaschine vor ungefähr 150 Jahren oder durch die Einführung der Elektrizität vor rund 200 Jahren. Die Halbwertszeit des Wissens hat sich dramatisch verkürzt. Im Jahr 1900 wußten Menschen doppelt soviel wie hundert Jahre zuvor. Dann hat es noch fünfzig Jahre gedauert, dann zehn, dann sieben Jahre. Heute verdoppelt sich das Wissen alle fünf Jahre. Alle drei Minuten werden zwei neue chemische Formeln erfunden, und alle fünf Minuten wird eine neue medizinwissenschaftliche Erkenntnis gewonnen beziehungsweise bekanntgegeben. Amerikanische Wissenschaftler haben ausgerechnet, daß in den nächsten zehn Jahren auf der Erde mehr Informationen erarbeitet werden als in den vergangenen 2300 Jahren seit Demokrit und Aristoteles. Das Ganze wird in gigantischen Datensystemen zusammengefaßt und vernetzt. Über das Internet sind diese Informationen für jedermann überall auf der Welt zugänglich. Derzeit stehen im globalen Datennetz jeden Tag zirka 22 Milliarden Zeitungsseiten zur Verfügung, über 25 Millionen Bücher liegen als CD-ROM vor, und in naher Zukunft werden weltweit auf mehr als 15 000 Kanälen Fernsehprogramme ausgestrahlt werden.

Das ist die neue Welt, in der wir leben. Das Rad läßt sich nicht mehr zurückdrehen: die Wirtschaft ist global geworden, Automatisierung, Flexibilisierung, Mobilität sind die Folgen, die Familien- und Gesellschaftsstrukturen verändern.

Was hat Moral in dieser Zeit zu suchen?

Die Politik im Namen Gottes mit dem Ziel der Weltverbesserung nach dem Motto »Der Zweck heiligt die Mittel« und unter Inkaufnahme von Mord, Folter und Ausrottung ist gescheitert – soll die Ethik jetzt vor den neuen politischen, technologischen, ökonomischen Sachzwängen kapitulieren? Viele Menschen sehen dies offenbar anders. Sie suchen Orientierung, und dies sogar in Religionen, auch wenn sie in Gestalt von Sekten daherkommen. Deren Zunahme deutet auf eine sich verschärfende Kirchenkrise hin. Das Monopol der Kirchen auf Erklärung des Transzendentalen läßt die Nachfrage nach Sekten, Psychogruppen und Outingszenarien in Talkshows ansteigen. Psychotherapeuten, Psychologen und Esoteriker bekommen auf einem quasireligiösen Sinnmarkt Zulauf, weil sie Antworten auf Existenzfragen anbieten.[14]

Dabei hätten es die Kirchen so einfach. Sie müßten nichts anderes tun, als die Botschaft des bekanntesten Menschen der Weltgeschichte, Jesus Christus, möglichst weit zu verbreiten. Aber welche Botschaft?

»Nachdem die Menschenscharen seine Reden gehört hatten, gerieten sie außer sich«[15], erzählt Jesus-Biograph Matthäus.

Jesus: die christliche Botschaft

Die politische Dimension

Vor dem Passahfest saß Jesus in Jerusalem mit seinen Anhängern zusammen. Plötzlich stand er auf, zog sein Hemd aus, nahm ein Handtuch, kniete sich auf den Boden und begann der Reihe nach den Anwesenden die Füße zu waschen. Dies war eine Arbeit, die normalerweise von Sklaven, allenfalls von Frauen verrichtet werden durfte. Er ließ sich auch von lauten Protesten des Simon Petrus nicht beeindrucken und forderte die Leute um ihn herum auf, das gleiche zu tun.

Diese Fußwaschung war damals eine Provokation. Heute berührt sie uns nicht mehr. Es gibt von ihr ungezählte Bilder, meist sentimentale Darstellungen, es gibt Kantaten, die das Geschehen besingen. Die Fußwaschung wird verharmlost, verniedlicht, bagatellisiert. Aber Jesus leistete einen Sklavendienst.

Ein paar Stunden später endete er als vermeintlicher Verbrecher am Kreuz: »Gott als Sklave und als hingerichteter Straftäter« – für viele bis heute ein unbegreiflicher Skandal.

Der evangelische Pfarrer William L. Hull fragte Adolf Eichmann – neben Heinrich Himmler einer der Hauptverantwortlichen des millionenfachen Judenmordes – in der Todeszelle in Israel, warum er aus der Kirche ausgetreten sei. Darauf antwortete dieser: »Ich kam immer mehr zur Erkenntnis, daß Gott unmöglich so klein gewesen ist wie in den Sachen, die in der Bibel stehen. (...) Ich sagte mir: Der Gott, an den ich glaube, ist größer als der Christen-Gott.

Denn ich glaube an einen gewaltigen, an einen ganz großen Gott, der das Universum (...) in Bewegung hält.«[16]
Eichmann ist gescheitert mit seinem Gott. Er hat Jesus nicht begriffen. Dessen Botschaft war ein Ärgernis, dem notwendig politische Implikationen und Komplikationen folgten. Herrschaftsstrukturen werden in Frage gestellt: »Ihr wißt, daß diejenigen, die als Herrscher der Völker gelten, ihre Völker unterdrücken, und daß ihre Großen sie vergewaltigen. Bei euch aber darf es nicht so sein. Wer unter euch groß sein will, soll euer Diener sein, und wer unter euch der Erste sein will, soll der Knecht aller sein.«[17]
Da hilft keine Exegese: Dies ist die radikale politische Alternative zu einer Welt der Machtgier, Brutalität und des Egoismus. Eine Welt, in der die Armen, Sanftmütigen und Verfolgten seliggepriesen werden, Feindschaft abgeschafft, der Mammon entwertet wird und Fremde Vorrang haben vor den Einheimischen, ist das Gegenstück zur Welt der Obrigkeiten, des Kadavergehorsams, des Polizeistaats und der Ausbeutung.
Aber ist sie eine Welt für diese Erde? Hat Jesus nicht gesagt: Mein Reich ist nicht von dieser Welt? Die falsche Übersetzung ins Griechische hatte weitreichende Folgen. Alle Entpolitisierer des Christentums – Luther voran – berufen sich auf diesen Satz und propagieren die Lehre der zwei voneinander getrennten Reiche. Rückübersetzt auf hebräisch, bedeutet dieser Satz jedoch genau das Gegenteil[18]: Mein Königtum ist himmlischen Ursprungs und göttlicher Herkunft – die klarste Antithese zu den im Römischen Kaiserreich herrschenden selbsternannten menschlichen Göttern – eine mit Sprengstoff geladene Botschaft in den Ohren der Römer und der mit ihnen verbündeten Sadduzäer und bis heute aller Gewaltherrscher und Diktatoren

dieser Erde. Seit über 2000 Jahren gilt diese Botschaft, und sie ist nicht das »Entsagungslied, das Eia-Popeia vom Himmel«, wie Heinrich Heine schreibt, der ein neues, besseres Lied in seinem Wintermärchen fordert:

>»Ich kenne die Weise, ich kenne den Text,
>Ich kenn' auch die Herren Verfasser,
>Ich weiß, sie tranken heimlich Wein,
>Und predigten öffentlich Wasser.
>Ein neues Lied, ein bessres Lied,
>Ihr Freunde, will ich euch dichten.
>Wir wollen hier auf Erden schon
>das Himmelreich errichten.«[19]

So ist es. Kein Widerspruch. Es gab für Jesus keine Trennung von Leib und Geist, von Religion und Politik, und das Reich »des Himmels« war für ihn die Herrschaft Gottes auf Erden.

Nietzsche hat diese Botschaft nicht ganz falsch gedeutet, wenn er sie als »Sklavenaufstand in der Moral« beschreibt: »Die Juden [zu denen auch Jesus gehört] sind es gewesen, die gegen die aristokratische Werthgleichung (gut = vornehm = mächtig = schön = glücklich = gottgeliebt) mit einer furchteinflößenden Folgerichtigkeit die Umkehr gewagt (...) und festgehalten haben, nämlich: Die Elenden sind allein die Guten, die Armen, Ohnmächtigen, Niedrigen sind allein die Guten, die Leidenden, Entbehrenden, Kranken, Häßlichen sind auch die einzig Frommen, die einzig Gottseligen, für sie allein giebt es Seligkeit (...).«[20]

Jesus predigte auch nicht das Wasser der Gesinnungsethik, die ohne Rücksicht auf das Handeln und seine Folgen eine angeblich einzig richtige Theorie anbetet und elitäre Moral verabsolutiert. Er sagt kurz und knapp: »Es wird nicht jeder, der zu mir Herr sagt, in das Reich Gottes eingehen, sondern nur, wer den Willen meines Vaters im Himmel tut!«²¹ »Tut« ist das entscheidende Wort: »Jeder nun, der diese meine Worte hört und sie *tut*, ist mit einem klugen Mann zu vergleichen, der sein Haus auf dem Felsen baute. Und der Platzregen fiel und die Wasserströme kamen und die Winde wehten und stießen an jenes Haus, und es fiel nicht ein, denn es war auf dem Felsen gegründet. Und jeder, der diese meine Worte hört und sie *nicht tut*, ist einem törichten Manne zu vergleichen, der sein Haus auf dem Sand baute. Und der Platzregen fiel und die Fluten kamen und die Winde wehten und stießen an jenes Haus und es fiel ein.«²²

Schon im Alten Testament ist der Mensch von Anfang an mit der Schöpfung, mit der Welt verbunden. Gott formt den »Adam« aus der »Adamah«, nämlich der Erde. Die Verwendung dieser beiden hebräischen Wörter zeigt die Zusammengehörigkeit von Mensch und Erde. Der Mensch steht in Gemeinschaft mit allen Geschöpfen. Nach dem Alten Testament ist Adam zur Zweiheit geschaffen und zur Gemeinschaft bestimmt. Gott erscheint im Alten Testament auch als der Urheber der Geschlechtlichkeit des Menschen. Sexualität wird in der Bibel weder vergöttlicht, wie in manchen Fruchtbarkeitskulten, noch verteufelt, wie in den im Lauf der Geschichte in das Christentum eingedrungenen gnostischen Strömungen. Die positive Schilderung der Erde des Menschen, des Mannes, der Frau und der Sexualität zeigt, daß der gnostische Dualismus dem Alten Testament fremd ist – der Dualismus zwischen dem guten Geist und der schlechten Materie, der guten Seele und dem schlechten Leib, dem hochwertigen Mann und der minderwertigen Frau, der edlen vergeistigten Haltung und der bösen, schmutzigen Sexualität.

Auch im Evangelium steht davon nichts. Aber eine neue Welt soll es geben – durch eine Veränderung der bestehenden: das ist die politische Dimension der Botschaft Jesu. Sie muß daher in einen Konflikt geraten mit der jetzigen Welt.

Der Kern der christlichen Botschaft

Es geht in diesem Buch nicht um die Frage, welche Einzelheiten des Evangeliums historisch sind und welche nicht, es geht nicht um Akzidenzien, nicht um Mythen und Märchen, wie sie etwa der streitbare Theologe Eugen Drewermann in der Bibel erkennt[23], sondern es geht um die Substanz, um den Kern der Offenbarung, um die Botschaft, die Jesus Christus mit seiner Lehre selbst ist. Der 1968 verstorbene Münchner Religionsphilosoph Romano Guardini: »Das Wesen des Christentums ist Jesus Christus – nicht eine Idee oder ein Gefüge von Ideen, nicht ein Programm, nicht eine Ideologie, sondern eine Person.« Diese Personalisierung ist richtig, weil Jesus Christus in seiner Person seine Lehre, sein Programm verwirklicht hat. Er war nicht nur »Lehrmeister«, sondern auch »Lebe-Meister«, wie Meister Ekkehard es nennt.[24] »Größere Liebe hat niemand als die, daß er sein Leben hingibt für seine Freunde.«[25] Die Selbstaufopferung am Kreuz war der Endpunkt eines Lebens, in dem Jesus mit verhaßten Steuereintreibern der Römer, in der Bibel »Zöllner« genannt, und Dirnen an einem Tisch saß, Armen zu essen gab, Aussätzige berührte, Kranke heilte, gedemütigte Frauen aufrichtete – sein Leben war eine Einheit von Lehre und Leben, von Wort und Tat.

Auf die Frage nach dem wichtigsten Gebot antwortet Jesus: »Du sollst den Herrn, Deinen Gott lieben mit ganzem Herzen, mit ganzer Seele und mit all deinen Gedanken.« Das ist das erste Gebot. Ebenso wichtig ist das zweite: »Du sollst deinen Nächsten lieben wie dich selbst.«[26] Diese Einheit von Gottes- und Nächstenliebe ist der rote Faden durch das ganze Evangelium: »Kein anderes Gebot ist größer als diese beiden.«[27]

In einem Buch mit Spontisprüchen unter dem Titel »lieber intim als in petto« steht hinter Sätzen wie »Wer tagelang ohne Getränke auskommt, ist ein Kamel« und »Wer nachts in einem Flußbett pennt, am Morgen naß nach Hause rennt« plötzlich: »Wer seinen Bruder nicht liebt, den er sieht, wie kann er Gott lieben, den er nicht sieht?«[28] Diese Erleuchtung stammt nicht vom jüngeren Joschka Fischer, sondern steht in der Bibel, genauer gesagt, im 1. Brief des Johannes 4, 20-21: »Wenn jemand sagt, ich liebe Gott, aber seinen Bruder haßt, ist er ein Lügner. Denn wer seinen Bruder nicht liebt, den er sieht, wie kann er dann Gott lieben, den er nicht sieht?« Ich bezweifle, daß die meisten Spontis das Alter des Spruchs und seine Quelle kennen. Er bringt die Sache auf den Punkt, und Jesus setzt sogar noch einen drauf: Die Liebe soll nicht nur den Verwandten, Freunden und Mitgliedern des eigenen Volks gelten, sondern genauso den Fremden, ja, den Feinden und vor allem denen, die Hilfe brauchen.

Durch diese Botschaft der Liebe hebt Jesus eherne weltliche und religiöse Gesetze auf, wenn sie die Menschen niederdrücken: Er vergibt Sünden und heilt die Kranken am Sabbat. Die Offenbarung der Botschaft durch die Person Jesus Christus spielt sich inmitten von Welt und Geschichte ab.

Jesus Christus aber verkündet eine neue Welt. Manche Gruppen wollten das messianische Reich durch militärische Aktionen vorbereiten. Andere erwarteten die Apokalypse. Johannes der Täufer etwa rief die Menschen zu Gerechtigkeit und Umkehr auf und kündigte ein unerbittliches Gericht an. Auch für Jesus Christus ist der Mittelpunkt seiner Botschaft das Kommen des Reiches Gottes, aber nicht als Resultat von Gewalt, sondern als Ergebnis der Liebe.

Kreuze in den Klassenzimmern?

Es hätte eigentlich nahegelegen, das Kruzifixurteil des Bundesverfassungsgerichts aus dem Jahr 1996 im Lichte des Evangeliums zu bewerten. Die Karlsruher Richter hatten die Frage zu beantworten, ob in einer pluralistischen Gesellschaft Kinder aus nichtchristlichem Elternhaus in staatlichen Schulen gegen ihren Willen mit dem christlichen Symbol des Kreuzes »konfrontiert« werden dürfen. Diese Frage hat das Bundesverfassungsgericht verneint. Das Urteil führte zu heftiger Kritik am Bundesverfassungsgericht, vor allem der Bayerischen Staatsregierung, aber auch von Teilen der Rechts- und Religionswissenschaften. Es wurde kritisiert als Hyperthrophie der negativen Religionsfreiheit, Absage an christliche Tradition, Diskreditierung von ethischen Grundwerten.[29] Das »tief in unserer Geschichte begründete« Verhältnis von Staat und Kirche sei in Frage gestellt worden.[30] Religionssoziologisch wurde der Protest gegen das Urteil interpretiert als Ergebnis der »Verlusterfahrung einer religiös abgesicherten Beheimatung und Sicherheit«, der Befürchtung des »drohenden Endes einer heimatlichen Welt« und als Widerstand gegen Identitätsverlust und Entwurzelung.[31]
Der Streit über das Kruzifixurteil hat gezeigt, wie stark die Diskussion um die Botschaft Jesu in Deutschland verfremdet und verengt wird auf national-staatskirchenrechtliche, kulturpolitische und religionspartikularistische Gesichtspunkte. Die Kirchen, die sich dem Protest nicht gerade mit Enthusiasmus angeschlossen hatten, spüren zu Recht, daß sie dadurch in einen Widerspruch getrieben worden sind. Sie werden heute wie nie zuvor »mit der

Erwartung konfrontiert, für die Aufrechterhaltung kosmopolitisch universalistischer Werte einzutreten«, und müssen fürchten, durch einen Kulturkampf um das Schulkreuz in ein »neues nach innen geschlossenes und nach außen aggressives Milieu« eingebunden zu werden.[32]

In der Tat: Die Frage nach der Zukunft der christlichen Kirchen und damit auch die Frage, ob eine Gesellschaft sich an der Botschaft Jesu orientiert, kann nicht davon abhängig sein, ob oder wie viele Kreuze in Schulzimmern hängen oder auf Berggipfeln stehen. Die entscheidende Frage muß statt dessen lauten: Was würde eigentlich derjenige, der am Kreuz hing, zum Zustand unserer Gesellschaft, zu den politischen Entscheidungen dieser Zeit und zu den Konflikten dieser Erde sagen?

»Das Boot ist voll«, »Lieber rot als tot«, »Deutschland den Deutschen«, »Arbeitslose sind Faulenzer«, »Verschärft den § 218«, »Was interessiert uns Tibet?«, Aktienboom statt Arbeitsplätze – wären das heute die Antworten Jesu? Und daß auf der Weltfrauenkonferenz in Peking die Legaten des Vatikans Arm in Arm mit den islamischen Ajatollahs gegen die weltweite Befreiung der Frauen von sexueller Unterdrückung und Abhängigkeit Front machten, wird den Papst beim Jüngsten Gericht vermutlich in Schwierigkeiten bringen.

Und: Sind diejenigen, die für das Kreuz in den Klassenzimmern eintreten, bereit, sich in ihrem persönlichen und politischen Verhalten nach Jesu Wort zu richten? Ich bin mir ziemlich sicher, was der Mann am Kreuz zu bestimmten Abschiebepraktiken des bayerischen Innenministers gegenüber abgelehnten Asylbewerbern und Bürgerkriegsflüchtlingen gesagt hätte.

Der Medienzar Leo Kirch, der sich als praktizierender und streng katholischer Christ bekennt, betrieb die Ablösung des Chefredakteurs der »Welt«, Thomas Löffelholz, weil dieser einen liberalen Kommentar zum Bundesverfassungsgerichtsurteil über die Kreuze in den Klassenzimmern geschrieben hatte. In den Klassenzimmern, die Leo Kirch in seinen teuer verkauften Pornofilmen »Schulmädchenreport« als Ort der Handlung präsentiert, wird aber nicht gebetet. Aus handfesten kommerziellen Interessen will Leo Kirch seit Mitte der neunziger Jahre den Pay-TV-Markt für harte Pornographie öffnen: »Der Jugendschutz darf nicht das Deckmäntelchen für die Bevormundung von Erwachsenen sein«, sagte Klaus Piette, der Geschäftsführer der Kirch-Gruppe.[33] Das kann man so sehen, aber der sonntägliche Kirchgang und eine Porno-Geschäftspolitik lassen sich in den Augen einer Kirchengemeinde wohl nur schwer miteinander in Einklang bringen.

Auch Jesus kannte solche Fälle der doppelten Moral. »Ihr reinigt das Äußere des Bechers und der Schüssel«, sagt er zu den Pharisäern, »innen aber sind sie angefüllt mit Raub und Unmäßigkeit. Ihr gleicht übertünchten Gräbern, die äußerlich zwar schön aussehen, innen aber voll sind von Knochen und Dreck. Ihr zeigt euch den Menschen nach außen als Gerechte, in eurem Innern aber seid ihr voll von Heuchelei«.[34]

Die Verhältnisse haben sich geändert, seit Jesus zu Tode gefoltert wurde. 2000 Jahre sind vergangen. Das Kreuz hängt fast überall auf der Welt. Und zu Recht auch in bayerischen Klassenzimmern. Aber damit allein ist nichts getan.

Utopie oder Ideal?

Die Botschaft Jesu – Evangelium heißt »frohe Botschaft« –
und die Einzellehren der Bergpredigt sind im Lauf der letzten 2000 Jahre vielen Interpretationen unterworfen worden. Die fundamentalistische Variante dringt auf eine per-
fektionistische, buchstäbliche Auslegung der einzelnen
Gebote mit für jedermann verbindlichem Charakter. Andere nennen das Evangelium eine Utopie mit übermensch-
lichen Forderungen, die nie erfüllbar seien. Manche meinen,
die Botschaft gelte nur für die Jünger und nicht für die All-
gemeinheit und sei nur ein Hinweis für das richtige Leben
im privaten Bereich und für das Verhältnis des einzelnen zu
Gott. Für manche Gegner des Evangeliums ist die Lehre
Jesu eine Sache für die Irrenanstalt oder sogar eine Gefahr
für die Menschheit. Mit vielen dieser Positionen hatte es
schon Jesus zu tun.
Die Fundamentalisten in Gestalt der Pharisäer, Sadduzäer
und Schriftgelehrten stellten das Gesetz über den Menschen. Eine zweite Sorte hatte Jesus in der eigenen Familie.
Als er eines Tages an den See Genezareth kam und ihm
viele Leute nachliefen, wollten ihn seine Familienangehörigen gefangennehmen. Sie glaubten, er sei verrückt geworden[35], berichtet der zweite Jesus-Biograph Markus.
Manche Schriftgelehrten – heute wären es vielleicht Moral-
theologen oder Mullahs –, die aus Jerusalem zum See Genezareth gereist waren, behaupteten, er sei pervers. Sie sagten:
Er ist ein Teufel.
Der frühere Senatspräsident von Danzig, Hermann Rauschning, der den Nationalsozialisten 1936 den Rücken kehrte,
berichtet von einem Haß- und Wutausbruch Adolf Hitlers

über das Evangelium: »Dieses dumme: Du sollst nicht! Es muß aus unserem Blut, dieser Fluch vom Berg Sinai! Dieses Gift, mit dem sowohl Juden wie Christen die freien, wunderbaren Instinkte der Menschen verdorben und beschmutzt und sie auf das Niveau hündischer Furcht herabgedrückt haben. (...) Was wir bekämpfen, ist das sogenannte Gesetz!«[36]

Was den Rechtsradikalen recht ist, ist den Linken billig. Pinchas Lapide berichtet von einer Studentenversammlung in Berlin 1968, auf der Herbert Marcuse, der ideologische Führer der 68er Bewegung, sinngemäß folgendes gesagt haben soll: »Mit der Bergpredigt kann man nicht revoltieren. Der Haß gegen Ausbeutung und Unterdrückung ist ein humanes Element. (...) Nichts ist entsetzlicher als die Liebespredigt: ›Hasse nicht deinen Gegner!‹ In einer Welt, in der der Haß durchaus institutionalisiert ist.«[37]

Zahlreich sind auch diejenigen, die sich innerlich über die Botschaft mokieren, sie für Quatsch halten, sich aber dennoch als Christen bezeichnen oder wenigstens bezeichnen lassen. Zu ihnen gehört Bismarck, der mehrfach erklärt hat: »Mit der Bergpredigt läßt sich kein Staat regieren.« Bismarck glaubte wohl, daß man ohne Moral, ohne die Normen der Bergpredigt und ohne Gewissen – das Hitler »eine jüdische Erfindung« nannte – ungestörter und skrupelloser Machtpolitik betreiben könne. »Wenn ich mit Grundsätzen durchs Leben gehen soll, dann komme ich mir vor, als wenn ich durch einen engen Waldweg gehen sollte und müßte eine lange Stange im Mund halten.« Die Folgen dieser Politik kann man heute noch besichtigen.

Die Fundamentalisten werden immer gefährlicher. Muslimische und christliche Ajatollahs wollen die Kirche zum Staat machen. Anstelle der freiwilligen Zustimmung aus

Überzeugung und des daraus resultierenden Handelns setzen sie auf politisch verordneten Glaubenszwang. Ihre Interpretation des Evangeliums soll staatliches Gesetz sein.

Aber die Botschaft Jesu ist weder verrückt noch untauglich für diese Welt. Nehmen wir die Feindesliebe. Ist es denn nicht vernünftig, die Interessen des Gegners im Auge zu haben? Ist es für Deutschland – mit seinen vielen Nachbarstaaten – nicht die bessere Außenpolitik, neben den eigenen Interessen gleichzeitig immer auch die Interessen der Nachbarn mit zu berücksichtigen? Die nationalistische und isolationistische Außenpolitik war einer der schwersten Fehler, die sich Deutschland in den letzten 200 Jahren geleistet hat.»Lang und blutig war der Weg vom Faustrecht zum Recht der Ebenbürtigkeit, das kein Ansehen der Person anerkennt, um gleiches Recht für alle zu proklamieren«, schreibt Pinchas Lapide. Aber reicht dies schon, um Haß, Diskriminierung – eine der Hauptursachen für Krieg und Bürgerkrieg – und Gewaltbereitschaft zu eliminieren? Nein, es genügt nicht, »aus dem brutalen Gegeneinander ein gleichgültiges Nebeneinander zu machen«[38]. Frieden wird es nur geben, wenn die Menschenwürde jedes einzelnen anerkannt wird. Frieden mit Schweigen der Waffen zu verwechseln bedeutet Friedhofsfrieden. Die Pax Romana war nichts anderes als eine militärisch gesicherte Unterdrückungsordnung. Frieden im Sinn von Schalom geht weit darüber hinaus. Er umfaßt Freiheit und Versöhnung, Gemeinschaft und Gerechtigkeit, Wahrhaftigkeit und Menschlichkeit. Ist so etwas nur Utopie oder nicht einfach auch vernünftig?

Kann man die lieben, die Verbrechen begehen, die Angehörigen Böses antun, ist das nicht sittliche Utopie und

Illusion? Ich glaube, das Gebot der Nächstenliebe hat relativ wenig zu tun mit Sympathie und Gefühlsduselei, mit schwärmerischer Hingabe oder gewollter Zerstörung der eigenen Persönlichkeit. Im Gebot der Nächstenliebe steht »liebe deinen Nächsten« nicht im Akkusativ, sondern, wie die Bibelwissenschaftler erläutern, im Dativus ethicus, den es im Deutschen nicht gibt. Er verlangt, daß etwas getan werden soll, in diesem Fall: »Tue dem Nächsten etwas Liebes, verhalte dich so, daß er sich freut.«[39]
Paulus schreibt im Brief an die Römer, 12, Vers 21: »Laß dich nicht vom Bösen überwinden, sondern überwinde du das Böse durch das Gute.« Das Gute kann auch im Widerstand bestehen. Verzicht auf Gewalt ist nicht identisch mit Verzicht darauf, sich zu wehren. »Bleib nicht stehen beim Blute deines Nächsten!«[40] Jesus kann Friedhofsfrieden nicht gemeint haben, der dazu führt, daß Gewalttäter triumphieren.
Ist die Sowjetunion nicht gewaltlos zusammengebrochen? Der Westen hat seine Ideale nicht preisgegeben und war bereit, sie zu verteidigen. Ein Satz von mir – »Der Pazifismus der dreißiger Jahre hat Auschwitz erst möglich gemacht« – hat in den achtziger Jahren heftige Auseinandersetzungen hervorgerufen. Aber heute wird akzeptiert, daß der blutige Bürgerkrieg in Bosnien-Herzegowina nicht ausgebrochen wäre, wenn die NATO und die Europäische Union rechtzeitig in Südosteuropa hätten präsent sein können. Niemand hat den Nationalsozialismus mitsamt seinen Vorboten konsequenter bekämpft und entlarvt als die deutschen Pazifisten. Deshalb saß Carl von Ossietzky als einer der ersten im KZ. Aber Hitler konnte seinen Krieg entgegen den Ratschlägen des eigenen Generalstabs nur beginnen, weil die Westmächte die Gefahr mißachteten, anstatt durch »Nach-

rüstung« Widerstand zu leisten, der die Gewalt verhindert hätte.

Die vielzitierte Wange, die man hinhalten müsse, wenn man auf die andere schon geschlagen worden sei – was ist das anderes als ein wortloser Appell an die Menschlichkeit des Gegners? Im Vorfeld möglicher Auseinandersetzungen keine schlechte Sache, wie die moderne Aggressionsforschung inzwischen bewiesen hat.[41] Es wird nicht immer gehen. Aber wenn es geht wie mit Gandhi in Indien, Martin Luther King in den USA, den Runden Tischen in der DDR, Solidarność in Polen oder den Dissidenten in der Sowjetunion, ist es besser. »Tuet gut denen, die euch hassen.«[42] Das ist kein Akt grenzenloser Selbstverleugnung, sondern eine Politik der Entfeindung. Aber sie muß verbunden sein mit Einflußnahme, Einmischung, Argumentieren und die Weltöffentlichkeit Informieren.

Das Evangelium zeigt, wie die Welt aussehen könnte. Ein hoher Maßstab, der aber doch nicht deswegen falsch ist, weil er nicht immer und überall gleichermaßen erfüllt werden kann. Schließlich gewinnen wir durch das Evangelium noch etwas anderes, das das Fundament liefert für eine sinnvolle Politik, nämlich das christliche Menschenbild.

Das christliche Menschenbild

Das Evangelium beschreibt ein Bild vom Menschen, das sich radikal von dem unterscheidet, das die das 20. Jahrhundert beherrschenden Ideologien vom Menschen gezeichnet haben.

Karl Marx sagt in einer seiner frühen Schriften, »Zur Judenfrage«, sinngemäß, daß der Mensch, wie er gehe und stehe, nicht der eigentliche Mensch sei. Er müsse vielmehr das richtige gesellschaftliche Bewußtsein haben und der richtigen Klasse angehören. Die Nazis behaupten, der Mensch müsse die richtige Rasse haben, die Nationalisten erklären, er müsse dem richtigen Volk angehören, und die Fundamentalisten verlangen, er müsse die richtige Religion haben. Wenn Menschen in diesem Jahrhundert nicht der richtigen Klasse, der richtigen Rasse, dem richtigen Volk oder der richtigen Religion angehörten, wurden sie liquidiert, vergast, deportiert und – bis auf den heutigen Tag – in die Luft gesprengt. Falsche Menschenbilder sind die Ursache für die schlimmsten Verbrechen, die in diesem Jahrhundert begangen worden sind.

Das christliche Menschenverständnis unterscheidet sich von diesen und anderen Menschenbildern grundlegend: Der Mensch, wie er geht und steht, ist der eigentliche Mensch, unabhängig davon, ob er jung oder alt ist, Mann oder Frau, gesund oder krank, voll leistungsfähig oder behindert, aber auch unabhängig davon, ob er Deutscher oder Ausländer, Weißer oder Schwarzer, Christ oder Jude ist. Mit diesem Menschenbild unterscheiden sich Christen von Nationalsozialisten, Kommunisten, Fundamentalisten und Nationalisten. Es hat unmittelbare und meist unbequeme Konsequenzen für die praktische Politik. Die Orientierung an der unantastbaren Würde des Menschen, an der daraus resultierenden Freiheit der Person, seiner sozialen Verantwortung und der Gleichheit vor dem Gesetz ist auch die Grundlage für gemeinsames Handeln von Christen und Nichtchristen.

Sicher wäre es falsch, zu behaupten, daß der Nichtgläubige, der Nichtchrist, der Atheist unfähig sei, die Würde des Menschen zu achten und zu schützen. Das moralische Gesetz im Menschen, von dem Kant spricht, aufgrund dessen der Mensch sich selbst vergewaltigen muß, wenn er die Rechte anderer vergewaltigt, ist allerdings ohne die Verantwortung vor einem Höheren nicht erklärbar. Die Verantwortung des Menschen vor Gott zwingt ihn dazu, sich Rechenschaft über sein Verhalten gegenüber seinen Mitmenschen zu geben.

Zum christlichen Menschenbild gehört neben dieser Personalität auch die soziale Verantwortung. Die Personalität gründet in der Gottesebenbildlichkeit und in dem Gebot der Gottesliebe, die soziale Verantwortung im Gebot der Nächstenliebe.

Politisch gesehen, bedeutet in einem modernen Industriestaat die Nächstenliebe nicht mehr allein Lazarette und warme Suppen, sondern auch soziale Sicherungssysteme, Absicherung der Lebensrisiken wie Alter, Krankheit, Unfall, Arbeitslosigkeit, Pflegebedürftigkeit, ein soziales Arbeitsrecht mit Kündigungsschutz und darüber hinaus Miteigentum an den Produktionsmitteln und Mitbestimmung in den Betrieben.

Dieses Menschenbild ist ein großes Versprechen, das auch eingelöst werden müßte, wenn es zum Beispiel um das Sterben auf der Intensivstation geht, um die Organtransplantation, den Schutz des ungeborenen Kindes, die Durchsetzung der sozialen und personalen Menschenrechte, die soziale Bindung einer Wettbewerbswirtschaft, die Grenzen der Gen- und Biotechnologie oder das Zusammenleben von Deutschen und Türken, Christen und Juden, Weißen und Schwarzen.

Der fundamentalistische Irrweg

Das christliche Menschenverständnis kann vor dem Irrweg des Fundamentalismus schützen. Die Geschichte beweist, daß die Kirche gescheitert ist, wenn sie sich selbst zum Staat gemacht und versucht hat, die Botschaft mit politischen Mitteln durchzusetzen. Fundamentalistisches Denken fand sich im Verlauf der europäischen Geschichte zum Beispiel auch bei Leo Tolstoi und den religiösen Sozialisten.

Aber auch täuferische und pietistische Gruppen wie die sogenannten Friedenskirchen, also die Quäker, die Brüderkirchen, die Mennoniten, stehen in dieser Tradition. Sie streben danach, ihrem inneren Ruf zum Frieden ohne Einschränkung zu folgen, und verweigern deshalb grundsätzlich den Wehrdienst. Auch Teile der deutschen Friedensbewegung haben sich bei ihrer Ablehnung des NATO-Doppelbeschlusses immer wieder auf die Bergpredigt berufen. So falsch war dies nicht. Aber einseitig. Denn der Frieden des Evangeliums, der jüdisch-christliche Schalom, sieht Güte und Gerechtigkeit als eine Einheit.[43] »Opus justitiae pax«, sagt Thomas von Aquin – der Frieden ist ein Werk der Gerechtigkeit.

Die Botschaft Jesu wird verfehlt, wenn man die Bergpredigt ohne Sinnzusammenhang und geschichtlichen Hintergrund fast pharisäisch nach dem Buchstaben auslegt: Das Verbot der Scheidung war nicht eherechtlich im Sinn des Bürgerlichen Gesetzbuches gemeint, sondern hatte sozialen Schutzcharakter. Die Frau sollte bewahrt werden vor willkürlicher »Entlassung«. Der Satz »Sorget nicht um euer Leben, euer himmlischer Vater ernährt euch doch«[44] enthält kein Verbot für Tarifpartner, wegen Lohnerhöhung zu verhandeln. »Ihr sollt dem Übel nicht widerstreben« ist eine falsche Übersetzung und lautet richtig: »Streitet nicht mit dem Bösen. Wenn jemand deinen Rock nehmen will, laß ihm auch den Mantel«, dieser Satz ist nicht zu verstehen ohne das damalige jüdische Pfändungsrecht, das vor allem wichtig war bei Darlehen an arme Leute.[45] Und wer den Satz »Richtet nicht, auf daß ihr nicht gerichtet werdet« wortwörtlich nimmt und ohne Kenntnis des geschichtlichen Hintergrunds, darf weder die »Republikaner« noch die Rassisten in Serbien verdammen. In Wirklichkeit fordert dieser Satz, auf Selbstjustiz und Faustrecht zu verzichten. Dies ist keine Entpolitisierung der Bergpredigt, sondern ihr jesuanischer Inhalt.

Die Perversionen der Kirchengeschichte und die Versuche, das Christentum mit staatlichen Mitteln durchzusetzen, stehen im Widerspruch zur Botschaft des Evangeliums. Die Umsetzung des Evangeliums, vor allem der Bergpredigt, in staatliche Gesetze würde auch heute in einer Theologendiktatur enden, wie sie sich immer mehr im islamischen Teil der Welt durchsetzt. Der islamisch-fundamentalistische Ajatollah, der den Koran einschließlich der Scharia zum staatlichen Recht macht, hätte als Pendant den christlichen Ajatollah, den die europäische Kirchengeschichte in der Gestalt der Inquisitoren und Hexenrichter kennt. Eine christliche Politik in diesem Sinne wäre totalitär.

Christlicher Totalitarismus ist das Gegenteil der Liebesbotschaft. Christlicher Konservatismus, die US-amerikanischen Erweckungsbewegungen, Männer wie die republikanischen Politiker Newt Gingrich und Pat Buchanan, die in ihrem Fundamentalismus oft in die Nähe des Rechtsradikalismus geraten, Nationalisten wie die Serben oder auch

Deutsche, die Minarette in ihrer Stadt nicht dulden wollen, Menschen, die die christliche Botschaft auf Sexualmoral und Abtreibung verengen, christliche Sekten oder Anhänger des Opus Dei – sie alle sind für das Evangelium genauso eine Herausforderung, wie es die Pharisäer und Sadduzäer für Jesus Christus waren.

Die Perversionen der Politik im Namen Gottes sind Irrwege und beruhen auf einem falschen Verständnis der christlichen Botschaft. Kreuzzüge, Verfolgung Andersdenkender, Ketzerbekämpfung, Inquisition, Judenpogrome, Hexenverbrennungen, christlicher Kolonialismus, ethnische Säuberungen unter religiösem Vorzeichen sind das Ergebnis menschlicher Unzulänglichkeit, falscher theologischer Begründung, niedriger Beweggründe, von Haß, Neid und Verwirrung der Geister. Apostolat und Mission durch Predigt und Argumente wurden ersetzt durch Gewalt, Bedrohung und Zwangsbekehrung.

Es gibt aber auch Beispiele in der Menschheitsgeschichte, in denen die Botschaft des Evangeliums deutlich wird: die Opfer, die in den Gefängnissen und Konzentrationslagern für andere Menschen gebracht wurden, die Reunionen der Jesuiten in Paraguay – Selbstverwaltungs- und Schutzgemeinschaften der Indios –, aber vor allem die karitative und diakonische Arbeit von Millionen von christlichen Menschen, von Nonnen, Mönchen, Priestern und Laien, die auf der ganzen Welt Hungernde, Kranke, Behinderte, Opfer von Gewalttaten, Aussätzige pflegen und versorgen. Der Wuppertaler Theologe Thomas Söding: »Nicht nur Dostojewskis Großinquisitor hat unter dem Kreuz gelernt, auch Mutter Theresa, nicht nur die Bombenleger der IRA, sondern auch Martin Luther King«[46] ebenso wie Franz Xaver und Edith Stein, Maximilian Kolbe und Dietrich Bonhoeffer.

Anspruch und Wirklichkeit

Nach der Katastrophe des Nationalsozialismus und dem totalen Zusammenbruch entstand in Deutschland eine Partei, die sich Christlich Demokratische Union – in Bayern Christlich Soziale Union – nannte, die also in ihrem Namen aussagt, daß sie die Politik »christlich« gestalten will. Diese Neugründung mit dieser Namengebung war eine Antwort auf den Nationalsozialismus, der sich ausdrücklich als eine nichtchristliche, »gottlose« Ideologie bekannt hatte. Die Partei versprach einen ethisch fundierten Neuanfang, eine neue Politik, die im Gegensatz zur politischen Praxis und Ideologie der vergangenen Jahrzehnte stehen sollte.

CDU und CSU haben wie keine andere Partei die Geschichte Deutschlands in der zweiten Hälfte des 20. Jahrhunderts geprägt, im wesentlichen zum Guten. Wolfgang Schäuble hat in seiner Rede zur Regierungserklärung am 23. November 1994 erklärt, die letzten zwölf Jahre seien keine schlechten Jahre gewesen. Wenn die nächsten genauso gut würden, dann sei dies »recht für unser Vaterland«. Auf die wütenden Proteste der Sozialdemokraten und Grünen hin machte ich in einer Zwischenfrage Wolfgang Schäuble auf das Buch »Risiko Deutschland« von Joschka Fischer aufmerksam, in dem folgendes steht: »Die gesamte innen- wie außenpolitische Lage spricht prima facie für die optimistische Erwartungshaltung über die Zukunft des vereinten Deutschlands, und ohne jeden Zweifel sind die historischen Bedingungen für eine friedliche, demokratische und damit erfolgreiche Entwicklung Deutschlands in Europa so günstig wie nie zuvor in der Geschichte dieses Landes. Vielleicht wird die Zeit der Bonner Republik, aus dem Abstand einiger Jahre betrachtet, dereinst als die glücklichste Westdeutschlands im 19. und 20. Jahrhundert bezeichnet werden.« Das Sitzungsprotokoll verzeichnete große Heiterkeit und Beifall bei CDU und CSU.

Aber seit Gründung der CDU ist das »C« in ihrem Namen auch für viele zu einer Provokation geworden, für andere zur großen Lüge einer politischen Partei. Wieder andere sehen bis auf den heutigen Tag darin den anmaßenden Versuch, in einer Welt des Pluralismus das politische Leben nach den Prinzipien einer bestimmten Religion gestalten zu wollen, und dies in einem Land, in dem nicht nur Christen leben, sondern mehr und mehr auch Angehörige anderer großer Weltreligionen, wie Muslime, Buddhisten, Hindus, aber auch Gnostiker und Agnostiker, Atheisten, Menschen also, die nach ihrer Façon selig werden wollen. In Versammlungen stehen Menschen auf und sagen, sie seien Christen und verbäten es sich, daß der Name ihrer Religion von einer politischen Partei verwendet werde, die in wichtigen Fragen unchristlich handle, den Sozialstaat abbaue, die Natur ausbeute, Waffen exportiere und nationalistische und fremdenfeindliche Töne gegenüber Ausländern anschlage oder zumindest dulde.

Innerhalb der CDU wird zunehmend erörtert, ob dieses »C« denn unter wahlpolitischen Gesichtspunkten überhaupt noch sinnvoll sei. In manchen großen Städten, wie in Hamburg, bekennen sich nur noch 45 Prozent zu einer der beiden großen Konfessionen. Manche befürchten, das »C« sei für viele Menschen als Grundlage der Politik gar nicht mehr mehrheitsfähig, sondern eher abschreckend. Sogar Richard von Weizsäcker hat einmal gesagt, dieser Parteiname biete »keine höheren Wahlchancen, sondern allenfalls Angriffsflächen«. Auch die verstärkte Teilnahme der Deutschen an den Katholikentagen oder an den evangelischen Kirchentagen beweist nicht das Gegenteil. Es handelt sich um eine engagierte, nicht repräsentative Minderheit, bei der im übrigen das Kommunikationsbedürfnis oft das religiöse Interesse und Anliegen überlagert.

Es gibt in den Reihen der CDU nicht wenige, die von der Moral in der Politik genausoviel halten wie Bismarck, nämlich nichts. Sie sind innerlich verbündet mit denen, die als Grundlage der Christlich Demokratischen Union Pragmatismus, Nationalismus, Konservatismus ansehen, die aus der CDU eine konservative Partei wie die Tories in England machen wollen.

Das sind nicht jene Lauen, die an die eigenen Worte nicht glauben, die »übertünchten Gräber«, die politischen Schausteller, die »ihre Gebetsriemen breit und ihre Quasten groß« machen, die »zwar reden, aber nicht danach handeln«, wie Jesus sie nannte.[47] Die Konservativen sind ehrlichere Leute. Sie sind Parteimitglieder, die das »C« de facto beseitigen wollen, das für sie ein Appendix von zweifelhaftem Nutzen ist. Dies würde aber den Charakter der CDU vollkommen verändern. Die Christlich Demokratische Union ist keine reine Addition liberaler, konservativer und christlich-sozialer Strömungen. Sie wurde nach 1945 als eine Partei neuen Typs geschaffen: eine Partei mit einem unabdingbaren ethischen Fundament, dem christlichen Menschenbild.

So, wie es notwendig ist, daß das Evangelium seinen politischen Anspruch deutlich macht und aufrechterhält, so muß das Christliche im Namen der Partei und der damit verbundene Anspruch bleiben, auch wenn er oft nicht erfüllt wird. Die Stange liegt hoch, und sie wird oft gerissen. Aber wenn der Anspruch nicht bleibt, dann gibt es auch keine Anstrengungen mehr, dem Anspruch gerecht zu werden.

Es ist wie im Gebirge. Der Montblanc ist mit 4800 Metern der höchste Berg der Alpen. Er leuchtet mit seiner weißen Kuppe in die Täler von Chamonix und Aosta. Viele kommen auf 3000 Meter, auch auf 4000 Meter. Nicht wenige erreichen auch den Gipfel. Manche wiederum stürzen ab. Aber niemand käme auf die Idee, deshalb den Berg in die Luft zu sprengen.

Die Ereignisse des 20. Jahrhunderts haben klargemacht, daß es moderne Politik nicht geben kann, wenn nicht die mit ihr zusammenhängenden ethischen Fragen beantwortet werden. Dies ist ein wichtiger Grund, warum die CDU bei ihrem »C« bleiben muß, unabhängig davon, ob sie die Sprunglatte reißt und ob es in Hamburg 45 oder 75 Prozent Christen gibt, und auch unabhängig davon, wie viele Leute sonntags in die Kirche gehen.

Mitte Juni 1993 nahm ich an einem Symposion der Bertelsmann-Stiftung in Wittenberg teil. Hans Küng hielt auf der Kanzel der Stadtkirche von Wittenberg, auf der schon Luther gepredigt hatte, eine Rede über das Thema »Eine Welt, eine Menschheit, ein Ethos« und begründete seine These, daß die großen Religionen heute schon in fünf Maximen elementarer Menschlichkeit übereinstimmten und daß es ohne ein solches Weltethos weder eine bessere Weltordnung noch einen Weltfrieden geben könne. In der anschließenden Podiumsdiskussion wurde er von Andrzej Sczcypiorski, Rita Süßmuth und mir lebhaft unterstützt, während Erhard Eppler, für mich etwas überraschend, erklärte, seine politische Lebenserfahrung erlaube ihm nur eine Antwort auf die Herausforderung der Zukunft: den Zynismus.

Aber ohne und gegen Gott – das ist auch keine schöne Alternative. Sechzig Millionen Tote haben die Nationalsozialisten auf dem Gewissen, vierzig Millionen gehen auf das Konto Stalins. Das Völkermorden in Ruanda, Burundi und am Kongo, in Tibet und in Südosteuropa, Vertreibung, Flucht, Völkerwanderung, Folter – soll man sich damit abfinden?

Es ist eine Konsequenz des kategorischen Imperativs, immer wieder zu versuchen, eine Renaissance der politischen Ethik zu schaffen, die Moral und Politik, Geist und Macht zusammenbringt. Das Bemühen darum hat es immer wieder gegeben, gerade nach 1945. Ist dieser Versuch zum Scheitern verurteilt? Hält er, was er den Menschen verspricht? Wird die CDU dem eigenen Anspruch gerecht?

Wie hat sich das Evangelium auf die Verfassungen und die Grundrechte ausgewirkt? Gibt es einen Zusammenhang zwischen der Botschaft Jesu und der Umweltpolitik? Was folgt aus Moral und Ethik für Wirtschaft und Wirtschaftspolitik? Gibt es Werte jenseits von Angebot und Nachfrage? Welche Verpflichtungen sind mit dem Eigentum verbunden? Wie ist das Verhältnis von Starken und Schwachen? Wo und wie zeigt sich das Gebot der Nächstenliebe in dieser Gesellschaft? Was ist moderne Nächstenliebe? Ist die Alte Soziale Frage erledigt? Wie steht es mit der Neuen Sozialen Frage, der neuen Armut? Wie ist das Bild der Frau aus der Sicht der Religionen? Was haben Moraltheologie und Sexualmoral mit den Menschenrechten zu tun? Wie sind Abtreibung und Empfängnisverhütung zu bewerten? Wie steht es um die Frauenrechte? Und schließlich: Wie ist unsere Haltung zu Fremden und Ausländern? Gibt es eine multikulturelle Gesellschaft? Wie verhält sich das Christliche zum Nationalismus und zu Europa?

An diesen und anderen Prüfsteinen kann getestet werden, ob und, wenn ja, wie die Versprechen gehalten worden sind, die Staaten und Politik auf der ganzen Welt, besonders aber in Deutschland, im Namen Gottes gegeben haben.

Staat – Test 1

Gott in der Verfassung

Das Grundgesetz der Bundesrepublik Deutschland beginnt in seiner Präambel mit dem Satz: »*Im Bewußtsein seiner Verantwortung vor Gott* und den Menschen, von dem Willen beseelt, als gleichberechtigtes Glied in einem vereinten Europa dem Frieden der Welt zu dienen, hat sich das deutsche Volk kraft seiner verfassunggebenden Gewalt dieses Grundgesetz gegeben.« Welche Bedeutung diese Berufung auf Gott im Grundgesetz hat, ist seit Existenz unserer Verfassung immer wieder diskutiert und kontrovers beantwortet worden.

Die Formulierung stammt von Theodor Heuss, der damals Abgeordneter der FDP im Parlamentarischen Rat war. Der Satz ist vor allem darauf zurückzuführen, daß die Mitglieder des Parlamentarischen Rats mit der ausdrücklichen Berufung auf die Verantwortung vor Gott ein Signal für einen moralischen Neuanfang setzen wollten nach den Jahren einer im wahrsten Sinn des Wortes Gott-losen nationalsozialistischen Diktatur.

Die Anrufung Gottes wurde aber auch als Warnung davor interpretiert, »daß ein endlicher Moralismus zur Staatsmoral verabsolutiert wird«[48], wogegen sich auch jene aussprechen können, die nicht an einen Gott glauben. Mit diesem Gottesbegriff ist wohl nicht nur der christliche Gott gemeint gewesen. Theodor Heuss war als Liberaler vermutlich der Überzeugung, in einem pluralistischen Staat müsse der Gottesbegriff allen Auffassungen gerecht werden, die

unter den Staatsbürgern über Gott bestehen. Sicher drük-
ken sich in diesem Begriff auch der Wille und die Erkenntnis aus, daß es grundsätzliche Normen gibt, die dem Staat,
der Gesellschaft und den Menschen vorgegeben sind und
die nicht willkürlich manipuliert werden können, weil sie in
einem über den Menschen stehenden Wesen, eben in Gott,
verankert sind.

Insoweit muß man die Anrufung Gottes auch als eine Absage an den Rechtspositivismus begreifen, der die Gesetzgebung, aber auch die Rechtsprechung des Bismarck-
Reichs und der Weimarer Republik weitgehend beherrscht
hat. Es wird zu untersuchen sein, ob die Verwirklichung der
Verfassungsgrundsätze diesem hohen Anspruch gerecht
wird.

Daß die Anrufung Gottes im Grundgesetz keine zufällige
Entscheidung des Parlamentarischen Rats war, ergibt sich
auch daraus, daß sich ähnliche Formulierungen in einigen
Landesverfassungen finden, beispielsweise in Bayern,
Rheinland-Pfalz, Baden-Württemberg und Nordrhein-
Westfalen. In der Verfassung von Rheinland-Pfalz wird die
Bindung an vorstaatliche, auf Gott zurückgehende Normen auch dadurch deutlich, daß nach dem Wort »Gott«
angefügt ist: »dem Urgrund des Rechts und Schöpfer der
menschlichen Gemeinschaft«. Auch in der Verfassung von
Württemberg-Hohenzollern von 1947 war die Berufung auf
Gott deutlich hervorgehoben: »Im Gehorsam gegen Gott
und im Vertrauen auf Gott«. In der nordrhein-westfä-
lischen Verfassung von 1950 heißt es: »In Verantwortung
vor Gott und den Menschen«. In der bayerischen Verfassung von 1946 wird die Bedeutung des Gottesbegriffs für
den Staat und seine Bürgerinnen und Bürger umfassend
beschrieben: »Angesichts des Trümmerfeldes, zu dem eine

Staats- und Gesellschaftsordnung ohne Gott, ohne Gewissen und ohne Achtung vor der Würde des Menschen die Überlebenden des Zweiten Weltkriegs geführt hat, in dem festen Entschlusse, den kommenden deutschen Geschlechtern die Segnungen des Friedens, der Menschlichkeit und des Rechtes zu sichern (...)«. Auch Mecklenburg-Vorpommern, Thüringen, Sachsen und Sachsen-Anhalt haben in ihren Verfassungen einen Bezug zu Gott oder zur Schöpfung.

Das gleiche gilt für die Verfassungen Griechenlands, Irlands, der Ukraine, der Schweiz, Israels, Australiens, Südafrikas, des Iran und für die amerikanische Unabhängigkeitserklärung.[49]

Das Menschenbild des Grundgesetzes

Wie auch immer man von der Ratio legis her den Gottesbegriff in der Präambel des Grundgesetzes interpretieren will, man kommt nicht um den Wortlaut herum, daß das deutsche Volk sich die Verfassung »im Bewußtsein seiner Verantwortung vor Gott« gegeben hat. Infolgedessen müssen die sich aus der Verfassung ergebenden staatlichen Entscheidungen ebenfalls in dieser Verantwortung gefällt werden, gleichgültig ob von der Gesetzgebung, der Rechtsprechung oder der Exekutive. Sonst hat der Hinweis auf Gott in der Präambel keinen Sinn.

Während der Gottesbegriff in der Präambel so allgemein gehalten ist, daß jeder, der an (einen) Gott glaubt, sich in ihm wiederfinden kann, liegt der Verfassung in ihren anderen Teilen allerdings das christliche Menschenbild zugrunde. Die in der christlichen Botschaft verankerte Gottesebenbildlichkeit des Menschen, seine daraus resultierende unantastbare Würde, die im Gebot der Nächstenliebe begründete soziale Verantwortung, die Gleichheit aller Menschen vor Gott und den göttlichen Gesetzen – diese für die Antike revolutionäre, im Lauf der Kirchengeschichte oft verratenen Grundsätze haben das moderne Verfassungsrecht Europas und Amerikas geprägt. Die politische Philosophie Europas von Thomas Morus, John Locke, Thomas Hobbes bis Charles de Montesquieu gab der personalen Würde des Menschen den Vorrang vor Staat und Gesellschaft; sie versuchte – oft unvollkommen – aus dem Menschenbild eine humane Form für Staat und Gesellschaft zu entwerfen und zu begründen, warum der Mensch über bestimmte unveräußerliche Rechte verfüge, die ihm weder von anderen Menschen noch von der Staats- und Gesellschaftsordnung genommen werden dürften. Die Idee der Menschenrechte gab es schon in der Zeit des Absolutismus, und in Verfassungsurkunden wurden Rechte formuliert, die richterlich überprüfbar waren. Aber Menschenrechte und Rechtsstaatlichkeit standen unter dem Vorbehalt der Souveränität des absolutistischen Herrschers und waren widerrufbar. Das Toleranzedikt von Nantes, 1598 von König Heinrich IV. von Frankreich zugunsten der Hugenotten erlassen, wurde von Ludwig XIV. 1685 wieder aufgehoben, aber hundert Jahre später, 1787, von Ludwig XVI. erneut in Kraft gesetzt.

Mit der humanistischen und vom christlichen Menschenbild stark beeinflußten philosophischen Tradition, durch welche die Französische Revolution mit ihren Grundwerten der Freiheit, Gleichheit und Brüderlichkeit, aber auch der Menschenrechtskatalog der amerikanischen Verfassung inspiriert wurde, brach aber bald Hegels Philosophie. Für ihn läuft die Geschichte auf ein Ziel zu: die vollkommene Verwirklichung des objektiven Geistes in der Gestalt des Staats. Die Menschen werden Teil des Staats, personale Einzigartigkeit wird ihnen letztlich abgesprochen. Diese Auffassung prägte Zeitgeist und Politik im Deutschland des 19. und des beginnenden 20. Jahrhunderts. Auch wenn man des Philosophen Bemerkung nach dem Einzug Napoleons in Berlin, »er habe nunmehr den Weltgeist zu Pferde gesehen«, als subtile Ironie verstehen will, so spannt sich doch von Hegel ein Bogen deutschen Rechts- und Staatsdenkens bis zur Staatsphilosophie Carl Schmitts. Dieser anerkannte keine dem Staat vorgegebenen Werte mehr und lieferte damit totalitärer staatlicher Willkür die theoretische Rechtfertigung.

Es spannt sich von Hegel noch ein anderer Bogen politischer Ideologie, und zwar zu Karl Marx, der an die Stelle des Obrigkeitsstaats das totale Gesellschaftssystem setzt. Die Idee einer kommunistischen Gesellschaft wurde unter Berufung auf Hegels Lehre vom objektiven Geist als geschichtlich notwendig ausgegeben und am Ende brutal verwirklicht.

In Deutschland brachte erst das Grundgesetz für die Bundesrepublik die Umkehr im politischen Denken. Das Bekenntnis des Grundgesetzes zur Verantwortung des Menschen vor Gott und die rechtlich zwingende Verankerung der Menschenwürde und der Grundrechte an der Spitze der Verfassung sind die eigentliche bahnbrechende Neuerung. In der Reichsverfassung von 1871 kommen die Menschenrechte oder die Grundrechte nicht vor, in der Verfassung der Weimarer Republik sind zwar Grundrechte genannt, sie sind jedoch rechtlich unverbindlich, stehen am Ende und sind positivistischer Beliebigkeit anheimgegeben.

Das Grundgesetz dagegen macht die Grundrechte und damit auch die Menschenrechte bindend für Legislative, Exekutive und Jurisdiktion. Die Grundrechte dürfen nach herrschender Lehre aufgrund des Artikels 79, Absatz 3, auch nicht vom Parlament geändert werden. Das Grundgesetz beginnt mit der Menschenwürde und mit den Menschenrechten. Dies bedeutet die Korrektur einer 200jährigen ideengeschichtlichen Fehlentwicklung in Deutschland. Wir müssen der historischen Wahrheit zuliebe hinzufügen: Diese Korrektur geschah damals im Parlamentarischen Rat auch im Bewußtsein eines christlichen Menschenverständnisses.

Man wird sagen können, daß durch die Existenz dieser Grundwerte das Christentum zu den geistigen Wurzeln der modernen Demokratie gehört. Thomas Mann geht sogar soweit, daß er beides gleichsetzt: »Demokratie ist nichts anderes als der politische Name für die Ideale, welche das Christentum als Religion hervorgebracht hat.« Dies wird man jedoch nur so stehenlassen können, wenn unter Demokratie nicht nur eine Staatsform gemeint ist, in der die Mehrheitsentscheidung das maßgebliche Element darstellt, sondern wenn gleichwertig auch die bindende Wirkung der aus dem christlichen Menschenbild resultierenden Grundrechte gewährleistet ist. Nur dann ist die Würde des Menschen gesichert, sind die Rechte von Minderheiten geschützt und wird eine absolute Herrschaft von Menschen über Menschen verhindert.

Demokratische Ordnungen ohne Bindung an die aus der Menschenwürde resultierenden Grundrechte bieten keine Garantie für eine freiheitliche und gerechte Entwicklung. Man wird nicht behaupten können, daß alle politischen Systeme vergangener Jahrhunderte, die keine Demokratien waren, als totalitär oder menschenverachtend zu bewerten seien. Und daß Demokratien keine rechtsstaatlichen Probleme hätten, wenn sie an Menschenwürde und Grundrechte verfassungsrechtlich gebunden sind, ist, wie wir noch sehen werden, eine kühne These. Aber die größtmögliche freie Selbstbestimmung der Persönlichkeit, verbunden mit der sozialen Verantwortung des Menschen, macht die Demokratie grundsätzlich zu einer besseren Regierungsform als alle sonstigen Systeme.

Ohne die Bindung an das christliche Menschenbild allerdings kann das entstehen, was der große Schweizer Theologe Karl Barth als »Pöbelherrschaft« bezeichnet hat. Barth fordert die Christen auf, die Demokratie zu bejahen: »Daß man in einer Demokratie zur Hölle fahren und unter einer

Pöbelherrschaft oder Diktatur selig werden kann, das ist wahr. Es ist aber nicht wahr, daß man als Christ ebenso ernstlich die Pöbelherrschaft oder die Diktatur bejahen wollen und erstreben kann wie die Demokratie.«
Die Überwindung des Rechtspositivismus und der totalen staatlichen und vor allem nationalstaatlichen Autonomie ist auch die Folge der schrecklichen Tatsache, daß Unzählige die Barbarei totalitärer Systeme in diesem Jahrhundert am eigenen Leib erleben und erleiden mußten. Das christliche Menschenbild bedeutet auch, daß eine weltliche Heilslehre einen neuen Menschen nicht schaffen und das Paradies nicht errichten kann. Die Einsicht, daß der Mensch auch in der Politik dem Irrtum und der Schuld unterworfen bleibt, muß, richtig verstanden, nicht zur Resignation führen, sondern ermöglicht eine realistische Bewertung der Politik und befreit von einem fehlerproduzierenden Erfolgsdruck ebenso wie von lähmender Verzweiflung. Diese Einsicht verbietet aber auch den Anspruch auf den Besitz der alleinseligmachenden Wahrheit und die restlose Vereinnahmung anderer für eigene Zwecke und Ziele.
Im Grundsatzprogramm der CDU, das viele seiner ethischen Aussagen Richard von Weizsäcker verdankt, steht: »Für uns ist der Mensch Geschöpf Gottes und nicht das letzte Maß aller Dinge. Wir wissen um die Fehlbarkeit des Menschen, die Grenzen politischen Handelns. Gleichwohl sind wir davon überzeugt, daß der Mensch zur ethisch verantwortlichen Gestaltung der Welt berufen und befähigt ist.« (Kapitel 1, Ziffer 1.1) Und: »Jeder Mensch ist Irrtum und Schuld ausgesetzt. Die Unvollkommenheit und Endlichkeit des Menschen, die Begrenztheit seiner Planungs- und Gestaltungsfähigkeit setzen auch der Politik Grenzen. Die Einsicht in diese Begrenztheit bewahrt uns vor ideolo-

gischen Heilslehren und einem totalitären Politikverständnis und schafft Bereitschaft zur Versöhnung. Bei allem Engagement können wir die vollkommene Welt nicht schaffen.« (Kapitel 1, Ziffer 1.10)

Das ist wahr. Aber wir müssen eine bessere Welt schaffen. Die jetzige kann so nicht bleiben.

Folter: Plage und Schande der Menschheit

Ignoranz und Nonchalance

Es muß endlich ein Ende haben, daß in zahlreichen Staaten der Welt gefangene Menschen systematisch gefoltert werden. Die Ignoranz und Nonchalance gegenüber diesen unmenschlichen Praktiken, die sich in der Bundesrepublik Deutschland bei Regierungen, Behörden und Gerichten breitmacht, ist empörend. Die Bundesregierung, die diplomatischen Vertretungen, Rundfunk, Fernsehen und Presse sehen schweigend zu, wie in anderen Ländern jeden Tag Hunderte von Menschen bestialisch mißhandelt und zu Tode gequält werden. Das Kirchenasyl hat deshalb an Berechtigung gewonnen und an Bedeutung zugenommen, weil es sich immer mehr herausstellt, daß Ausländerbehörden und Gerichte in Deutschland nicht in der Lage sind, mit den Folteropfern, die zu uns geflüchtet sind, rechtsstaatlich einwandfrei umzugehen. Als jüngstes Beispiel kann die Auskunft des Auswärtigen Amts vom 28. Februar 1996 zur Folter in Tunesien genommen werden, wo es heißt: Derartige Maßnahmen würden »von Tunesiern nicht in gleichem Maße wie von Europäern als Eingriff in persönliche Rechte empfunden«.[50] Der eigentliche Skandal in Deutschland besteht darin, daß die Folter heruntergespielt und als Flucht- und Asylgrund meistens nicht akzeptiert wird, obwohl die Übergriffe durch Narben und ärztliche Gutachten bestätigt werden können. So kommt es, daß – entgegen den gesetzlichen Bestimmungen, also rechtswidrig – Folteropfer in die Länder abgeschoben werden, in denen sie gefoltert worden sind. Dies gilt vor allem für Kurden aus der Türkei.

1996 zählte Amnesty International 94 Staaten, in denen gewaltlose politische Gefangene in Gefängnissen oder Zwangsarbeitslagern sitzen, gegenüber 85 im Jahr 1995. Die Morde im staatlichen Auftrag hätten gegenüber der Zeit vor 1995 zugenommen, in 63 Staaten seien »extralegale Hinrichtungen« registriert worden. In 124 Staaten kam es zu Folter und Mißhandlungen von Gefangenen, in 46 starben Menschen an den Folgen systematischer Folter. In 69 Staaten sind Tausende Opfer politischer Morde zu beklagen, und in 39 Staaten »verschwanden« Menschen. Folter, Geiselnahme und willkürliche Tötung durch bewaffnete oppositionelle Gruppen gab es in mindestens 38 Staaten.[51]

Die betreffenden Staaten sind alle bekannt. Dazu gehören auch solche, mit denen die Bundesrepublik Deutschland intensive Beziehungen pflegt, zum Beispiel: China, die Türkei, Indonesien, der Irak, der Iran, Syrien, Birma, Algerien, Tunesien, Mexiko, Indien und Israel. Dessen oberstes Gericht entschied im November 1996, daß »begrenzte physische Gewalt« dann zulässig sei, wenn auf diese Weise noch größere Gewaltverbrechen verhindert werden könnten.

In dem konkret zu verhandelnden Fall war es darum gegangen, den palästinensischen Attentäter Mohamad Hamadan zu zwingen, das Versteck einer Zeitbombe zu verraten, von der der israelische Geheimdienst nur wußte, daß sie gelegt worden war. Um Menschenleben zu retten, sei ein mit Gewalt erpreßtes Geständnis legitim gewesen, so die Richter. Die liberale israelische Zeitung »Yediot Ahronot« wies dagegen darauf hin, daß eine aufgeklärte Justiz sich nicht auf eine schleichende Verrohung einlassen dürfe. Die israelischen Menschenrechtsorganisationen liefen Sturm gegen das Urteil. Der »Fall Hamadan« macht deutlich, daß auch die Justiz in Israel bei Terror nur noch in Kategorien des Ausnahmerechts denkt.[52]

Die Folterarten

In vielen Ländern gibt es offizielle Foltermethoden, darunter allein in Syrien 36. Dabei unterscheidet man zwischen physischer Folter und psychischer Folter.

Zur physischen Folter gehören:

1. Schlagen:
   Falaka oder Falanga: Schlagen auf die Fußsohlen mit einem speziell dafür angefertigten Stock;
   Ohrfeigen (telefono): heftiges Schlagen auf das Ohr ein- oder beidseitig mit dem Handteller;
   Kopf heftig gegen die Wand prellen;
   Treten gegen bestimmte Körperregionen: Bauch, Nieren, Genitalien, Brustkorb;
   Schlagen auf die Zähne mit der Faust.

2. Schleppen und Schleifen durch rauhes Gelände hinter einem Wagen oder Pferd.

3. Ziehen an den Haaren.

4. Hängen an Armen und Beinen.

5. Ziehen von Zähnen, Fuß- und Fingernägeln.

6. Zusammenpressen der Finger gegen interdigital eingeschobene harte Gegenstände.

7. Hitzeanwendung auf die Haut durch heiße Gegenstände, Flammen und Zigaretten.

8. Anwendung von elektrischen Schlägen an empfindlichen Körperregionen (Genitalien, Zähne usw.).[53]

9. Lichtanwendung: stundenlanges Starren in eine starke Lichtquelle.

10. Anwendung von extremen klimatischen Bedingungen (Kälte, Hitze und Feuchtigkeit) in der Haftzelle.
11. Erstickungsversuche durch:
    feuchte Submarino: Eintauchen des Kopfes in eine mit Wasser, Blut, Fäkalien, Erbrochenem usw. gefüllte Badewanne bis kurz vor der Erstickung;
    trockene Submarino: Überstülpen einer Plastiktüte über den Kopf des Opfers, ebenfalls so lange, bis das Opfer kurz vor der Erstickung ist;
    einseitiger Pneumotorax: Abklemmen der Nase mit zugehaltenem Mund;
    Strangulation usw.
12. Physische Erschöpfung, hervorgerufen durch stundenlanges Stehen, Hocken oder Knien,
    Zwangsgymnastik in abnormen Körperpositionen, Kniehocke und Knieellenbeugestellung.
13. Sexuelle Nötigung in Form von Vergewaltigung, Fremdkörper (Flaschen, Holz, Eisen etc.) einführen in die Genitalien und den Anus.

Zur psychischen Folter gehören:

1. Bedrohungen sowohl des Opfers als auch seiner Familie,
2. Scheinhinrichtungen,
3. Schlafentzug,
4. Lärmbelästigung,
5. stundenlanges Vernehmen,
6. Hypnose,
7. Gabe von Hypnotika und Narkotika.

Die Folterfolgen sind enorm und führen bei längerer Anwendung zum Tod. Oft leiden die Opfer lebenslang an den psychischen und physischen Verletzungen.

Folter und Asyl

Es ist mir bis heute unbegreiflich, daß Unionspolitiker, vor allem die Landesregierungen von Bayern und Baden-Württemberg, in den Jahren 1985 bis 1990 die Verabschiedung der internationalen Antifolterkonventionen der UNO und des Europarats immer wieder hinauszögerten und behinderten. Ein zu Tode Gefolterter hängt in jeder Kirche, die man ja gelegentlich sonntags besucht. Die Union darf die Ächtung der Folter nicht an dem kleinlichen Problem scheitern lassen, daß ein paar Asylbewerber, weil sie sich auf eine angebliche Folterung berufen, schwerer abgeschoben werden können.

Folter als Asylgrund ist für manche offenbar eine läppische Vorstellung. Da könne ja jeder behaupten, er sei in seiner Heimat gefoltert worden, heißt es. Außerdem, so wird argumentiert, verwickelten sich die meisten, die sich auf eine Folterung in ihrer Heimat beriefen, in den Anhörungsverfahren vor den Ausländerbehörden in Widersprüche, oder sie schwiegen auf Fragen und gäben keine Auskünfte mehr.

Bahman Nirumand, der vor dem Schah von Persien genauso flüchten mußte wie vor den Ajatollahs, hat in einem vom Behandlungszentrum für Folteropfer in Berlin herausgegebenen Buch die psychische Lage der Gefolterten geschildert[54]: »Ziel der Folterer ist die Zerstörung der Persönlichkeit, die Vernichtung der Identität. Die Folterer wissen, daß Menschen ohne Identität, Menschen mit gespaltener, zerrütteter Persönlichkeit ihre Fähigkeit zum

Widerstand verlieren, sich der Aufforderung fügen, Geheimnisse preiszugeben und Verrat zu üben.«
Folterer gehen in der Regel planmäßig vor. Solange das Opfer nicht den letzten inneren Halt, den letzten Zipfel an Selbstbewußtsein verloren hat, ist das Ziel nicht erreicht. Folterer seien oft psychologisch geschult, berichtet Nirumand. »Sie unterscheiden sich jedoch von dem Psychotherapeuten dadurch, daß sie die Aufgabe haben, die Psyche des Menschen zu zerstören, statt sie zu heilen. Ein Gefangener schrieb: Die Schläge treffen nicht nur deinen Körper, sie treffen weit mehr deine Seele, deinen Geist, deinen Verstand. Das Ertragen von Folter beansprucht die Menschen physisch und psychisch in einer enormen Weise. Viele Opfer können sich nach der Beendigung der Folter nicht mehr äußern, sie fallen in ein tiefes Schweigen, das auch nach der Freilassung anhält. Hat ein Opfer versagt, Geheimnisse preisgegeben, Verrat geübt, wird das Leben in der Freiheit zu einer Tortur, zu einer ewigen Plage des Gewissens. Das Schweigen der Gefolterten ist geradezu ihr Kennzeichen. Viele schweigen aus Scham über das Erlebte oder wegen der Unfähigkeit, das Erlebte wiederzugeben. Viele Opfer leiden unter starken Depressionen, sie haben Alpträume und werden von Ängsten verfolgt, sie leiden unter Gedächtnisschwund, sie sind innerlich erregt, haben Ohnmachtsgefühle und Wahnvorstellungen. Manische Depressionen, ein ständiger Wechsel von aggressiver Überreaktion und Apathie, gehören zu den Merkmalen, die bei den Opfern zu beobachten sind. Die Opfer stehen auch nach der Freilassung unter der Kontrolle ihrer Peiniger. Sie leben in der ständigen Angst, wieder eingekerkert zu werden. Wenn es ihnen gelingt, ins Ausland zu flüchten, beginnt eine neue Qual, auch eine endlose. Das Zusammensein mit

anderen Menschen, deren Sprache man nicht versteht, treibt die Flüchtlinge in eine unbeschreibliche Einsamkeit. Dann kommen die Anhörungen vor der Asylbehörde. Es galt als Überlebensstrategie, über das Erlebte zu schweigen, die Vergangenheit zu begraben, die Folter aus der Erinnerung zu verbannen. Aber genau diese Strategie kann dem Flüchtling zum Verhängnis werden. Die Untersuchungsbeamten, von denen das weitere Schicksal des Flüchtlings abhängt, verlangen genaue Auskünfte und glaubwürdige Nachweise. Einmal wird der Flüchtling gezwungen, das mühsam Verdrängte ins Gedächtnis zurückzurufen, und ein unbedeutender Widerspruch kann zur Ablehnung des Asylantrags führen. Die Menschen stehen unter der ständigen Angst, wieder abgeschoben zu werden in das Land, in dem sie gefoltert worden sind.«[55]

In dieser Situation stehen sie vor dem Bundesamt für die Anhörung ausländischer Flüchtlinge, dessen Beamte und Angestellte über die psychische und physische Situation der Gefolterten und die Methoden der Folterer oft nur unzulänglich informiert sind. Jesus ist zu Tode gefoltert worden. Wenn schon Kreuze in öffentlichen Räumen hängen sollen, dann zuerst in den Büros, in denen über das Schicksal von Asylbewerbern und Bürgerkriegsflüchtlingen entschieden wird.

Dr. Sepp Graessner, Notfallmediziner und Mitbegründer des Berliner Behandlungszentrums für Folteropfer, hat die Anhörungsprotokolle und Asylbescheide von 40 Patientinnen und Patienten im Berliner Behandlungszentrum für Folteropfer ausgewertet. Die 32 Männer und 8 Frauen kamen aus verschiedenen Bundesländern, und so bietet sich ein guter Einblick in die Praxis der Asylanhörung. Untersucht wurden vier Bereiche: Herkunft und Bildungsstand der Asylbewerber, der Ablauf der Anhörungsverfahren, die rechtliche Würdigung von Folterdarstellungen in den Asylbescheiden und die Einschätzung des Folterhintergrunds durch die Therapeuten und die Mediziner des Berliner Zentrums.

Als Ergebnis der Auswertung ergibt sich zum Beispiel, daß allein die Kürze der Anhörungen eine sorgfältige Sachaufklärung verhindert. Durchschnittlich dauerten die Anhörungen 117 Minuten, bei einer Asylbewerberin endete die Anhörung schon nach 15 Minuten. Die vorgeschriebene Rückübersetzung der Anhörungsprotokolle für die Asylbewerber dauerte durchschnittlich 35 Minuten. Auf der anderen Seite machte bei mindestens 10 der überprüften 40 Protokolle der zeitliche Aufwand weniger als 20 Minuten aus, so daß zweifelhaft ist, ob überhaupt das ganze Protokoll übersetzt worden ist. In einigen Fällen entfiel die Rückübersetzung aus Zeitgründen, so daß die Asylsuchenden keine Korrekturen mehr vornehmen konnten. In 25 Fällen gingen die Befrager Folterschilderungen nicht nach oder wiesen sie als irrelevant ab. Nur in 14 Fällen wurden die Asylbewerber nach ihrer körperlichen und seelischen Verfassung gefragt, obwohl eine Vertreterin des Bundesamts für die Anerkennung ausländischer Flüchtlinge im November 1995 geäußert hatte, daß die Anhörer stets nach dem aktuellen Gesundheitszustand fragen müßten.

Das Bundesamt hat Kriterien für die Ausdrucksfähigkeit der Asylsuchenden entwickelt, um deren Glaubwürdigkeit testen zu können. Aber ein traumatisiertes Folteropfer kann diese Kriterien kaum erfüllen. So heißt es in diesen Richtlinien: Das Verfolgungsschicksal soll vom Antragsteller »geradlinig, folgerichtig und frei von wesentlichen Widersprüchen« dargestellt werden.

Dem dümmsten Vernehmungsbeamten müßte klar sein, daß solche Kategorien untauglich sind, die Probleme traumatisierter Menschen zu erfassen, sich Fremden gegenüber zu öffnen und ihr Leid in Worte zu fassen. Daher kommt es auch, daß die Asylbescheide des Bundesamts sich kaum mit den individuellen Verfolgtenschicksalen befassen. Die Bescheide setzen sich überwiegend aus allgemein gehaltenen Hinweisen und standardisierten Versatzstücken zusammen, zum Beispiel den Einschätzungen des Auswärtigen Amts zur Menschenrechtslage in dem betreffenden Folterland. Bei einem Viertel der abgelehnten Asylbewerber nahmen die Bescheide keinerlei Bezug auf die im Anhörungsprotokoll festgehaltene Folterdarstellung. Da war sogar Pilatus besser. Mit »Ecce homo« ließ er den gefolterten Jesus der aufgeputschten Menge präsentieren, um wenigstens ihr Mitleid zu erwecken.

Insgesamt kann man sagen, daß es eine dramatische Diskrepanz gibt zwischen der Ablehnungspraxis des Bundesamts auf der einen Seite und der Einschätzung des Behandlungszentrums auf der anderen Seite. Nur ein Viertel der vierzig Asylsuchenden, die vom Berliner Behandlungszentrum eindeutig als Folterüberlebende eingestuft worden sind, ist vom Bundesamt anerkannt worden; je höher das Bildungsniveau der Asylsuchenden, desto größer die Aussicht auf Anerkennung.

Die deutlich ausgedrückten Ängste der Traumatisierten vor einer Wiederholung der erfahrenen Folterungen im Fall einer Abschiebung wurden in 65 Prozent der untersuchten Fälle weder im Anhörungsprotokoll noch im Asylbescheid berücksichtigt, meldete Amnesty International im September 1996 auf seiner Internet-Homepage. Immer mehr Folteropfer, zum Beispiel aus der Türkei, werden nicht ernst genommen. Die in Boston ansässige Menschenrechtsorganisation Physicians for Human Rights hat Belege für systematische Folter in der Türkei gesammelt und darauf hingewiesen, daß auf türkische Ärzte massiv Druck ausgeübt wird, Beweise zu verschleiern. Angehörige von Heilberufen werden in der Türkei verfolgt, weil sie Mitgliedern illegaler Organisationen medizinischen Beistand geleistet und sich an die Grundprinzipien ärztlicher Ethik gehalten haben. Ärzte sollen so zu Komplizen für die Folterpraxis der Regierung gemacht werden.[56]

Ein gehaltenes Versprechen

Dieses Buch hat den Titel: »Das nicht gehaltene Versprechen«. Es gibt auch Versprechen, die gehalten worden sind. Die Außenpolitik der westlichen Demokratien etwa war – selbst wenn die Akteure sich dessen nicht immer bewußt waren – nicht zuletzt bestimmt durch Gedanken, die sich im Evangelium wiederfinden.

Die Entspannungspolitik Willy Brandts war Entfeindungspolitik: »Wandel durch Annäherung« war die Parole, die Egon Bahr ausgegeben hatte. Es war eine große Strategie. Aber sie konnte nur gelingen, weil sie geschützt und ergänzt wurde durch eine Politik des biblischen Schalom, nämlich Frieden als Ergebnis von Güte *und* Gerechtigkeit. Das militärische Gleichgewicht hat den Ausbruch von Gewalt verhindert; sogar im Begriff der Abschreckung steckt ein Element der Entfeindung. Das französische Wort für Abschreckung zeigt, um was es geht: nämlich um »dissuasion«, was schwierig, aber treffend mit »Abratung« übersetzt werden kann.

Die biblische Botschaft muß in ihrer Ganzheit angenommen und angewendet werden. Die Auseinandersetzungen zwischen Anhängern der NATO und der Friedensbewegung in den achtziger Jahren waren auch Auseinandersetzungen um die richtige Interpretation und Darstellung der christlichen Botschaft.

Alle, die Jesus schon in Palästina getroffen hatte, tauchten in anderer Gestalt wieder auf: die sowjetischen Bedroher und Unterdrücker wie damals die Römer; Ronald Reagan und einige Verrückte im Pentagon und in Brüssel, die das Schwert nicht in der Scheide lassen, sondern mit ihm schlagen wollten, wie die Zeloten, und die Kleinmütigen und Ängstlichen, die in der Krise davonliefen wie die Apostel und die Pazifisten. Es war ja richtig, daß die Sozialdemokraten nicht nur den Rock, sondern auch den Mantel weggeben und dem Römer in der Gestalt von Breschnew nicht nur eine Meile, sondern zwei Meilen das Gepäck tragen wollten – »Vorleistungen« nannte das die CDU. Aber unbiblisch war auch der Satz »lieber rot als tot«. Der kurz vor der Folterung stehende Jesus läßt sich den Faustschlag ins Gesicht vor dem Hohepriester nicht gefallen und sagt: »Ich habe recht geredet. Warum schlägst du mich?«[57]

Eine glänzende Idee, nämlich Wandel durch Annäherung und Entspannungspolitik, ist durch einseitige, fundamentalistische Interpretation und Überhöhung von den Urhebern selbst fast zum Scheitern gebracht worden, weil sie den Frieden des Evangeliums mißverstanden hatten.[58]

Die Irritation und Ziellosigkeit der Linken, aber auch der Friedensbewegung in Europa nach dem Zusammenbruch der Sowjetunion hat mit diesen grundsätzlichen Fehleinschätzungen und falschen Bewertungen zu tun. Das im Namen Gottes gegebene Versprechen, durch bedingungslosen Pazifismus den Frieden zu sichern, konnte nicht gehalten werden. Die Enttäuschungen dauern bis heute an, sie haben hier und da aber auch eine Besinnung eingeleitet. Bei den Grünen entbrannte eine Auseinandersetzung über den Sinn des Pazifismus. In ihrem Ergebnis spaltete sich die Partei in Fundis und Realos, übertragen auf die Friedenspolitik, könnte man auch sagen, in realistische und fundamentalistische Pazifisten.

Der Streit um die Frage, ob die NATO zur Sicherung des Friedens und der Menschenrechte in Bosnien eingesetzt werden dürfe und mit ihr die Bundeswehr, war der Lackmustest für den deutschen Pazifismus. Die Hinwendung zu einem realistischen Pazifismus ist Leuten wie Daniel Cohn-Bendit und Joschka Fischer zu verdanken, der in seinem Buch »Risiko Deutschland« die neue außenpolitische Richtung der Grünen überzeugend begründet hat. Im Vergleich zur Friedensdiskussion Mitte der achtziger Jahre war es ein fast revolutionärer Vorgang, daß der Bosnieneinsatz der Bundeswehr schließlich von einem Teil der Grünen, von einer Mehrheit der Sozialdemokraten und natürlich von der CDU/CSU und den Liberalen gebilligt worden ist.

Es hätte eigentlich schon in den achtziger Jahren klar sein müssen: Die Bundeswehr hatte von Anfang an ihre Berechtigung nur in dem Auftrag, Freiheit und Menschenrechte zu verteidigen. Sie war nie eine klassische Nationalarmee. Ihr Aktionsradius ist heute nur größer geworden, und ihr Auftrag hat nicht mehr allein regionalen, sondern auch globalen Charakter.

Die Außenpolitik ist heute eingeordnet und begrenzt durch kollektive Vertragssysteme und Entscheidungen der UNO. Außenpolitik ist nicht nur Europa-, sondern auch Weltinnenpolitik geworden. »Maastricht I« ist nicht zu früh, sondern zu spät gekommen, sonst hätte Europa auf den Bosnienkonflikt rascher und effizienter reagieren können.

Im eigenen Machtinteresse Krieg zu führen ist heute international nicht mehr hoffähig. Heute gilt für alle Staaten die Pflicht, Krieg zu vermeiden. Eine vorbeugende Entfeindungspolitik im Sinn der Botschaft Jesu ist die moderne Alternative zur Macht- und Interessenpolitik dieses Jahrhunderts geworden. Die Massenmorde in Srebrenica, am Kongo und in Ruanda und die zögerlichen oder unterbliebenen militärischen Abwehr- und Präventivreaktionen der

UNO und der westlichen Demokratien beweisen aber auch eine Unsicherheit in der Frage, wann Gewaltanwendung ethisch erlaubt ist. Die Staaten brauchen einen verbindlichen Moralkodex der Außenpolitik, in dem unter anderem Normen der Gewaltanwendung festgeschrieben sein müssen. Wie könnten diese Normen aussehen, ohne daß sie in Widerspruch geraten zur Entfeindungspolitik des Evangeliums?

Die Frage, ob auf Adolf Hitler ein Attentat verübt werden durfte, ob also Staatsführer, Präsidenten, Könige, Minister und Generale unter bestimmten Umständen umgebracht werden dürfen, muß auch unter ethischen Gesichtspunkten beantwortet werden, und die Antwort müßte eigentlich einen Hinweis geben auf den möglichen Inhalt eines Moralkodex der modernen Außenpolitik.

Schon im 17. Jahrhundert hat der Jesuit Mariana eine Monographie über das Thema Tyrannenmord geschrieben. Er kam zu dem Ergebnis, daß unter bestimmten Umständen die Ermordung eines Tyrannen erlaubt sein müsse. Diese Weisheit mußte der Jesuitenorden bitter büßen. Er wurde 1773 auf Druck der Bourbonen vom Papst verboten. Vor allem aber in Lateinamerika sind seine Ideen als »Theologie der Befreiung« wieder virulent geworden. Ob Tyrannenmord im 17. Jahrhundert, ob Intervention gegen General Noriega in Panama, ob Golfkrieg gegen Saddam Hussein, ob Hinrichtung von Nicolae Ceauşescu, ob Luftangriff gegen serbische Artillerie – allen solchen Gewaltaktionen muß eine Rechtfertigung zugrunde liegen, die die Maßstäbe für das politische Handeln widerspiegelt: Die Aktion muß sich gegen Staaten oder Regierungen richten, die sich schwerer Verbrechen gegen die Menschlichkeit schuldig gemacht haben. Die Gewaltanwendung darf nur erlaubt sein, wenn die Ablösung eines Unrechtsregimes mit anderen, friedlichen Mitteln, wie zum Beispiel durch ein Embargo, nicht zu erreichen ist. Und es muß eine begründete Erwartung geben, daß sich nach dem Sturz des Regimes die Lage für die Menschen verbessert.

Kommen wir zu Versprechen, die nicht gehalten werden.

Außenpolitik und Menschenrechte

Die internationalen Abkommen

Fast alle Staaten haben sich zur Allgemeinen Erklärung der Menschenrechte völkerrechtlich bekannt und sich verpflichtet, sie einzuhalten. In Artikel 1 der Menschenrechtserklärung vom 10. Dezember 1948 heißt es:»Alle Menschen sind frei und gleich an Würde und Rechten geboren. Sie sind mit Vernunft und Gewissen begabt und sollen einander im Geiste der Brüderlichkeit begegnen.« Wunderbare Sätze. Im Jahr 1966 einigten sich die Vereinten Nationen auf zwei Vertragstexte, in denen die Menschenrechte umfassend beschrieben und die Unterzeichnerstaaten zu ihrem Schutz verpflichtet werden. Sie wurden 1976 in Kraft gesetzt und sind inzwischen von drei Vierteln aller UNO-Mitglieder, also von 135 Staaten, ratifiziert worden, unter anderem von der Bundesrepublik Deutschland, dagegen nicht von den Vereinigten Staaten, die zur Begründung anführten, daß bestimmte Rechte, die in dieser Deklaration enthalten sind, nicht einklagbar seien.

Vom 14. bis 25. Juni 1993 einigten sich die Vertreterinnen und Vertreter von 171 Staaten in Wien auf der zweiten Weltkonferenz für Menschenrechte auf eine »Wiener Erklärung und Aktionsprogramm«. Das im Konsens von der Konferenz angenommene Dokument ist für die Unterzeichnerstaaten völkerrechtlich nicht bindend. Doch, wie es in der Begründung einer Großen Anfrage der Fraktionen von CDU/CSU, SPD, Bündnis 90/Die Grünen und FDP vom Juli 1997 im Bundestag heißt, stellt dieses Dokument eine wichtige Berufungsgrundlage für den internationalen Menschenrechtsschutz dar. Es gibt keinen umfassenderen Text zu Menschenrechten.

Nun kann man nicht bestreiten, daß die Bundesrepublik Deutschland, vertreten durch die Bundesregierung und speziell durch das Auswärtige Amt, sich auf der Gremien- und Dokumentenebene immer wieder nachhaltig und mit Erfolg für die Menschenrechte eingesetzt hat. Das darf man nicht geringachten. Beschlüsse der Europäischen Union, des Europarats, der OSZE oder der Vereinten Nationen haben, auch wenn sie nicht bindend sind, eine große psychologische Wirkung, und vor allem können sich Opfer von Menschenrechtsverletzungen auf solche Vereinbarungen zur Abwehr von Folter und Diskriminierung berufen.

Die Unteilbarkeit der Menschenrechte

Leider stehen diese Deklarationen in sehr vielen Staaten lediglich auf dem Papier. Man kann es nicht oft genug wiederholen: 1996 zählte Amnesty International 94 Staaten, in denen gewaltlose politische Gefangene in Gefängnissen oder Zwangsarbeitslagern sitzen, gegenüber 85 im Jahr 1995. Die Morde im staatlichen Auftrag hätten gegenüber der Zeit vor 1995 zugenommen, in 63 Staaten seien »extralegale Hinrichtungen« registriert worden. In 124 Staaten kam es zu Folter und Mißhandlungen von Gefangenen, in 46 starben Menschen an den Folgen systematischer Folter. In 69 Staaten sind Tausende Opfer politischer Morde zu beklagen, und in 39 Staaten »verschwanden« Menschen. Folter, Geiselnahme und willkürliche Tötung durch bewaffnete oppositionelle Gruppen gab es in mindestens 38 Staaten.[59]

Da die Menschenwürde unteilbar ist und für jeden Menschen gilt, unabhängig von seiner Rasse, seinem Glauben, seiner Herkunft, seinem Geschlecht, da die Staaten, die die Menschenrechtsdeklaration unterschrieben haben, völkerrechtliche Verpflichtungen eingegangen sind, ist die Einhaltung der Menschenrechte nicht mehr allein die innere Angelegenheit des jeweiligen Landes, sondern eine internationale Aufgabe. Wer öffentlich Menschenrechtsverletzungen in anderen Staaten anprangert, mischt sich daher nicht in deren innere Angelegenheiten ein. Dennoch hat der deutsche Außenminister 1996 mit China das Prinzip der »Nichteinmischung« vereinbart.

Als ich im Oktober 1988 in meiner Eigenschaft als Vizepräsident der Christlich Demokratischen Internationale nach Chile flog, um die dortige Opposition bei dem Referendum gegen General Pinochet zu unterstützen, entstand wegen falscher Anschuldigungen der SPD und des »Spiegel« in der niedersächsischen CDU-Führung eine kritische Situation. Damals schrieb die »Welt«: »CDU-Generalsekretär Geißler macht sich zur Zeit in Chile Sorgen um die dortigen Christdemokraten. Es wäre besser, er würde sich um die Zukunft der Christdemokraten im eigenen Land kümmern.«

Das war eine sehr unbiblische Empfehlung der »Welt«. Matthäus schildert im 25. Kapitel die eschatologische Rede Jesu vom zukünftigen Weltgericht, zu dem alle Völker vor dem Königsthron Jesu versammelt werden. Jesus schickt die einen auf seine rechte Seite, die anderen auf seine linke. Dann sagt er zu denen auf seiner Rechten: »(...) ich war krank und ihr habt mich besucht; ich war im Gefängnis und ihr seid zu mir gekommen (...) und ich sage euch: Was ihr einem von diesen meinen geringsten Brüdern getan habt, das habt ihr mir getan.« Dann wendet er sich zu denen, die auf der linken Seite stehen, und sagt: »(...) ich war krank und im Gefängnis und ihr habt mich nicht besucht. (...) was ihr mir nicht getan habt, das habt ihr auch diesen nicht getan.« Er spricht im übrigen über letztere ein vernichtendes Urteil.

Viele Staaten sind wie große Zuchthäuser. Menschen in Opposition, im Untergrund, die verfolgt werden oder im Gefängnis sitzen, brauchen die internationale Solidarität, um überleben zu können. Andrej Sacharow in der Sowjetunion und Gabriel Valdez, der spätere Präsident der chilenischen Nationalversammlung, um nur zwei Beispiele zu nennen, wären nicht am Leben geblieben, wenn sich nicht die westliche Welt für sie eingesetzt hätte.

Solches Engagement ist nicht weniger notwendig, wenn Diktatoren sich bei ihren Untaten auf Gott berufen, wie manche islamistischen Regime, oder sich als Christen bezeichnen. Der Satz von Norbert Blüm und mir in Santiago de Chile an die Adresse von General Pinochet: »Wer andere Leute foltern läßt, hat sonntags in der Kirche nichts zu suchen«, müßte eigentlich für alle gelten, die sich direkt und indirekt an solchen Menschenrechtsverletzungen beteiligen, sie beschönigen oder gar verteidigen. In Teheran und in arabischen Hauptstädten sollten Menschenrechtsverletzer keine Moscheen und in Jerusalem keine Synagoge betreten.

Im Jahresbericht der arabischen Menschenrechtsorganisation in Kairo wird festgestellt, daß in den meisten arabischen Staaten willkürliche Hinrichtungen, Folter und das Verschwindenlassen politischer Gegner an der Tagesordnung sind. Der Schutz der Menschenrechte habe sich 1996 in allen 21 arabischen Staaten und in den palästinensischen

Autonomiegebieten verschlechtert. In dem Bericht werden vor allem Algerien, Irak, Libyen und der Sudan als diejenigen Länder genannt, in denen die schwersten Menschenrechtsverletzungen vorkommen.[60]

Sinneswandel bei der Bundesregierung?

In den achtziger Jahren war die Position der Bundesregierung, des Bundeskanzlers wie des Bundesaußenministers, der damals Hans-Dietrich Genscher hieß, gegenüber menschenrechtsverletzenden Staaten und ihren Regierungen eindeutig. Am 19. Dezember 1988 erklärte der Bundeskanzler im Deutschen Bundestag: »Wer sich jetzt noch (...) auf das Prinzip der Nichteinmischung in innere Angelegenheiten beruft, verrät nur sein schlechtes Gewissen. Es hat nichts mit ›Einmischung‹ zu tun, wenn es um die Einforderung von Menschenrechten geht. Im Gegenteil: Wir alle, Regierungen, Kirchen, gesellschaftliche Gruppen, Journalisten, jeder einzelne von uns, sind ausdrücklich aufgerufen, überall dort unsere Stimme zu erheben, wo Völker unterdrückt, wo Menschen verfolgt, gefoltert oder ermordet werden.
(Beifall bei der CDU/CSU, der FDP und der SPD)
Wir haben nicht nur das Recht, sondern auch die Pflicht, unsere Stimme zu erheben: Immer, wenn die Würde des Menschen verletzt wird; wenn in Bürgerkriegen Hunger und Entbehrung bewußt als Waffe eingesetzt werden, wenn Menschen wegen ihrer Hautfarbe diskriminiert werden, wenn eine Diktatur Menschen entwurzelt und aus ihren Heimatdörfern vertreibt, wenn Diktatoren ihre politischen Gegner foltern lassen, wenn jetzt wieder mehr und

mehr Menschen Opfer religiöser Intoleranz werden, wenn mitten in Europa auf Menschen geschossen wird, deren einziges ›Verbrechen‹ es ist, daß sie ihrem Staat den Rücken kehren wollen.

(Beifall bei der CDU/CSU, der FDP und bei Abgeordneten der SPD)

Diese wenigen Beispiele mahnen uns, in unserem Eintreten für die Menschenrechte nicht nachzulassen.«

In seiner Rede sagte Helmut Kohl auch: »Die Gefangenen-Hilfsorganisation Amnesty International hat recht, wenn sie sagt: Wer schweigt, wird mitschuldig.«

(Beifall bei allen Fraktionen)

Und etwas später: »Für uns darf auch keine Rolle spielen, ob Menschenrechte von einem autoritären Regime in Lateinamerika oder von einem kommunistischen System in Europa mißachtet werden.

(Beifall bei der CDU/CSU, bei der FDP und bei Abgeordneten der SPD)

Menschenrechte sind unteilbar, und ebenso unteilbar muß unser Einsatz für ihre Achtung sein.

(Beifall bei der CDU/CSU und der FDP)

Ebensowenig darf es einen Unterschied machen, ob ein kleiner Staat die Freiheit unterdrückt oder ein mächtiges Land.

(Beifall bei der CDU/CSU und der FDP)«

Legt man diese Maßstäbe an die Menschenrechtspolitik der Bundesregierung des Jahres 1997 an, so wird klar, daß sie zumindest für die Menschenrechtsverletzungen in einer Reihe von Staaten, zum Beispiel in China und im Iran, nicht mehr gelten. Das Verhalten der Bundesregierung diesen Staaten gegenüber erinnert an die Strategie Willy Brandts,

Oskar Lafontaines und anderer Außenpolitiker der Sozialdemokraten, die damals die Menschenrechtsverletzungen
in Lateinamerika anprangerten, aber um Lech Wałęsa und
die Solidarność in Polen einen großen Bogen machten und
mit den Dissidenten in der DDR und der Sowjetunion
nicht viel zu tun haben wollten. Auch innerhalb der CDU
droht die klare Position, die sich die Partei in den achtziger
Jahren zur Menschenrechtspolitik erarbeitet hatte, zu ver-
schwimmen. Dies liegt auch daran, daß über die Menschenrechtspolitik in der Partei, zum Beispiel auf einem Bundesparteitag, seit vielen Jahren nicht mehr gründlich diskutiert
worden ist. Darauf hat der Sprecher und Obmann der
CDU/CSU-Bundestagsfraktion für Menschenrechte und
humanitäre Hilfe, Andreas Krautscheid, immer wieder hingewiesen.[61]

Was sind Menschenrechte?

In einer der beiden UNO-Menschenrechtskonventionen
von 1966 heißt es: »Das Ideal vom freien Menschen, der frei
von Furcht und Not lebt, kann nur verwirklicht werden,
wenn Verhältnisse geschaffen werden, in denen jeder seine
wirtschaftlichen, sozialen und kulturellen Rechte ebenso
wie seine bürgerlichen und politischen Rechte genießen
kann.« Dazu gehören das Recht auf Achtung des Lebens,
der körperlichen Unversehrtheit, das Verbot von Leibeigenschaft und Sklaverei, die Ächtung der Folter, der Schutz vor
willkürlichem Freiheitsentzug und das Verbot der rassischen, religiösen, ethnischen und geschlechtlichen Diskriminierung, aber auch die Meinungs-, Religions- und Gewissensfreiheit. Das Recht auf gerechte Arbeitsbedingungen

hat notwendigerweise das Recht zur Folge, Gewerkschaften zu bilden, und das Recht auf Bildung ist unteilbar mit der Menschenwürde verbunden.

Immer wieder wird behauptet, die wirtschaftlichen, sozialen und kulturellen Rechte des Menschen seien keine »richtigen Menschenrechte«. Sie seien nicht wie die politischen Rechte sogenannte Abwehrrechte gegenüber Eingriffen des Staats, sondern »Leistungsrechte«, die ein aktives Handeln und nicht ein Unterlassen des Staats verlangten, in der Praxis nicht einklagbar seien und infolgedessen auch keine Rechtsansprüche begründen könnten. Diese Überlegungen haben auch in Deutschland dazu geführt, daß bei der Verfassungsreform der Legislaturperiode von 1990 bis 1994 ein Grundrecht auf Arbeit und Bildung im Deutschen Bundestag keine verfassungsändernde Zweidrittelmehrheit bekommen hat.

Verfassungspolitisch ist diese Unterscheidung aber zumindest in Deutschland überholt. Aus dem grundgesetzlichen Sozialstaatsgebot ergeben sich Rechtspositionen. Es gäbe sonst in Deutschland keine Prozeßkostenhilfe für Arme, keine kostenlosen Schulen und keine gesetzlich garantierte Absicherung der Grundrisiken des Lebens wie Alter und Krankheit.

Um eine nach seiner Meinung notwendige Ordnung in die Menschenrechtsdiskussion zu bringen und vernünftige Strategien entwickeln zu können, hat Bundespräsident Roman Herzog eine zusätzliche Klassifizierung der Menschenrechte in wichtige und weniger wichtige vorgeschlagen: »Für hungrige Menschen hat ein Recht wie die Meinungsfreiheit zwangsläufig geringere Bedeutung als für satte.«[62]

Das könnte man gelten lassen, wenn nicht Armut und Elend immer am längsten dort andauerten, wo sie sprach-

los bleiben und wo Leibeigenschaft, Ausbeutung, Kinderarbeit und Frauensklaverei in der Öffentlichkeit nicht angeprangert werden können. Wie anders als durch Öffentlichkeit sollen Schikanen korrupter Parteibonzen, Übergriffe
sogenannter Patrons, die Sklavenhaltung indischer Tep-
pichkinder, die, in Schuldknechtschaft verkauft, in Sech-
zehnstundentagen zu Tode geschunden werden, bekämpft
und beseitigt werden?

Nur durch Öffentlichkeit kann erreicht werden, daß zum
Beispiel in Bangladesch oder in Indien Kleinkredite aus
Entwicklungshilfegeldern nicht in den Taschen korrupter
Beamter landen, sondern Bäuerinnen zugute kommen, und
die Bevölkerung an Alphabetisierungsprogrammen und
Agrarreformen teilhaben kann. Es ist zu Recht darauf hingewiesen worden, daß bei diesem Ausspielen der sozialen
Rechte gegen die Individualrechte dem Armen zugemutet
wird, geradezu dankbar sein zu müssen, keine Meinungs-
und Redefreiheit besitzen zu dürfen, weil ihm das Regime
dann leichter Brot geben könne. Den Bettler aber wird das
Markstück beleidigen, wenn er dafür gleichzeitig einen Fußtritt bekommt.[63]

Natürlich muß man, wie Roman Herzog vorgeschlagen hat,
differenzieren und kann nicht alle Länder, in denen Menschenrechtsverletzungen vorkommen, über einen Kamm
scheren. Ihnen gegenüber muß es unterschiedliche Strategien und Verhaltensweisen geben, angefangen von wirtschaftlichen Sanktionen bis hin zum Abbruch diplomati-
scher Beziehungen oder der öffentlichen Diskussion in
internationalen Gremien.

Es geht aber um die grundsätzliche Frage, wie die Außenpolitik eines Landes auszusehen hat, in dessen Verfassung der
Anspruch erhoben wird, sich zur Verantwortung gegenüber

Gott zu bekennen, und in der die Unantastbarkeit der Menschenwürde verankert ist. Bemüht sich die Politik um pragmatische Lösungen, bei denen auf einem festen Fundament klarer Grundsätze auch wirtschaftliche Interessen berücksichtigt werden können? Oder ist der Opportunismus oberste Leitlinie und werden Menschenrechtsverletzungen ab und zu beanstandet, um den Schein zu wahren? Es hat den Eindruck, daß die letztere Strategie in Deutschland inzwischen mehr Gewicht bekommt.

Tibet und China

Der Bundeskanzler hat in den letzten Jahren immer wieder zwischen »Predigern und Realisten« unterschieden, wobei er natürlich die Realisten für die richtigen Politiker hält. Auch interveniert die Bundesregierung immer wieder und zum Teil massiv, um Menschenrechtsresolutionen, die das Parlament verabschieden soll, zu entschärfen, vor allem wenn es um Indonesien, China und den Iran geht. Daher ist es meist schwierig, gemeinsame Entschließungen mit den anderen Fraktionen zu vereinbaren.

Im Juni 1996 hat der Deutsche Bundestag eine gemeinsame Entschließung aller Fraktionen zu Tibet verabschiedet. Die Lage der Menschenrechte in Tibet wird darin realistisch beschrieben und die chinesische Partei- und Staatsführung aufgefordert, ihre Haltung gegenüber Tibet zu verändern. Daraufhin hat das Pekinger Regime den deutschen Außenminister, der zur Vorbereitung der im Herbst 1996 vorgesehenen Reise des Bundespräsidenten nach China reisen wollte, wieder ausgeladen. Die chinesische Führung war offenbar getroffen worden.

Wie nicht anders zu erwarten war, traf sich bald darauf, im September 1996, in New York der deutsche Außenminister mit seinem chinesischen Kollegen Qian Qichen.[64] Im typischen diplomatischen Kauderwelsch vereinbarten die beiden für die Zukunft, einen Dialog im Geiste »gegenseitiger Achtung« führen zu wollen und gemäß den Prinzipien »gegenseitiger Respekt, Suche nach Gemeinsamkeiten, Nichteinmischung, Gleichberechtigung und gegenseitiger Nutzen« miteinander umzugehen. Lauter unverbindliche und fast beliebig interpretierbare Schlagworte, vielleicht mit Ausnahme des letzten Begriffs, der deutlich macht, um was es eigentlich geht, nämlich um den wirtschaftlichen Utilitarismus. In dessen Dienst fuhr dann auch der Bundespräsident nach China. Und schon zuvor hatte sich Helmut Kohl veranlaßt gesehen, das von den Chinesen malträtierte Tibet zu besuchen, ohne auch nur ein öffentliches Wort gegen die Vernichtung der dortigen Kultur zu sagen.[65]

Eine solche Politik kann auch schon mal auf dem Scherbenhaufen landen. Als der Deutsche Bundestag 1996 den iranischen Außenminister Welajati zur unerwünschten Person erklärte, da der iranische Staatschef Rafsandschani die Ermordung des israelischen Ministerpräsidenten Yitzhak Rabin begrüßt hatte, kam es in Bonn fast zu einer Regierungskrise. Bundesaußenminister Klaus Kinkel sah in dieser Entscheidung des Bundestags, die mit Stimmen von CDU/CSU und FDP zustande gekommen war, einen Affront gegen seine Politik des »kritischen Dialogs« mit dem Iran. Daß dieser kritische Dialog nichts zur Verbesserung der Menschenrechtslage im Iran beitrug und überdies mit Leuten geführt wurde, die eher im kriminellen als im diplomatischen Bereich angesiedelt waren, stellte sich heraus, als das Berliner Kammergericht Außenminister

Welajati und Geheimdienstchef Fallahian als Drahtzieher des Mykonosattentats beschuldigte. Der neue iranische Staatspräsident Mohammad Chatami, der gegen den von Welajati und dem Revolutionsführer Khamenei unterstützten Parlamentspräsidenten Nateq Nuri mit über siebzig Prozent der abgegebenen Stimmen, vor allem von den Frauen, im Frühjahr 1997 zum Staatspräsidenten gewählt worden ist, hat beide Politiker nicht mehr in das Kabinett berufen. Der »kritische Dialog« wurde nach dem Mykonosurteil im übrigen von der Europäischen Union zu den Akten gelegt.

Die Gründe für diese Politik, die sich nur schwer mit der in der Verfassung und auch in internationalen Vereinbarungen verankerten Verpflichtung zum Schutz der Menschenrechte vereinbaren läßt, liegen in der Furcht, wirtschaftliche Nachteile in Kauf nehmen zu müssen, wenn die Menschenrechte zu sehr betont werden. Die Wirtschaftsbeziehungen, so wird argumentiert, dürften nicht gestört werden, vor allem nicht mit dem Iran und den asiatischen Zukunftsländern Indonesien und China. Dabei geht es nicht einmal in erster Linie darum, daß sich die Bundesregierung vor den Karren der Interessen deutscher Exportfirmen spannen läßt. Vielmehr haben sich die außenpolitischen Prioritäten der westlichen Länder insgesamt verschoben, und die Bundesregierung will nicht allein den Saubermann spielen.

Geowirtschaftspolitik oder Geopolitik

Nun war Außenpolitik völlig zu Recht noch nie frei von wirtschaftlichen Gesichtspunkten. Und es wäre blauäugig, eine Außenpolitik formulieren zu wollen, die Wirtschaftsverträge nur mit Staaten erlaubt, in denen die Menschenrechte geachtet werden und demokratische Zustände herrschen. Aber das Ziel, Märkte zu erobern, schiebt sich immer wieder in den Vordergrund gegenüber anderen außenpolitischen Zielen wie Unterstützung der Demokratie, Verteidigung der Menschenrechte, Schaffung von politischen Einflußzonen oder Förderung der kulturellen und politischen Beziehungen.

Es scheint so zu sein, wie die »Zeit« schrieb, daß die Geowirtschaftspolitik die Geopolitik nicht mehr ergänzt, sondern ersetzt. Blutige Auseinandersetzungen in Afrika und Menschenrechtsverletzungen in China und im Iran interessierten zwar die Öffentlichkeit und würden durch die Fernsehbilder den Menschen immer wieder ins Bewußtsein gebracht, aber die westliche Außenpolitik beschäftige sich immer mehr mit der Frage: Wie können wir auf neuen Märkten Fuß fassen, und wie können wir ausländisches Kapital für das eigene Land gewinnen?[66] Die Unterstützung der Taleban durch die USA wird uns später noch beschäftigen. US-Präsident Bill Clinton hat schon 1993 in einer Haushaltsrede erklärt: »Wir haben unsere wirtschaftliche Konkurrenzfähigkeit am Herzen unserer Außenpolitik angesiedelt.«

Diese Politik wird mit der Globalisierung der Wirtschaft begründet. Das zeigt sich auch in den Prioritäten der US-Außenpolitik, wie sie die Chefin des State Department, Madeleine Albright, 1997 beschrieben hat. Erstens: Stabilisierung durch die diplomatische und militärische Präsenz Amerikas in der Welt. Zweitens: »die anspornende Durchschlagskraft unserer Wirtschaftsbeziehungen«. Drittens: der »umformende Einfluß unserer Ideale«.[67]

Die frühere britische Regierung Major sagte in einem Weißbuch: »Um die neue Chance als florierende globale

Handelsnation voll auszuschöpfen, müssen die Außen- und Handelspolitik zunehmend miteinander verzahnt werden.« Staatsmänner werden so zu Wirtschaftsvertretern und Handelsagenten. John Majors Vorgängerin, Margaret Thatcher, hatte schon vor zehn Jahren bei einem Staatsbesuch in Saudi-Arabien erklärt: »Wir wären glücklich, mehr Panzer zu liefern. Wir hätten gerne mehr Aufträge.« Es gibt keine große Auslandsreise des Bundeskanzlers, des Bundespräsidenten oder des Außenministers mehr ohne einen Troß von Vertretern mittlerer und großer Unternehmen im Schlepptau. Oft wird den Regierungen, die besucht werden, eine Projektliste der Firmen übergeben, die beim Staatsbesuch dabei sind. Den Wirtschaftsdelegationen wird der Boden bereitet, damit sie mit den Gastgebern zu Abschlüssen kommen.

Manche meinen, daß es ein Fortschritt sei, wenn sich die Außenpolitik nicht mehr um Krieg und Frieden, sondern um Investitionen und Exportchancen kümmern müsse.[68] Die Priorität der Wirtschaftsbeziehungen wird zudem noch damit begründet, daß, wie Klaus Kinkel sagt, wirtschaftliche Öffnung zwangsläufig auch zu politischer Liberalisierung führe. Roman Herzog behauptet sogar, daß Marktwirtschaft ohne die wirtschaftlichen Menschenrechte und damit auch ohne die politischen Menschenrechte auf Dauer nicht möglich sei. Wirtschaftlicher Austausch sei Antrieb für die Demokratisierung, und gerade in jungen asiatischen Demokratien von den christlichen Philippinen bis zum konfuzianischen Korea und vom buddhistischen Thailand bis zum islamischen Malaysia habe sich gezeigt, »daß die Entstehung eines wirtschaftlich erfolgreichen und dementsprechend selbstbewußten Mittelstandes den Hoffnungen auf eine demokratische Entwicklung zum Durchbruch verhelfen kann«.[69]

Freiheit durch Kapitalismus?

Das sollte man besser nicht verabsolutieren. Kapitalistische Marktwirtschaft und Unterdrückung der Menschenrechte schließen sich bekanntlich nicht aus. Die besten Beispiele sind Nigeria, Saudi-Arabien, die Ölscheichtümer, Nordirland, der Iran, China und abgeschwächt Singapur und Malaysia. Man kann auch die Meinung vertreten, daß durch Wirtschaftsbeziehungen diese autoritären Regime stabilisiert werden. Außerdem gibt es immer mehr kapitalistische Institutionen und Weltfirmen, wie etwa Shell in Nigeria, die mitverantwortlich sind für schwere Menschenrechtsverletzungen. Anfang 1995 empfahl eine Studie der Chase Manhattan Bank der mexikanischen Regierung als Mittel gegen die Wirtschaftskrise, die aufrührerischen Zapatisten »zu eliminieren«, um so »die effektive Kontrolle über ihr Staatsgebiet und die Sicherheitslage zu demonstrieren«.[70]

Natürlich kann die Globalisierung der Wirtschaft auch bedeuten, daß die Armut besser bekämpft wird. Das wird aber nur dann möglich sein, wenn diejenigen, die wirtschaftliche und politische Verantwortung haben, das Kapital, das zusätzlich zur Verfügung steht, auch für mehr soziale Gerechtigkeit nutzen. Jedenfalls hat die Globalisierung der Wirtschaft auch eine soziale Dimension, und die »global players« werden sich nicht lange ihrer »shareholder values« erfreuen können, wenn der Globalisierung der Märkte nicht auch ein Universalismus der Menschenrechte, inklusive der sozialen Menschenrechte, folgt.

Auch sonst stimmt die Gleichung »Freiheit durch Kapitalismus« nicht.

Der Satz des amerikanischen Soziologen Samuel Martin Lipset, »je reicher ein Land, desto freier«, das er als ehernes

Gesetz der globalen Demokratisierung betrachtet, ist natürlich absurd. Er sagt, ab 7000 Dollar Jahreseinkommen pro Kopf sei der Weg zur Demokratie unumkehrbar. Aber in Saudi-Arabien (8000 Dollar) werden Hände abgehackt, Ehebrecherinnen getötet und Christen verfolgt. Auf der anderen Seite dürften Costa Rica (2100 Dollar) und Ecuador (1200 Dollar) nach dieser Theorie eigentlich noch gar keine Demokratien sein. Die Männer vom Halbkanton Appenzell-Innerrhoden hatten 1991 ein durchschnittliches Jahreseinkommen von 60 000 Schweizer Franken. Die Chilenen verdienten zur gleichen Zeit gerade mal 6000 Dollar, als sie von der Diktatur Pinochets den Schritt in die Demokratie wagten. Die Schweizer hatten noch nicht einmal das Frauenwahlrecht eingeführt.

Eine grundsatzlose Außenpolitik, die sich vornehmlich an wirtschaftlichen Interessen orientiert, kann schon mittelfristig die Weltpolitik nachhaltig verändern und den Frieden stören. Im ehemaligen Jugoslawien haben Diktatoren, Massenmörder, Kriegsverbrecher und Rassisten gelernt, was in Europa wieder möglich und erlaubt ist trotz Naziregime und Stalinismus. Die Barbarei wurde als Normalfall menschlichen Umgangs rehabilitiert. Viele friedliche Völker konnten sehen, daß Völkermörder geschont, Aggressoren mit den Gebieten belohnt wurden, die sie rechtswidrig erobert hatten, und Menschenrechtsverletzer und Folterer durch Geschäfte und Besuche höchster Staatsmänner geehrt wurden. So etwas kann Schule machen.

Die Außenminister mögen das Interesse der Öffentlichkeit und der Parlamente an diesen Fragen als unangemessen empfinden. Die Menschenrechte und damit die Moral werden die Außenpolitik aber nicht mehr loslassen. Diktaturen gefährden den Frieden, der ja nicht auf dem Schweigen der Waffen beruht, sondern in der Verwirklichung der Menschenrechte, von Freiheit und Gerechtigkeit gründet. Die Wirtschaftsbeziehungen der Vereinigten Staaten und des Westens mit der früheren Sowjetunion waren auch mit politischen Bedingungen verknüpft, zum Beispiel mit der Forderung nach Abrüstung. Immer wieder wurde Moskau aufgefordert, die Lage politisch Verfolgter zu verbessern, und das Schicksal der Dissidenten in der Sowjetunion war ein Thema der Weltöffentlichkeit.

Heute werden die Wirtschaftsbeziehungen mit Diktaturen und totalitären Regimen nicht mehr an politische Bedingungen gebunden. Dabei könnte jeder Politiker und jeder Manager, der nach Teheran oder nach Peking reist, dort die Frage der Menschenrechte ansprechen, bevor er das Wort D-Mark in den Mund nimmt. Die Wirtschaftsbeziehungen würden darunter nicht leiden.

Die Verantwortung für die weltweite Durchsetzung der Menschenrechte darf nicht auf dem Altar von Diplomatie und Profit geopfert werden. Christliche Demokraten haben jedenfalls immer die Universalität der Menschenrechte vertreten, gegenüber der früheren DDR, Polen und der Tschechoslowakei genauso wie gegenüber Chile, Südafrika und Nicaragua. Sie waren auch nicht, wie Sozialdemokraten und Grüne lange Jahre hindurch, dem Irrtum erlegen, daß sie ihre internationale Politik nicht in erster Linie an der Freiheit und den Menschenrechten ausrichten müßten, sondern an der Erhaltung des Status quo. Sozialdemokraten und Grüne nahmen in Kauf, daß freiheitliche Bewegungen geschwächt und totalitäre wie autoritäre Parteien stabilisiert wurden, in der DDR genauso wie in Polen, in Kuba ebenso wie in Nicaragua. Niemand hat diese Politik schmerzhafter empfunden als die Bürgerrechtler in der

DDR. Die Gefühle der Bürgerrechtler und der Inhaftierten in China, der Gefangenen im Iran, wie zum Beispiel des verschwundenen Schriftstellers Faradsch Sarkuhi[71], dürften ähnlich sein, wenn sie hören müssen, daß Repräsentanten der westlichen Demokratien sich in Peking, in Teheran und in anderen Hauptstädten totalitärer, fundamentalistischer Regime die Klinke in die Hand geben, ohne laut und deutlich zu protestieren.

Die Macht der Ideen

Die Revolution in Osteuropa, die über die Sowjetunion und die DDR hinwegfegte, hatte ihre Wurzeln nicht in den Wirtschaftsbeziehungen des Westens mit dem Comecon – Wirtschaftsbeziehungen im übrigen, die so schlecht waren, daß niemand im Westen auch nur annähernd wußte, daß Osteuropas Wirtschaft bankrott war. Nein, die kommunistischen Machthaber waren der ansteckenden Kraft der Ideen und Ideale auf die Dauer nicht gewachsen. Schließlich waren die Träger der Revolutionen in Deutschland und in Polen nicht Geschäftsreisende oder Direktoren staatseigener Betriebe, sondern evangelische Pfarrer und katholische Bischöfe, Dichter und Schriftsteller. Auch der Sturz der Regime in Chile, Südkorea und auf den Philippinen wäre nicht möglich gewesen ohne die von den demokratischen Parteien Europas unterstützten politischen Parteien in diesen Ländern und ohne die Einwirkung der katholischen Kirche. Die Macht der Ideen, deren ansteckende Kraft im Zeitalter der Telekommunikation von den Diktatoren nicht mehr wie zu Hitlers und Stalins Zeiten abgeblockt werden kann, der Hunger nach Freiheit und Gerechtigkeit waren von Manila und Santiago de Chile bis Leipzig und Danzig die eigentlichen Kraftquellen des Aufstands gegen die Diktaturen.

Es ist angesichts der jüngsten deutschen und europäischen Geschichte erstaunlich, daß die Menschenrechtsstrategien auf wirtschaftliche Beziehungen und stille diplomatische Hilfe reduziert werden sollen. In Wirklichkeit brauchen wir für die weltweite Durchsetzung der Menschenrechte eine Mobilisierung der Macht der Ideen und der Medien. Nicht Taten bewegen die Menschen, sondern Worte über Taten, sagt Aristoteles. Das gilt für schlechte und für gute Ideen. Der Schah von Persien wurde von Khomeini aus einem Vorort von Paris gestürzt, weil der Ajatollah dort Kassetten mit seinen Predigten besprach, die dann zehntausendfach in den Moscheen des Iran gehört wurden. Die Kommunisten in Osteuropa haben eine ähnliche Erfahrung machen müssen. Das Informationsmonopol der SED wurde durch ARD und ZDF zur Makulatur.

Die in Birma gefangengehaltene Friedensnobelpreisträgerin Aung San Suu Kyi sagte unlängst, jede ausländische Mark schiebe den Tag der Abrechnung hinaus, der mit Sicherheit kommen werde, »weil der menschliche Instinkt für die Freiheit ist«.

Eurozentrismus?

Der Träger des Friedenspreises des Börsenvereins des Deutschen Buchhandels 1996, Mario Vargas Llosa, hat in seiner Rede in der Paulskirche die Notwendigkeit einer Gewissenskampagne begründet für Bosnien, Tschetschenien, Afghanistan, den Libanon, Somalia, Ruanda, Liberia und viele andere Orte, »an denen man heute foltert, tötet und die Arsenale für künftige Massaker erneuert«. Diese Gewissenskampagne ist weder blauäugig noch sinnlos, wenn sie zu dem führt, was aus der geschichtlichen Erfahrung die größte Wirkung für die Menschenrechte erzielt: mit der Macht der Medien die Ideen der Demokratie auf der ganzen Welt zu verbreiten und sich in die inneren Angelegenheiten der autoritären Systeme einzumischen. Nichts fürchten die Machthaber mehr, als wenn ihre Untaten öffentlich angeprangert werden.

Stille diplomatische Hilfe ist nicht geringzuachten. Das Problem der stillen Diplomatie ist aber, daß sie still ist. Einmischen ist gefragt. Das kann übrigens nicht nur von Regierungen, sondern auch von internationalen Konzernen erwartet werden. Der Ölmulti Shell hätte Ken Saro Wiwa retten können, wenn er Druck gemacht hätte, so, wie japanische Konzerne es erreichten, daß Suu Kyi für kurze Zeit freigelassen wurde. Einmischen lohnt sich: Aus dem Jahresbericht 1996 von Amnesty International ergibt sich zum Beispiel, daß in 183 Fällen politische Gefangene freigelassen und Hinrichtungen ausgesetzt wurden, daß die medizinische Versorgung verbessert und Rechtsbeistand gewährt wurde.[72]

Nun ist ja die Vorstellung weiter verbreitet, als man es wünschen kann, daß die Menschenrechtspolitik nichts anderes sei als die Anmaßung eines europäischen Kulturimperialismus, der die Eigenständigkeit anderer Kulturen und Zivilisationen bestreite. Der renommierte amerikanische Politologe und Berater des US-Außenministeriums Samuel Huntington hat in seinem Buch »Kampf der Kulturen« eine Katastrophenideologie entwickelt, die davon ausgeht, daß jede Kultur unantastbar sei und einen Anspruch auf Absolutheit habe. Es gebe kein »eurozentrisches Recht«, andere Kulturen und Ordnungen zu beseitigen oder auch nur zu hinterfragen.[73] Andere wiederum, wie zum Beispiel der Religionsphilosoph und Erfinder des Bildungsnotstands der sechziger Jahre, Georg Picht, versteigen sich zu der Behauptung, der Vernunftbegriff einschließlich der auf ihm aufgebauten Doktrin der Menschenrechte sei in seiner europäischen Heimat unwiderruflich zerbrochen. Deswegen sei eine Menschenrechtsordnung mit globalem Charakter nichts anderes als ein leerer Wahn. Die Menschen anderer Kulturen müßten vor der Überheblichkeit des Universalitätsanspruchs der europäischen Menschenrechtsordnung geschützt werden. Sie könnten das europäische Denken schon vom Ansatz her nicht verstehen.

Wer gesteinigt oder anderswie hingerichtet werden soll, wer gefoltert und diskriminiert wird, dürfte allerdings ohne längere Deduktionen, kulturelle Identität hin, nationale Identität her, leicht begreifen, welche unmittelbaren Vorzüge der Universalitätsanspruch der Menschenrechte ihm bringen kann. Er wird sich den »Rassismus« gerne gefallen lassen, der darin besteht, daß Demokraten, auch aus fernen Ländern und fremden Kulturen, sich für seine Befreiung und die Verhinderung von Folter und Hinrichtung einsetzen.

Ich glaube daher auch nicht, daß Roman Herzog recht hat, wenn er zur Begründung von Gesprächsschwierigkeiten und Verständnisproblemen in Menschenrechtsfragen auf Kulturen und Philosophien verweist, die, bis vor kurzem noch unterdrückt oder noch wenig potent, nun zu neuem Selbstbewußtsein erwachten und deshalb verschiedene Sichten der Welt und des Menschen auch in der internationalen Politik aufeinanderzuprallen begännen.[74]

Welche aufstrebende, bisher unterdrückte Kultur vertreten eigentlich Li Peng und seine Gruppe, die zur Zeit eine der Hochkulturen, nämlich Tibet, zerstören? Vertritt General Abacha, der Justizmörder Ken Saro Wiwas, die Hochkulturen der Ivo, Joruba und der muslimischen Haussa oder nicht vielmehr das System des von Shell Nigeria finanzierten Milliardenprofits, der an der Bevölkerung vorbeifließt, es aber den Frauen der Machthaber ermöglicht, zum Einkaufen nach London zu fliegen? Auf welche Kultur können sich die Verfolger von Taslima Nasrin in Bangladesch berufen? Welche Ethik gibt gewissen Leuten in Ägypten die Legitimation, einen Mann wie Nagib Machfus und seine Familie mit ständigen Todesdrohungen ins Unglück zu stürzen oder den Gelehrten Nasr Abu Zaid aus Kairo durch die Zwangsscheidung von seiner Frau in das Exil zu treiben, weil er vom Glauben abgefallen sei? Allahs Wille?

Ineffizienz, Brutalität und Korruption, verschlimmert durch Tribalismus und Fundamentalismus, sind nicht kulturell bedingt, sondern entspringen nacktem Machtstreben, Fanatismus und der Lust an der Unterdrückung Andersdenkender, Andersartiger und von Minderheiten – von Nordirland bis Sudan, von Kurdistan bis Tibet.

Der kategorische Imperativ

Wir müssen und können darauf hoffen, daß es zwischen den prophetischen, mystischen und weisheitlichen Religionen und Traditionen der Welt mehr Gemeinsamkeiten gibt, als Sozialdarwinisten und Verhaltensforscher erkennen, nämlich ähnliche Grundfragen nach Liebe und Leid, Schuld und Sühne, Leben und Tod des Menschen, ähnliche Heilswege, ähnliche ethische Weisungen. Roman Herzog hat recht, wenn er wie Hans Küng darauf hinweist, daß ein gemeinsamer wichtiger ethischer Konsens die Menschen verbindet, daß allen großen Weltreligionen ein kategorischer Imperativ gemeinsam ist wie der von Konfuzius, Immanuel Kant oder dem Evangelium. Jesus wendet den kategorischen Imperativ ins Positive: Alles, was ihr von den Menschen für euch erwartet, sollt auch ihr ihnen tun.[75] Nur sektiererische und fundamentalistische Extremisten sind daran interessiert, den sogenannten »clash of civilizations« herbeizuführen.

Nicht das Gegeneinander der Kulturen, sondern der Dialog zwischen den Kulturen und der freie Austausch der Wissenschaften (Roman Herzog) kann bewirken, daß es eine machtvolle globale Bewegung zur Durchsetzung der Menschenrechte gibt. Die Botschaft des Evangeliums steht nicht allein.

Volkmar Deile, der Vorsitzende von Amnesty International in Deutschland, bezeichnet es als »Rassismus«, Asiaten oder Afrikanern weniger oder andere Menschenrechte zuzugestehen, als wir sie für uns reklamieren. Wer die Menschenrechte zu westlichen Werten oder gar zu durch die christlich-abendländische Philosophie geprägtem Eigentum des Westens erkläre, versperre nicht nur anderen Kulturen und Religionen den Zugang zu ihnen, er fördere auch, was angeblich jeder vermeiden wolle: »den Kampf der Kulturen«.[76]

Es gibt jedoch in Ostasien Staaten mit selbstbewußten Eliten, die davon nichts wissen wollen und unter Berufung auf ihren wirtschaftlichen Erfolg ausländischen Kritikern vorhalten, sich mit Hilfe einer selbstgerechten Menschenrechtspolitik in fremde Angelegenheiten einzumischen.

Dazu gehören vor allem so unterschiedliche Staaten wie Singapur, Malaysia und China.[77] Die sogenannte Singapurschule und die »Philosophie« Chinas für ein eigenständiges Menschenrechtsverständnis berufen sich im wesentlichen auf den »Neokonfuzianismus«. Aber diese Sichtweise ist nicht repräsentativ für Asien. Andere Weltreligionen und ethische Traditionen, wie Buddhismus, Taoismus und – begrenzt – Hinduismus, können nicht ohne weiteres gegen das Universalitätsprinzip der Menschenrechte angeführt werden.

Japan, Südkorea, Taiwan, Thailand und die Philippinen haben im wesentlichen das gleiche universale Menschenrechtsverständnis wie die Europäer und die Vereinigten Staaten. Auch asiatische Menschenrechtsorganisationen haben nichts im Sinn mit der Singapurschule. In der Menschenrechtserklärung asiatischer Nichtregierungsorganisationen von Bangkok aus dem Jahr 1993 heißt es: »Wir setzen uns zwar für kulturelle Vielfalt ein, doch alle Sitten und Bräuche, welche die allgemein anerkannten Menschenrechte verletzen, sind nicht annehmbar. (…) Wir weisen die Logik zurück, daß eine Person in Asien ein geringeres Schutzrecht vor Folter haben soll, nur weil sie in Asien gefoltert wird.«[78]

Weder die konfuzianische noch die islamische Tradition und Religion können, wenn man nicht an der Oberfläche bleibt, gegen den Universalitätsanspruch der Menschenrechte herangezogen werden. Der Konfuzianismus ist vielfach als Instrument eingesetzt worden, um Mächtige zu stützen und das Verbrechen zu bekämpfen. Nach konfuzianischen Ordnungsvorstellungen ist die erweiterte Familie dem Individuum, die Autorität der Freiheit und die Pflicht dem Recht übergeordnet. Aber es gibt im Konfuzianismus auch Prinzipien, die den Ideen der Menschenwürde und der Machtbegrenzung entsprechen, zwei Grundlagen des universalen Menschenrechtsbegriffs. Das konfuzianische Ideal des »aufrechten Gangs« kann verglichen werden mit der personalen Würde jedes einzelnen, unabhängig von Alter, Geschlecht, Rasse und Nationalität. Auch kennt der Konfuzianismus das Verbot zu gehorchen, wenn der Herrscher irrt. Das Ideal des sittlich autonomen und gerechten Herrschers, die Pflicht zum Protest gegen Unrecht, die Verantwortung der Regierung für die Menschen können, auch wenn sie keine genauen Entsprechungen zu westlichen Traditionen darstellen, dazu beitragen, eine demokratische Ordnung und die Anwendung der Menschenrechte zu unterstützen.[79]

So ist es mit dem Vorwurf der sogenannten Singapurschule, der Westen vertrete eine kulturimperialistische Außenpolitik, nicht weit her. Es wäre falsch, den Konfuzianismus nur als Ordnungskonzept zu begreifen, der Pflichten regelt, aber keine Rechte gewährt. Man muß außerdem die Vertreter der Singapurschule fragen, ob sie im Ernst glauben, daß der Konfuzianismus die Folter oder die Zerstörung Tibets durch den chinesischen Nationalismus und Militarismus billige.

Der chinesische Gelehrte Mengzi, der von 372 bis 289 vor Christus gelebt hat und der »zweite Heilige« der konfuzianischen Schule genannt wird, spricht in seiner Doktrin davon, daß »jeder einzelne Mensch« eine ihm angeborene »Würde in sich selbst« besitze, die ihm von keinem Machthaber genommen oder gewährt werden könne. Sie bestehe vielmehr in seiner vom »Himmel« verliehenen moralischen Natur, die ihn aus sich selbst heraus zum Guten befähige und ihn zu einem besonders schützenswerten Wesen mache.[80]

Auch der immer wieder geäußerte Verdacht, daß die islamische Religion mit Idee und Praxis der Menschenrechte grundsätzlich unvereinbar sei, ist nicht begründet.[81] Der Unterschied zu unserem Menschenbild ist vor allem darin zu sehen, daß die individuellen Rechte im Islam in aller Regel nicht absolut gesetzt werden, sondern in Beziehung zu Gott, der gesamten Schöpfung Gottes und den Mitgeschöpfen des Menschen stehen. Denn nicht der Mensch steht nach islamischer Überzeugung im Mittelpunkt, sondern Gott, er ist das Maß aller Dinge.

Die Berufung auf »die Verantwortung vor Gott« im Grundgesetz der Bundesrepublik Deutschland kann eine Brücke zu den Inhalten muslimischer Menschenrechtsdeklarationen sein. So verweist beispielsweise die »Allgemeine Menschenrechtserklärung« des »Islamrats für Europa« von 1981 auf das von Gott gesetzte Recht, das jedem Teil der Schöpfung seine Rechte und Pflichten zumesse. Auch die Menschenwürde im christlich-westlichen Sinn ist nur deshalb unantastbar, weil sie nach christlicher Auffassung in Gott verankert ist.

Insoweit gibt es in der Menschenrechtsfrage keine so prinzipiellen Unterschiede zwischen den großen Weltreligionen und den dazugehörenden Kulturen, daß ein gemeinsames Verständnis der Menschenrechte unmöglich wäre. Deswegen ist auch die Behauptung, der Kampf der Kulturen stehe unausweichlich bevor, eher eine marketinggerechte Luftbuchung von Samuel Huntington als das Ergebnis wissenschaftlicher Empirie. Richtig ist allerdings, daß sich unter dem Islam, der sich von Marokko über die arabische Welt und Schwarzafrika bis nach Asien erstreckt, die unterschiedlichsten kulturellen Traditionen subsumieren. Unterschiedliche Interpretationen von Koranstellen machen unterschiedliche Aussagen über Menschenrechte möglich. Sie können, je nach Interessenlage, genutzt werden von den diversen Gruppierungen: radikal-religiösen Fundamentalisten, gemäßigten Theologen, reformbereiten und fortschrittsorientierten Kräften oder religiös-politisch motivierten Terroristen. Einen Interpretationsspielraum bietet auch die Scharia, das islamische Recht. Wenn die Auseinandersetzung über die Menschenrechtsfrage geführt werden muß, dann nicht mit dem Islam und dem Koran als solchen, sondern mit den menschenrechtsfeindlichen Interpretationen des Islam durch Schriftgelehrte, Ajatollahs und Religionsschulen, die die Amputation von Gliedmaßen, Steinigung von Menschen und Beschneidung von Frauen als Gottes Werk und Gottes Willen darstellen.

Apartheid der Geschlechter

Der Anspruch der Frau auf Achtung ihrer Menschenwürde richtet sich in besonderer Weise an die Adresse der Weltreligionen. Die religiös begründete Diskriminierung von Frauen zu bekämpfen hat nichts mit Kulturimperialismus zu tun. Warum wird Rassendiskriminierung geächtet, Geschlechterapartheid aber ignoriert? Zwar haben bei den Olympischen Spielen in Atlanta 1996 zum Beispiel die Äthiopierin Roba Fatuma im Marathonlauf und die Syrerin Ghada Shouaa im Siebenkampf Goldmedaillen gewonnen, ein Erfolg, der die sportliche Gleichberechtigung der Frauen in Syrien und in Äthiopien dokumentiert. Im Iran jedoch, in Saudi-Arabien, Afghanistan, im Sudan, in den

Arabischen Emiraten, Pakistan, Kuwait, Quatar, Oman und im Jemen wird Frauen von Staats wegen das Sporttreiben entweder verboten oder durch Kleidervorschriften, zum Teil aber auch durch massiven Terror, praktisch unmöglich gemacht. Dies ist ein Verstoß gegen die olympische Charta, die in Kapitel 1 sagt: »Alle Formen der Diskriminierung mit Bezug auf ein Land oder eine Person, sei es aus Gründen von Rasse, Religion, Politik, Geschlecht oder aus sonstigen Motiven, sind mit der olympischen Bewegung unvereinbar.« Wer diese Prinzipien nicht beachtet, kann nach der Charta des Internationalen Olympischen Komitees (IOC) entweder suspendiert werden oder die Akkreditierung verlieren, was bedeutet, daß ein in dieser Weise bestraftes nationales olympisches Komitee keine Delegation zu den Olympischen Spielen entsenden kann.

Ein Antrag, Länder zu sperren, die weibliche Sportler von ihrer Mannschaft ausschließen, wurde auf einer Sitzung des IOC am 25. Januar 1996 abgelehnt mit der Begründung, daß dieses Ansinnen eine politisch motivierte Attacke gegen eine Religion sei. Diese doppelte Moral des IOC entspricht den sonstigen anrüchigen Gepflogenheiten dieses Altherrenklubs. Frauenapartheid verletzt die Menschenrechte nicht weniger als Rassenapartheid, derentwegen Südafrika über Jahrzehnte von der Teilnahme an den Olympischen Spielen ausgeschlossen war. Frauenapartheid widerspricht auch der UN-Charta.

Glaubwürdigkeit

Außenpolitische Feigheit, das Prinzip der Nichteinmischung, oft verbunden mit der faulen Ausrede der stillen

Hilfe, widerspricht dem Geist des Evangeliums. Der Dativus ethicus des biblischen Liebesgebots: Tue dem Nächsten etwas Liebes, ist auch die biblische Grundlage für die Pflicht der außenpolitischen Einmischung in Menschenrechtsfragen. Seinen letzten Artikel vor dem Tod hat Lew Kopelew dieser Einmischung gewidmet, die er als lebensnotwendig bezeichnet.[82] Für ihn ist die »Nichteinmischung« der demokratischen Staaten zum Synonym für sinnlose und in ihren Folgen oft mörderische Politik geworden: »Sie mischten sich nicht ein«, »als die Hitlerschen Söldnerpiloten, die Legion Condor, Guernica und andere friedliche Städte der spanischen Republik, in denen es weder Flak- noch Jagdflieger gab, vernichteten und bombardierten. Es gab keine Einmischung, als die Nazis ihre Kristallnacht feierten, als die Tschechoslowakei und Österreich von Hitler besetzt wurden. Sie mischten sich nicht ein, als Stalin ganze Völker vertrieb. Sie mischten sich nicht ein am 17. Juni 1953, als Ostberliner Arbeiter den Aufstand wagten. Sie mischten sich nicht ein, als ungarische Arbeiter, Studenten und Soldaten von der Sowjetunion zusammengeschossen wurden. Sie mischten sich nicht ein, als die Berliner Mauer 1961 errichtet wurde. Sie mischten sich fünf Jahre lang nicht ein, als in Südosteuropa ein Völkermord vor den Augen der entsetzten Welt ohne Einflußnahme von außen stattfand, und sie mischen sich nicht ein gegen die Massenmorde und kulturelle Vernichtung in Tibet, in Westchina. Sie mischen sich nicht ein gegen den Genozid an den Kurden in der Türkei, im Irak und im Iran. Sie mischen sich nicht ein gegen den Völkermord in Ruanda, im Kongo und jetzt wieder in Afghanistan, aber sie exportieren Waffen und Waffen und Waffen, mit denen diese Völkermorde begangen werden.«[83]

Liebe zum Nächsten statt Liebe zum Volk

Kat'holon

»Katholisch« kommt von griechisch »Kat'holon«, das heißt »das Ganze betreffend«, im übertragenen Sinn: »die ganze Welt umfassend«. Die Globalität der Botschaft ist allen großen christlichen Konfessionen eigen. In der christlichen Botschaft ist kein Platz für Nationalismus und Chauvinismus. Paulus hat dies in seinem Brief an die Galater klassisch ausgedrückt: »Es gibt nicht mehr Juden und Griechen, nicht Sklaven und Freie, nicht Mann und Frau, denn ihr alle seid ›einer‹ in Christus Jesus.«[84] Die Grenzen von Geschlecht, Nation, Volk und Klasse werden überschritten. Als sich Cornelius, Hauptmann der sogenannten italischen Kohorte in Cäsaräa von Petrus taufen ließ, sagte Petrus zum Schluß: »Nun erkenne ich in Wahrheit, daß Gott nicht auf die (Herkunft der) Person sieht, sondern in jedem Volk Aufnahme findet.«[85] Vorher waren sie zum Pfingstfest in Jerusalem zusammengekommen, Parther und Meder waren da, Mesopotamier, Bewohner von Judäa und Kappadozien, von Pontus und Asia, von Phrygien und Pamphylien, Ägypter, Libyer und Römer, Kreter und Araber. Alle verstanden sich plötzlich, sie hörten, was Petrus zu ihnen sagte. Sie waren nicht besoffen, wie einige Juden meinten. 3000 ließen sich an diesem Tag taufen.[86] Aus Juden, Persern, Griechen und Arabern wurden Christen. Fast nichts ist der Botschaft Jesu fremder als Nationalismus und ethnische Arroganz.
Zu den verhängnisvollsten Perioden der deutschen Geschichte gehören die, in denen der Nationalismus trium-

phierte. Die Bundesrepublik Deutschland hat ihre großen Erfolge in der Wirtschafts-, Sozial- und Außenpolitik nicht als klassischer Nationalstaat, sondern als ein demokratisches, weltoffenes und nach Europa hin orientiertes Land erzielt. Die Bonner Republik hat in den vergangenen vier Jahrzehnten mehr als jedes andere Land europäisch gedacht und gehandelt, sich als verläßlicher und berechenbarer Partner im westlichen Bündnis und gegenüber allen Völkern der Welt erwiesen.

Nach der Revolution von 1989 und der deutschen Einheit von 1990 scheint es aber so, als ob der Nationalismus sich wieder nach vorn schöbe, nationalistisches Gedankengut wieder hoffähig würde und an Zulauf gewänne. Es gibt heute wieder, wie in der Weimarer Republik, eine wachsende rechtsradikale Bewegung, die außerhalb der einschlägigen Parteien und Gruppen wirkt. Diese Bewegung schickt sich an, nationalistisches Denken hoffähig zu machen. Der Nationalismus wird wieder frech in Deutschland.

Mittlerweile verstehen viele das Nationale als einen Grundwert der Demokratie. Es verhält sich aber mit dem Nationalen wie mit dem Frieden. Der Frieden ist kein Grundwert, sondern das Ergebnis der Verwirklichung der Grundwerte.

Ähnlich verhält es sich mit dem Nationalen. Es bekommt dann einen Wert, wenn es sich den Grundwerten der Freiheit, Gleichheit und Brüderlichkeit unterordnet. Das Nationale ist austauschbar, Grundwerte sind immer gültig. Das Nationale ist wie ein Chamäleon und kann jede Farbe annehmen, sich mit jeder Ideologie und mit jeder Barbarei verbinden. National waren die Nazis, national haben sich die Kommunisten genannt, aber beide waren weder freiheitlich gesinnt, noch konnten sie gerecht sein. Das Nationale ist ein politisches Ziel, das man anstreben kann oder auch nicht, aber es gehört nicht zur politischen Verfassung, für die die Achtung der Menschenwürde das oberste Prinzip ist.

Auch ist die Meinung inzwischen wieder weit verbreitet, daß zur persönlichen Identität das Nationale, das Deutschtum gehöre. Aber die Botschaft Jesu lautet anders. Meine Identität erschöpft sich nicht darin, daß ich in Deutschland geboren bin. Ich versuche, Christ zu sein, und ich will Demokrat sein. Christ sein und Demokrat sein sind für mich wichtiger, als Deutscher zu sein. Ich halte es mit Hermann Hesse, der gesagt hat: »Ich bin gerne Patriot, aber vorher Mensch. Und wo beides nicht zusammengeht, gebe ich immer dem Menschen recht.« Wenn wir eine Diktatur bekämen, wenn sich in Deutschland Nationalismus und Rassismus durchsetzten – zugegebenermaßen eine theoretische Erwägung –, dann müßte man diesen Staat bekämpfen. Ich möchte in keinem Deutschland voller Rassismus und Fremdenhaß leben. Wer seinen Hund liebt, muß nicht auch seine Flöhe lieben. Der polnische Demokrat, der sich zur Verfassung und zur Republik bekennt, steht mir innerlich näher als die REPse deutscher Nation. Jesus machte keine Unterschiede zwischen römischen Steuereintreibern, Soldaten, Samaritern, Phöniziern und Juden.

»Wenn die Fahne fliegt . . .«

Wenn ich die Frage zu beantworten hätte, was es mir bedeutet, Deutscher zu sein, dann lautete die Antwort jedenfalls nicht, Angehöriger einer Bluts- oder Schicksalsgemeinschaft zu sein, wie wir dies immer wieder hören, wenn es um die Frage der Staatsangehörigkeit geht. »Schicksal« ist in seiner mißverständlichen Amorphität ein unglückliches und geschichtlich zu böses Wort, um das umschreiben zu können, was das deutsche Volk sein soll. Versager, Glücksritter, Diktatoren sprechen von Schicksal und Vorsehung, wenn sie nicht mehr weiterwissen. Es gibt kein Jüngstes Gericht für Kollektive, auch nicht für ethnische Kollektive. Wenn schon, dann sind wir in diesem Staat eine Rechts-, Verantwortungs- und Willensgemeinschaft. Im »Deutschlandlied« liegt das Problem offen: Die erste Strophe ist falsch, die dritte ist richtig. »Einigkeit und Recht und Freiheit« statt »Deutschland, Deutschland über alles«. »Wenn die Fahne fliegt, ist der Verstand in der Trompete«, sagt ein ukrainisches Sprichwort.

Republikanisches Denken, wie es den Zielen der beiden großen europäischen Revolutionen und dem Erbe der Aufklärung entspricht, ist nicht nur der Grundbaustein eines zukünftigen europäischen Bundesstaats, sondern auch Fundament der multikulturellen Gesellschaft im Rahmen der verfassungsmäßigen Ordnung. Betrachtet man die Entwicklung der Nation in historisch-soziologischer Hinsicht, dann stellt man fest, daß im 19. Jahrhundert die Ausweitung der Kommunikation, der Mobilität und der Wirtschaftsbeziehungen maßgeblich zur Bildung der Nationalstaaten in Europa beigetragen hat. Heute sind Telekommunikation dank Fernsehen, Satellitentelefon und Internet, Mobilität dank modernster Flugtechnik und auch die Wirtschaftsbeziehungen nicht länger nur national oder auf Europa beschränkt, sondern global vernetzt. Der Nationalstaat als Organisationsprinzip stößt längst an seine Grenzen. Auch die Wirtschafts- und Umweltpolitik sprengen den national-

staatlichen Rahmen. Die Außenpolitik wird zur Weltinnenpolitik.

Nationalgefühl gibt als Grundlage für Gemeinsinn in
unserer Gesellschaft nicht viel her. Kollektive Emotionen
sind zu irrational, zu wandlungsfähig, als daß sie eine
solide und dauerhafte Basis für ein Gemeinwesen bilden
könnten. Wenn man sich dagegen an den Grundwerten
Freiheit, Solidarität, Gerechtigkeit orientiert, kann man
sich ohne weiteres als Deutscher, Europäer oder Weltbürger verstehen, ohne die eigene Nation aufzugeben, in
nationale Stumpfsinnigkeit abzugleiten oder zum europäischen Illusionisten und Gralshüter des Internationalismus
zu werden. Entscheidend bleibt auch hier das christliche
Menschenbild, die unantastbare und unteilbare Würde
des Menschen. Solidarität in einer Gemeinschaft von der
Familie über die Nation bis zur gesamten Menschheit
begründet sich nicht in der Liebe zum Volk oder irgend-
einem Kollektiv, sondern in der Liebe zum Nächsten. Und
der Nächste lebt eben heute nicht mehr nur in Landau
oder in Cottbus, sondern auch in Smolensk und in Chichicastenango.

Die Deutschen haben das Nationale immer anders verstanden als die Franzosen, die ja auch national waren und
sind. Man nehme als Beispiel die Dreyfus-Affäre in Frankreich Ende des letzten Jahrhunderts. Da gab es prominente
Leute, die sich zu Alfred Dreyfus bekannt haben, die
»Dreyfusards«, wie man sie nannte: Émile Zola, Jean Jaurès,
Georges Clemenceau und andere. Im Streit zwischen dem
nationalistischen Militär, der nationalistischen Action fran-
çaise unter Charles Maurras auf der einen und den Verteidi-
gern des jüdischen Hauptmanns Alfred Dreyfus auf der
anderen Seite stellte sich die französische Öffentlichkeit

gegen die Generalität auf die Seite des Juden. Die »Dreyfusards« setzten sich schließlich durch.

In Preußendeutschland wäre eine solche Affäre nicht möglich gewesen, weil Juden im Militär systematisch diskriminiert wurden: Die Offizierslaufbahn war ihnen versperrt. In
Deutschland war es genau umgekehrt wie in Frankreich,
und das war das Verhängnis. Das Erbe der Aufklärung und
die Grundwerte sind dem nationalen Prinzip stets unter-
geordnet worden.

Wir sind das Volk – wir sind ein Volk

Man darf eines nicht vergessen: Der erste Ruf der Bürgerrechtler und der Hunderttausende in Ostberlin, Dresden
und Leipzig war: »Wir sind das Volk!« Das war der demokratische Urschrei nach den aus der Menschenwürde resultierenden Grundwerten Freiheit, Gleichheit, Brüderlichkeit. Später wurde dieser Ruf umgeändert in: »Wir sind ein
Volk!« Aber diese Revolution hatte in erster Linie nicht die
staatliche Einheit zum Ziel, sondern die Freiheit. Der Ruf
nach Freiheit und Demokratie war geboren worden aus
einer aufgestauten Sehnsucht nach Demokratie.

Als Helmut Kohl gemeinsam mit DDR-Ministerpräsident
Hans Modrow in Dresden vor der Frauenkirche auf einer
großen Kundgebung sprach, gab es plötzlich den Slogan:
»Wir sind ein Volk!« Ich hatte diesen Satz zum erstenmal im
Dezember 1989 im Konrad-Adenauer-Haus gehört. Die
Bundesgeschäftsstelle hatte einen Aufkleber mit diesem
Motto drucken lassen. Ich weiß noch, daß ich dagegen pro-
testiert habe, und ich hatte den Eindruck, daß auch Helmut
Kohl damals Schwierigkeiten mit dem Spruch hatte, ganz

im Gegensatz zu Alfred Dregger, der ihn gut fand. Der Slogan erinnerte mich an »Ein Volk, ein Reich, ein Führer!«. Glücklicherweise hat diese Assoziation später weder im In- noch im Ausland eine Rolle gespielt. Der Spruch »Deutschland einig Vaterland« war eher ein originäres Produkt der Ostdeutschen. Ein Slogan, den man damals schon in Dresden auf den Transparenten lesen konnte.

Alle diese Slogans stammten aber nicht von den Bürgerrechtlern, also den mutigen Vorkämpfern der Revolution, die zu einem großen Teil keinen neuen Nationalstaat wünschten. Natürlich wollten die Deutschen im Osten auch die Einheit, aber – und insoweit entsprach das »Wir sind ein Volk!« ihren Wünschen und Gefühlen – auch als Garantie dafür, daß ihre Revolution nicht mehr niedergeschlagen werden konnte. Die Einheit war der Schutz für den Bestand der großen Freiheitsrechte und Grundwerte, für die sie die Revolution gemacht hatten.

Völkischer Nationalismus, noch dazu eingegrenzt in nationalstaatliche Abschottung, hat den Deutschen kein Glück gebracht. Mit der Bildung des deutschen Nationalstaats 1871 begann das Verhängnis, das in dem bekannten, geschichtlich einmaligen Kataklysmus endete. Der Nationalsozialismus hatte versprochen, das »historische Unrecht«, das dem deutschen Volk durch den Versailler Vertrag widerfahren war, zu beenden. Mit ihrem Rassenwahn hätten die Nazis bei den Deutschen keine Chance gehabt, hätten sie sich nicht der völkisch-nationalen Tradition bedienen können. Darauf hat der langjährige Leiter des Arnold-Bergsträsser-Instituts und Freiburger Politologe Dieter Oberndörfer zu Recht hingewiesen.[87] Nicht der Judenhaß, sondern die Tilgung der »Schmach von Versailles«, nicht der Rassen-, sondern der Größenwahn trieb die Massen in die Arme des braunen Führers. Die nationale Begeisterung garantierte dem Verbrecher die Treue der Deutschen. Widerstand gegen den Nationalsozialismus wurde so zum Verrat an Deutschland.[88]

Man hört häufig das Argument, die Westdeutschen hätten über vierzig Jahre lang keine Identität gefunden und sich in der von den Westmächten geschützten Nische der Weltgeschichte breitgemacht und wohlgefühlt. Nun aber sei die geschichtliche Entwicklung über sie hinweggerollt, sie seien wiedervereinigt und müßten zu einer eigenen Identität finden. Europa sei eine Schimäre, heißt es. Der Historiker und Politologe Arnulf Baring forderte schon vor Jahren eine große nationale Debatte, und es wird bereits wieder von der Macht als Mittel der Außenpolitik geredet, also einer Neuauflage der Politik durch Blut und Eisen.

Auch Wissenschaftler wie der Historiker Christian Meier und der liberale Soziologe Ralf Dahrendorf haben sich in die Debatte eingeklinkt. Meier spottet über die Intellektuellen, die sich auf dem Anstand befänden und warteten, daß der deutsche Nationalismus auf der Lichtung erscheine, und sagt dann: »Unbeschäftigt, wie sie dabei sind, könnten sie sich doch einmal die Frage vorlegen, ob Nationalismus die einzige Form ist, in der ein Volk Dummheiten begeht.« Diese Frage muß für Europa seit 1871 mit Ja beantwortet werden. Nur mit dem und wegen des Nationalismus haben die Völker Europas seit dem Deutsch-Französischen Krieg Dummheiten und Verbrechen begangen. Das gilt für die Flotten- und Kolonialpolitik Wilhelms II. genauso wie für die Urheber des Versailler Vertrags.

Mit dem Nationalismus hat Hitler die Deutschen verführt. Dabei muß man sich heute noch wundern, welchen germanischen Prototypen wie Hitler, Himmler und Goebbels die Deutschen hinterhergelaufen sind. Hermann Göring brachte es fertig, mit seinem dicken Hintern den Kaiserstuhl Karls des Großen im Aachener Dom zu entweihen, eine Aktion, die sich die Franzosen, die mit Napoleon durch Aachen zogen, aus Ehrfurcht vor der Geschichte eines anderen Volks versagt hatten. Genau dieser tumbe Nationalismus ist heute der Nährboden für Rostock, Mölln, Solingen und Lübeck.

Was ist die deutsche Nation?

Golo Mann nannte als die Grundtatsache des Heiligen Römischen Reiches Deutscher Nation: Nicht national, sondern christlich, universal, völkerumfassend sei es gewesen. Carl Schmitt hat dagegen die Auffassung vertreten, durch Teilhabe an der »Substanz der Gleichartigkeit« werde die Nation begründet. In einer Sprachnation ist dies die Zugehörigkeit zu einer Sprachgemeinschaft, im religiös konzipierten Nationalstaat das Bekenntnis zu einer bestimmten Religion oder Konfession, im ethnischen Nationalstaat die Zugehörigkeit zu einem Volk und in der Geschichtsnation die Prägung durch eine als gemeinschaftsstiftend wahrgenommene Geschichte.[89] Die Geschichte der Nationalstaaten, gleichgültig welcher Gestalt, ist eine bewegende und eindrucksvolle Geschichte unsäglicher Leiden, selbstverleugnender Opfer und heldenhafter Taten.
Aber Nationen liefern auch immer wieder die Rechtfertigung für schauerliche Verbrechen von Menschen an Menschen. Die Menschen anderer Völker werden mehr oder weniger ausgegrenzt, teilweise sogar der Welt der Tiere zugeordnet. Die schizophrene Begrenzung der Menschlich-

keit auf die Angehörigen des eigenen Kollektivs schafft die geistigen Voraussetzungen für die großen neuzeitlichen Menschheitsverbrechen, für die Unterwerfung und Dezimierung der Indianer Amerikas, den Sklavenimport aus Afrika genauso wie für Auschwitz.

Oberndörfer stellt zu Recht fest, daß die Republik, die liberale Demokratie ein weltbürgerliches Fundament hat. Sie leitet das Recht, das sie ihren Bürgern gewährt, aus universal gültigen Menschenrechten ab. So ist auch unsere Verfassung in Artikel 1 konzipiert. Die Grundrechte, die daraus resultieren, lassen sich nicht aus der Würde des Deutschen herleiten, sondern aus der Würde des Menschen. Republiken sind wegen ihres weltbürgerlichen Fundaments zum Engagement für den Schutz der Menschenrechte aufgerufen und sind langfristig auf eine republikanische Weltordnung hin angelegt. Lebensgrundlage der Republik ist der Verfassungspatriotismus, wie ihn Jürgen Habermas formuliert hat, das heißt die aktive Identifikation der Bürger mit der politischen Ordnung und den Werten der Republik.

Die Zugehörigkeit zur Republik gründet nicht wie die Mitgliedschaft im Nationalstaat auf bloßer Abstammung und unfreiwilliger Einbindung in den mystischen Leib der Nation, sondern auf der Zustimmung der Bürger zur republikanischen Ordnung und ihren Werten. Und deswegen kann man die Republik, wie der französische Religionshistoriker Ernest Renan es formuliert hat, auch als eine Willensnation bezeichnen, die sich durch tägliches Plebiszit ihrer Mitglieder, ein »plébiscite des tous les jours«, als politische Gemeinschaft ständig neu konstituieren, festigen und bewähren muß.[90] Diese gemeinschaftsstiftende und staatenbildende Kraft des Verfassungspatriotismus beweist die Geschichte der Vereinigten Staaten von Amerika, der

Französischen Republik, der Schweizerischen Eidgenossenschaft und Großbritanniens.

Die Republik erkennt prinzipiell alle Menschen ohne Ansehen ihrer Herkunft und Kultur als potentielle Staatsbürger an. In der nationalstaatlichen Ordnung dagegen können nur die Angehörigen des Staatsvolks vollberechtigte Staatsbürger sein. Die Menschheit bildet infolgedessen für den Nationalismus keine Einheit. Dies widerspricht einem christlichen, humanistischen Menschenbild.

Rechtsradikalismus

Das Evangelium und die Schreibtischtäter

»Afrika für Affen, Europa für Weiße.
Steckt die Affen in das Klo, spült sie weg wie Scheiße.«

Das stammt aus einem Lied einer Skinheadcombo namens »Landser«, und solche Verse stoßen auf große Zustimmung. Das Geschäft mit rechtsradikaler Musik boomt.[91] Aber wie reagieren Öffentlichkeit, Polizei und Justiz auf den Vertrieb von rechtsradikaler Literatur und Rockmusik von Gruppen wie »Kraftschlag«, »Sturmwehr«, »Noie Werte« und »Foierstoss« oder »Zillertaler Türkenjäger«, die nach der Melodie »Kreuzberger Nächte sind lang« rassistische Gewalt verherrlichen: »Ich streck ihn nieder mit einem einzigen Schuß; das war's mit ihm, oh ist das ein Genuß?« Die Bundesprüfstelle für jugendgefährdende Schriften hat seit 1991 zirka 130 CDs, Kassetten und Schallplatten auf den Index gesetzt, und es gab insgesamt 230 Ermittlungsverfahren gegen rechtsradikale Rockmusiker.[92]
Jesus hatte seinen Zuhörern in der Bergpredigt eine sehr moderne Erkenntnis vermittelt: »Ihr habt gehört, daß zu den Alten gesagt worden war: Du sollst nicht töten. Wer aber dennoch tötet, der soll mit dem Tode bestraft werden.
Jetzt sage ich euch etwas anderes: Jeder, der seinem Bruder zürnt, soll hingerichtet werden. Wer zu seinem Bruder sagt: ›Du Hohlkopf‹, der kommt vor den hohen Rat und wer sagt: ›Gottloser Narr‹, der soll der Feuerhölle verfallen sein.«[93] Dies heißt nichts anderes, als daß die Schreibtisch-

täter so schlimm sind wie die konkreten Mörder. Ein Rabbinerspruch lautet: »Wer seinen Nächsten haßt, gehört zu denen, die Blut vergießen.«

»Du sollst nicht töten«, heißt es im Dekalog. Aber Totschlag beginnt im Herzen und im Kopf mit dem Haß gegen den anderen oder seiner Verteufelung als »Menschenfeind«, als »Schädling« oder als »Ungeziefer«.[94] Wer sich einer haßerfüllten, bösartigen Sprache gegenüber anderen bedient, wird zum Schreibtischtäter. Das ist auch eine Botschaft Jesu.

Die Sprache als Brandsatz

»Fidschis abklatschen«, »Kanaken«, »getürkte Rechnungen«, »Asylantenflut«, »Asylmißbrauch«, »Das Boot ist voll«, »Deutschland den Deutschen«, alle diese Sprüche sind zu simpel, als daß sie wahr sein könnten. Dennoch sind sie zumindest teilweise direkt oder indirekt in den offiziellen Sprachgebrauch übernommen worden. Die Sprache spielt im öffentlichen Leben eine große Rolle. »Nicht die Taten bewegen die Menschen, sondern die Worte über die Taten«, haben wir schon von Aristoteles gehört. Der griechische Philosoph Epiktet, der zur Zeit Jesu lebte, drückte dies in negativer Form so aus: »Nicht die Dinge verwirren die Menschen, sondern die Ansichten über die Dinge.«

Der Begriff »Asylmißbrauch«, hundertfach in politischen Reden und in Drucksachen der Bundesregierung und des Bundestags verwendet, suggeriert, daß diejenigen, die um Asyl nachsuchen, das Recht mißbrauchen. Der Weg vom Mißbrauch zum Betrug ist sprachlich nicht weit. Damit sind diejenigen, die sich um Asyl bewerben, von vornherein kriminalisiert. Der Begriff »Asylmißbrauch« hat vielen in der rechtsradikalen Szene als Vorwand und als Begründung gedient, um andere Leute »abzufackeln« und Häuser anzuzünden, wenn darin Menschen wohnten, die eine andere Hautfarbe, Muttersprache oder Herkunft hatten. Die Bundesanstalt für Arbeit stellt regelmäßig fest, daß die Sozialversicherung Jahr für Jahr durch die Kombination von Schwarzarbeit und Arbeitslosengeld in Milliardenhöhe getäuscht und betrogen wird. Die Steuergewerkschaft sagt, es würden pro Jahr über hundert Milliarden Mark Steuern hinterzogen. Wenn nur die Hälfte stimmte und davon wiederum die Hälfte bezahlt würde, hätte der Bundesfinanzminister keine Haushaltsprobleme mehr. Wenn Mißbrauch dazu berechtigte, etwas anzuzünden, dann müßte ganz Deutschland in Flammen stehen.

Der Rechtsradikalismus ist am meisten dadurch gefördert worden, daß die beiden großen Volksparteien, die Union und die SPD, sich drei Jahre lang in der Öffentlichkeit um das Asylthema gestritten haben. Sie haben Ausländer und Asylbewerber zum Gegenstand parteipolitischer Auseinandersetzungen gemacht. Durch den Streit zwischen den großen Parteien ist das Thema enttabuisiert worden.

Dies belegen auch die Zahlen einer Umfrage aus Baden-Württemberg vom Juni 1991. Damals sagten 7 Prozent der Befragten, sie hielten die Asylfrage für ein wichtiges Problem. Im Oktober 1991 waren es plötzlich 46 Prozent. Jetzt muß man die Frage stellen: Was ist in Baden-Württemberg oder insgesamt in Deutschland von Juni bis Oktober 1991 eigentlich passiert? Zum erstenmal in der bundesdeutschen Wahlgeschichte ist in einem Landtagswahlkampf die Asylfrage zum Gegenstand der parteipolitischen Auseinandersetzung gemacht worden. Und dies durch den damaligen

Bremer Bürgermeister, Klaus Wedemeier (SPD), der den Asylnotstand ausgerufen und Sinti und Roma verfassungswidrig an der Stadtgrenze zurückgewiesen hatte. Gleichzeitig präsentierte der »Spiegel« in zwei Ausgaben die sogenannte »Asylantenflut« als Aufmacher auf der Titelseite. »Bild« begann ab Mitte August jeden Tag in großen Lettern auf dem Titelblatt irgendeine Asylbewerbergeschichte hochzuziehen. Zwischen Duisburg und Dortmund gab es übermannshohe Leuchtreklamen an vielen Omnibushaltestellen über die Asylsituation im Ruhrgebiet mit der Frage: »Wer soll das bezahlen?« Heute wiederholt der »Spiegel« diese Stimmungsmache mit Titelseiten wie »Gefährlich fremd« und passenden Stories: Konglomerate von Einzelfällen, zwei empirischen Untersuchungen und Kriminalstatistiken.[95]

Die Verrohung der Sprache in der deutschen Publizistik, in der Politik, im Alltag ist ausschlaggebend für die Entwicklung des Rechtsradikalismus. In einer Glosse der »Frankfurter Allgemeinen Zeitung« wurde vor einiger Zeit für Ausländer der Begriff »fremdartig« verwendet. Auch hier ist es wie mit dem Asylmißbrauch: Von »fremdartig« ist der Weg nicht mehr weit zu »andersartig«, und dann ist man schnell bei »abartig«. Und was man mit solchen Leuten tut, ist aus der jüngsten deutschen Geschichte bestens bekannt.

Eine der schlimmsten Desinformationen, die unter der Bevölkerung kursieren, ist die Behauptung, der Anteil der Ausländer an Straftaten in der Bundesrepublik sei überproportional hoch. Dieser Unsinn wird leider auch immer wieder von Medien verbreitet. Die »Welt am Sonntag« zum Beispiel hat monatelang jedes Wochenende Einzelfälle von Taschendiebstählen durch Menschen aus Rumänien und

Überfälle ausländischer Bürger auf Deutsche herausgestellt. Sie hat auch berichtet, daß Asylbewerber den Christbaum mit Hundert-Mark-Scheinen geschmückt hätten.

Die Kriminalitätsstatistiken, die von den Innenministerien Monat für Monat veröffentlicht werden, sind schon deshalb mit Vorsicht zu genießen, weil sie nur die Tatverdächtigen erfassen und keine Aussagen darüber machen, wie viele wirklich verurteilt worden sind. In diesen Kriminalstatistiken sind auch die Straftaten enthalten, die nur Ausländer begehen können, also zum Beispiel Paßvergehen. Die Statistik bringt keine Differenzierung nach Alter und Geschlecht, auch keine Beschreibung der Lebensumstände, und außerdem werden in ihnen unterschiedslos ausländische Touristen, Angehörige der Streitkräfte anderer Länder, Asylbewerber und ausländische Mitbürger, die seit Jahren bei uns leben, in einer Rubrik zusammengefaßt. Das wenigstens hat auch der »Spiegel« erwähnt.

Wir brauchen diese undifferenzierte Aufteilung von Straftaten nach Inländern und Ausländern nicht. Die Statistik unterscheidet ja auch nicht zwischen religiösen Kollektiven oder anderen Gruppen in unserer Gesellschaft.

Der lange Arm

Man muß sich über den Charakter des Rechtsradikalismus im klaren sein: Der Rechtsradikalismus ist nationalistisch und gewaltverherrlichend, er diskriminiert Minderheiten und ist männlich. Rechtsradikale Auffassungen sind häufig Antipositionen gegen die Moderne, gegen den Individualismus und Pluralismus, gegen die Gleichberechtigung der Frauen und gegen Fremde. Rechtsradikale sind für autoritäre Erziehung, für Prügelstrafe und gegen internationale und supranationale Einbindung.

Der Rechtsradikalismus ist gefährlich, weil er einen langen Arm hat, der in die Bevölkerung, in die Behörden, in die Regierungen, in die politischen Parteien und in die Gerichte hineinreicht. Sein Ungeist ist viel weiter verbreitet, als die geringen Stimmenanteile der rechtsradikalen Parteien es vermuten ließen.

Es gibt ein berühmt-berüchtigtes Pamphlet mit dem Titel »Der Asylbetrüger in Deutschland«:

>»Herr Asylbetrüger, na wie geht's?
>Oh, ganz gut, bring' Deutschen Aids,
>Komm' direkt aus Übersee,
>hab' Rauschgift mit, so weiß wie Schnee,
>verteil' im Sommer wie im Winter
>sehr viel davon an deutsche Kinder.«

Ein Flugblatt mit diesem Vers wurde von bayerischen Polizeibeamten beschlagnahmt, und diejenigen, die es verteilt hatten, wurden angezeigt. In unteren Gerichtsinstanzen wurden die Angeklagten wegen Volksverhetzung verurteilt. Das Bayerische Oberste Landesgericht hat die Leute dann aber freigesprochen mit der Begründung, daß ein unbefangener und verständiger Durchschnittsleser den objektiven Sinngehalt des Gedichts nicht als Verleumdung von Asylbewerbern empfinden könne. Das Flugblatt spreche ausschließlich vom Asylbetrug.

Ein ähnlich skandalöser Rechtsspruch geschah im Sommer 1994, als dem damaligen Chef der rechtsextremistischen Nationaldemokratischen Partei Deutschlands (NPD), Günter Deckert, vom Mannheimer Landgericht beschei-

nigt wurde, er habe eine charakterstarke und verantwor-
tungsbewußte Persönlichkeit mit klaren Grundsätzen.
Deckert ist einer jener geistigen Brandstifter, die Auschwitz penetrant leugnen. Das hätte auch das Landgericht
wissen müssen. Jenes unsägliche Mannheimer Urteil
wurde inzwischen revidiert und Deckert wegen Volksverhetzung verurteilt. Doch der Schaden, den das Mannheimer Fehlurteil auch über die Grenzen Deutschlands hinaus angerichtet hat, bleibt.

Daß der deutsche Botschafter auf Haiti, Günter Dahlhof,
der einer deutschen Bundestagsdelegation gegenüber
erklärt hatte: »Die haitianische Frau will immer, der haitianische Mann kann immer«, wegen dieser rassistischen Ent-
gleisung von seinem Posten abberufen wurde, war eine
etwas übertriebene Reaktion des Auswärtigen Amts. Daß
ein Referatsleiter für Informationsveranstaltungen im
Deutschen Bundestag amerikanischen Stipendiaten gegenüber erklärte: »Früher durften wir ›Zigeuner‹ sagen,
heute müssen wir ›Sinti und Roma‹ sagen«, diese Leute
seien »unhygienisch« und würden »klauen«[96], ist allerdings
fast schon symptomatisch für die Denkweise in Behörden
und Ämtern. Es offenbart ein Menschenbild, das schlecht
mit der Verfassung in Übereinstimmung gebracht werden
kann.

Daß deutsche Gerichte mit zweierlei Maß messen, je nachdem, ob es sich um Weiße oder Farbige, um Deutsche oder
Ausländer handelt, kommt leider auch vor.

1994 tötete der 55jährige Ingenieur Wilfried S. aus Buchholz
bei Hamburg im Zug den Asylbewerber Kolong Jamba
durch mehrere Messerstiche. Im ersten Strafprozeß hatte
das Landgericht Stade den Angestellten der städtischen
Umweltbehörde freigesprochen. Er habe sich gegen den

19jährigen Gambier in Notwehr verteidigen müssen, heißt es in der Urteilsbegründung. Der Bundesgerichtshof hob den Richterspruch auf. In Stade wurde vor einer anderen Kammer neu verhandelt. Das neue Urteil lautete drei Jahre Gefängnis auf Bewährung und eine Geldstrafe von 6000 Mark zugunsten der »Ärzte in der Dritten Welt« – nicht gerade viel für einen »toten Neger«.[97]

Anfang 1997 hat sich ein Bochumer Amtsrichter öffentlich für ein Urteil entschuldigt, ein einmaliger Schritt in der bundesdeutschen Justizgeschichte. Der Richter hatte in einem Urteil festgestellt, daß »Zigeuner« aus Vermietersicht »offensichtlich nicht zu den durchschnittlich geeigneten Mietern« gehörten. Das rassistische und diskriminierende Urteil ist aber rechtskräftig. Der Zentralrat der Sinti und Roma hat daher bei der Kommission für Menschenrechte beim Europarat Beschwerde eingelegt.[98]

Im Mai 1995 hat Amnesty International einen 53seitigen Bericht veröffentlicht.[99] Darin wurden zwanzig von insgesamt mehr als siebzig Mißhandlungsvorwürfen gegen deutsche Polizisten dokumentiert. In den Aussagen und Unterlagen waren, wie Amnesty berichtet, Vorfälle beschrieben, bei denen Polizeibeamte in Ausübung ihres Dienstes gegen Menschen in unverhältnismäßiger und ungerechtfertigter Weise Gewalt angewandt oder in ihrem Gewahrsam befindliche Personen vorsätzlich grausamer, unmenschlicher oder erniedrigender Behandlung oder Strafe unterworfen haben sollen. Diese Ereignisse führten zu der Schlußfolgerung, daß Fälle von Mißhandlung durch die Polizei nicht als Einzelvorkommnisse angesehen werden könnten, sondern ein deutliches Muster der Mißhandlung von Ausländern und Angehörigen ethnischer Minderheiten erkennen ließen.

Seit der Veröffentlichung dieses Berichts im Mai 1995 sind weitere Vorwürfe bekanntgeworden, Amnesty International hat sie im Juli 1997 publiziert. Daß die Schlußfolgerungen aus diesen Berichten richtig sind, behauptet nicht nur Amnesty, sondern es wird auch durch andere Quellen bestätigt. Dazu zählt eine von der Länderinnenministerkonferenz in Auftrag gegebene Studie mit dem Titel »Polizei und Fremde«[100] vom Februar 1996, in der ausgeführt wird, daß es sich bei den polizeilichen Übergriffen gegenüber Häftlingen nicht um »bloße Einzelfälle« handele. Ein von der Hamburger Bürgerschaft eingesetzter parlamentarischer Untersuchungsausschuß gelangte im November 1996 ebenfalls zu dem Ergebnis[101], daß hinsichtlich der Mißhandlungen durch Polizeibeamte der Hansestadt nicht von Einzelfällen einiger weniger schwarzer Schafe gesprochen werden könne.[102]

Bundesinnenminister Manfred Kanther und der Vorsitzende der Innenministerkonferenz, der mecklenburg-vorpommersche Landesinnenminister Armin Jäger, haben diese Vorwürfe zurückgewiesen. Die deutsche Polizei sei nicht ausländerfeindlich.[103]

Das hat Amnesty auch nicht behauptet. Aber die genannten Beispiele beweisen, daß rechtsradikale Gesinnung auch in Teile der Polizei vordringt.

Der Rechtskonservatismus in der Union

Auch die CDU ist von solchen Anfechtungen nicht ver-
schont geblieben. Im Dezember 1992 gründete sich das sogenannte Christlich Konservative Deutschlandforum, in dem
sich eine Reihe von CDU-Bundestagsabgeordneten versammelt hatte, zum Beispiel der später zu den Republikanern
übergetretene Rudolf Karl Krause (Bonese), Heinrich Lum-
mer, Wilfried Böhm und Klaus Jäger sowie einige Landtags-
abgeordnete aus Hessen und Baden-Württemberg. Auch
wenn es um diese Leute mittlerweile wieder still geworden
ist, geistert ihr Gedankengut immer noch in einigen Köpfen
herum, nicht nur in der von Hans Filbinger gegründeten und
von ihm bis Mai 1997 geleiteten Stiftung in Weikersheim, sondern auch bei manchen anderen Mitgliedern sowie in Orts-
und Kreisvorständen von CDU und CSU.

Inhaltlich geht es vor allem um eine Verschärfung des Paragraphen 218, eine Restriktion des Ausländerrechts, die
Wiederherstellung des deutschen Nationalstaats in den
Grenzen von 1937 als außenpolitische Option, die seuchen-
polizeiliche Behandlung von AIDS-Kranken, die Rückkehr der Union zum traditionellen Rollenverständnis der
Frau und eine restriktive Auslegung der Genfer Flüchtlingskonvention. Der Kampf gegen die Europäische Union
ist längst aufgenommen worden, und unter dem Kampf-
begriff »Esperanto-Geld« (Peter Gauweiler) hat die Kam-
pagne gegen den Euro schon früh begonnen, an deren
Spitze sich inzwischen der bayerische Ministerpräsident
Edmund Stoiber gesetzt hat.

Die politische Einheit Europas war das beherrschende
außenpolitische Ziel bei der Gründung der beiden Unions-

parteien nach Ende des Kriegs. Christliche Demokraten wie Konrad Adenauer, Robert Schumann und Alcide de Gasperi hatten nicht nur die Initiative dazu ergriffen, sondern auch viel Kraft investiert, um die Montanunion (1952) und die Römischen Verträge (1957) durchzusetzen, mit denen die Europäische Wirtschaftsgemeinschaft geschaffen wurde, die Vorläuferin der Europäischen Union. Die Europäische Union wurde, nach der sogenannten Eurosklerose der siebziger Jahre, von Helmut Kohl vorangetrieben, zusammen vor allem mit François Mitterrand. Wenn Europa nicht zustande kommt, hat die CDU in einem existentiellen Punkt ihren Daseinszweck verfehlt. Deswegen ist es eine Existenzfrage der CDU, daß sie Streit anfängt um Europa, Streit nicht nur mit der SPD, sondern auch mit der breiten neonationalistischen Front, die Deutschland europapolitisch wieder zurückwerfen und auf den Status eines Nationalstaats reduzieren will.

Eine solche Entwicklung ließe sich nicht mit dem christlichen Menschenbild vereinbaren, wie es im Grundsatzprogramm der CDU festgelegt ist. Vor allem würde die Union in eine Falle laufen, wenn sie diesem Irrweg folgte: Je stärker CDU und CSU rechtskonservative Themen betonen, um so mehr werten sie rechtsradikale Gruppierungen auf und verbessern damit deren Wahlchancen.

Rechtslastig ist auch der Entsolidarisierungsprozeß in unserer Gesellschaft, der die bewährten Partnerschaftsmodelle auflöst: die Zerstörung der Tarifautonomie, des Zusammenlebens von Deutschen und Ausländern, der Solidarität zwischen Jungen und Alten, zwischen Westdeutschen und Ostdeutschen.

Das soziale Klima hat sich seit 1996 verändert. Die Gesundheitsreform, die Rentenreform und eine arbeitnehmerfreundliche Steuerreform wurden im Deutschen Bundestag verabschiedet oder wenigstens auf den Weg gebracht. Die finanzpolitischen Schwierigkeiten und die steigende Zahl der Arbeitslosen konnten nicht mehr – wie früher – einem fiktiven linken Flügel in die Schuhe geschoben werden. Das hatte ohnehin nur Alibifunktion, um das Koordinatensystem der Union nach rechts verschieben zu können.

Manche, die sich sowieso eher als Nationalkonservative oder Neoliberale denn als Christliche Demokraten verstehen, leiden offenbar darunter, daß sie nach dem Zusammenbruch des Sozialismus kein Feindbild mehr haben. Sie projizieren daher ein neues Feindbild einfach in die CDU hinein, um sich dann von den als sozialistisch oder links Gebranntmarkten in der eigenen Partei abgrenzen zu können. Was wir da am rechten und neoliberalen Rand der Union erleben, ist in erster Linie das Ergebnis von Gedankenfaulheit und Zukunftsangst.

Gedankenfaulheit und ideologische Verklemmung sind auch die Gründe für den Widerstand gegen eine politische Annäherung von Union und Grünen, und zwar auf beiden Seiten. Man muß aber nicht lange nachdenken, um zu erkennen, daß das Verhältnis der Unionsparteien zu den Grünen ein substanziell anderes ist als zu rechtsradikalen Parteien. Inhaltliche Positionen der Republikaner, der DVU oder anderer rechtsradikaler Gruppierungen, also Rassenideologie, Antisemitismus und Nationalismus, sind mit der Programmatik der CDU völlig unvereinbar.

Die Programmatik der Grünen dagegen ist in weiten Teilen konsensfähig, auch in einer Koalition. Grundlage ist das christliche Menschenbild. Verantwortung für die Schöpfung sowie ein friedliches und gleichberechtigtes Zusammenleben mit Menschen, die eine andere Herkunft oder Hautfarbe haben, werden von diesem Menschenbild geradezu gefordert im Gegensatz zu Rassismus und Nationalismus. Die Union tut sich jedoch gerade mit diesen Anforderungen oft schwer. Rechtskonservatives Gedankengut drängt sich nicht selten in den Vordergrund. Es hat die parlamentarische Arbeit vor allem insofern beeinflußt, als eine Minderheit es immer wieder versteht, Entscheidungen zu verhindern oder zu verzögern.

Dies gilt nicht nur für die Verschleppung der überfälligen Reform des heute noch geltenden wilhelminischen Staatsbürgerrechts, sondern auch für die über zehn Jahre hinausgezögerte Verabschiedung des Straftatbestands der Vergewaltigung in der Ehe, genauso wie für grundsätzliche Fragen wie zum Beispiel, ob der 8. Mai 1945 ein Tag der Niederlage oder wenigstens für die Westdeutschen ein Tag der Befreiung war.

Wie schwer sich viele in der Union mit der Aufarbeitung der deutschen Geschichte tun, konnte man auch an der ermüdenden, fast endlosen Debatte um die Rehabilitierung von Wehrmachtsdeserteuren erkennen, die dann mit einer gemeinsamen Erklärung im Deutschen Bundestag doch beendet werden konnte.[104]

Auch der Streit um die von Jan Philipp Reemtsma initiierte Ausstellung über die Kriegsverbrechen der Wehrmacht 1997 hat gezeigt, daß einzelne Mitglieder der Union nicht in der Lage sind, Kriegsverbrechen, die ihre Ursache gerade in dem perversen rassistischen Menschenbild der Nationalsozialisten haben, eindeutig und unmißverständlich zu verurteilen. Die Bundestagsfraktion der CDU/CSU hat in einer

Erklärung, die später auch vom Deutschen Bundestag verabschiedet worden ist, festgestellt, daß das nationalsozialistische Regime zahllose und schwerste Verbrechen während des Zweiten Weltkriegs zu verantworten hat und daß in solche Kriegsverbrechen auch Teile der Wehrmacht verstrickt gewesen sind.[105]

Der Rechtsradikalismus wird in Deutschland dann keine Chance haben, wenn die Christlich Demokratische Union als die führende politische Partei in unserem Land ihre Politik nicht an rechtskonservativen oder gar rechtsradikalen Themen orientiert, um auf dem rechten Rand Stimmen einzusammeln. Die Union muß statt dessen weiter auf dem christlichen Menschenbild aufbauen, das allein eine mehrheitsfähige Politik der Mitte ermöglicht. Was die CDU durch eine falsche Thematik am rechten Rand möglicherweise gewinnt, verliert sie zehnfach bei den Wählerinnen und Wählern in der Mitte.

Wirtschaft – Test 2

Eine amoralische Wirtschaftsordnung

Das Vermögen von Microsoft-Boß Bill Gates hat sich von 1996 auf 1997 auf 36,4 Milliarden Dollar verdoppelt, das sind umgerechnet 65,16 Milliarden Mark. Das entspricht dem Bruttoinlandsprodukt eines mittelgroßen Landes, etwa der tschechischen Republik. »Bild« errechnete: Jeden Morgen wird er um 88 Millionen Mark reicher. Und der Kommentar dazu lautete: »Wollen Sie mit ihm tauschen? Er kann auch nicht mehr als zwei Koteletts am Tag essen.«
Es ist nur so, daß 1 Milliarde Menschen weder zwei Koteletts noch ein Kotelett pro Tag essen können. Sie haben weniger zum Leben als den Gegenwert eines Dollars pro Tag. 2,5 Milliarden haben kein Dach über dem Kopf, und 3 Milliarden können kein sauberes Trinkwasser genießen und haben keinen Zugang zu ärztlichen Diensten.
Die zehn reichsten Familien der Welt hatten 1996 zusammen ein Vermögen von 177,68 Milliarden Dollar oder umgerechnet 319,83 Milliarden Mark. Das entspricht dem Bruttoinlandsprodukt von siebzig Ländern der Welt, das heißt, die zehn reichsten Familien der Welt haben ein Vermögen, das so groß ist wie die wirtschaftlichen Werte, die 431 Millionen Menschen während eines Jahres erarbeiten.
Die UNO hat im letzten Jahr ausgerechnet, daß 358 Milliardäre in der Welt mehr Vermögen besitzen, als knapp die Hälfte der Menschheit verdient. Deo lo vult? Der Leiter des Entwicklungsfonds der Vereinten Nationen (UNDP), Gustav Spert, hat Mitte 1997 bei einer Konferenz

in Costa Rica darauf hingewiesen, daß weltweit in hundert Ländern die wirtschaftliche Lage schlechter ist als vor fünfzehn Jahren.[106] Die ILO (International Labor Organization) schätzt, daß 250 Millionen Kinder zwischen fünf und vierzehn Jahren unter den Bedingungen von Leibeigenschaft, Prostitution, Schuldknechtschaft, Zwangs- und Sklavenarbeit ihren Lebensunterhalt verdienen müssen.[107] Es handelt sich ganz überwiegend nicht um vernünftige Kinderarbeit im Sinn von »learning by doing«, wie einige meinen. Mit diesem falschen Argument mußte sich die Junge Union auseinandersetzen, bevor es ihr, vor allem der stellvertretenden Vorsitzenden Christine Arlt-Palmer, gelang, die Forderung nach einem weltweiten Arbeitsverbot für Kinder 1994 im Grundsatzprogramm der CDU durchzusetzen. In Madras sammeln 30 000 Kinder Altpapier für 30 Pfennig pro Tag. In Pakistan werden achtzig Prozent aller Teppiche unter katastrophalen gesundheitlichen Bedingungen von Kindern geknüpft und in amerikanischen und europäischen Handelshäusern preiswert verkauft. In Kolumbien müssen Tausende von Kindern täglich elf Stunden in Zechen Kohle schippen zum Tagelohn von 1,50 Mark. 1992 importierte die EU zum Nutzen der europäischen Industrie 11,3 Millionen Tonnen billiger Steinkohle aus diesem Land.[108] Deo lo vult?

Nur verblendete Egoisten können glauben, daß eine solche Wirtschaftsordnung noch etwas mit Achtung der Menschenwürde, Gerechtigkeit oder der menschlichen Vernunft zu tun hat. Dieses System wird eines Tages zusammenbrechen. Aber bis dahin sind Milliarden von Menschen Opfer von Brutalität, Ungerechtigkeit, Ausbeutung, Hartherzigkeit und Profitgier geworden.

Der Leiter des Kinderhilfswerks UNICEF in Brasilien,

Agop Kayayan, berichtet, in seinem Land würden rund 7,5 Millionen Jungen und Mädchen im Alter von sieben bis siebzehn Jahren als billigste Arbeitskräfte ausgebeutet. Besonders schlimm sei das Los der Hausmädchen, von denen 820 000 offiziell registriert seien. Die Dunkelziffer sei jedoch viel höher. Viele von ihnen würden sexuell mißbraucht und bei Schwangerschaft hinausgeworfen. Ihnen bleibe auf der Straße dann meist nur noch die Prostitution. Weltweit gerate über eine Million Mädchen in die Fänge von Zuhälterringen.[109] Laut UNICEF leiden mehr als 200 Millionen Kinder unter fünf Jahren an Vitamin-A-Mangel. Täglich sterben etwa 35 000 Kinder an leicht vermeidbaren Krankheiten, wie etwa Durchfallerkrankungen. Einfache und billige Salz-Zucker-Lösungen könnten schon helfen. Eine ausreichende Versorgung mit Vitamin A würde die Kindersterblichkeit um bis zu 23 Prozent senken und die Kinder vor schweren Behinderungen bewahren.[110] Diese Zahlen, die das ganze Elend dieser Welt dokumentieren, müßten eigentlich den führenden Politikern und Managern auf dieser Erde bekannt sein. Offenbar ist dies jedoch nur teilweise der Fall. Vielleicht wissen sie es auch, aber nicht, ob sie etwas und, wenn ja, was sie tun sollen.

Der »Spiegel« stellte dem Vorstandsvorsitzenden von General Electric, Jack Welch, in einem Interview die Frage: »Als Sie bei General Electric anfingen, hatte der Konzern über 400 000 Mitarbeiter. Heute sind es 240 000. Bereuen Sie manchmal, so viele Menschen gefeuert zu haben? Während sich die Mitarbeiterzahl halbierte, hat sich der Aktienkurs fast verzwanzigfacht. Waren Ihnen die Portemonnaies der Aktionäre wichtiger als die Familien Ihrer früheren Angestellten?«

Welch: »Sie können in einer globalen Wirtschaft ein Unternehmen nicht paternalistisch führen, nur weil es sich besser anfühlt. Wenn Sie Ihren Laden nicht rechtzeitig in Ordnung bringen, wird er Ihnen irgendwann um die Ohren fliegen. Dann müssen Sie brutal werden und grausam.«[III]

Ich fürchte, daß Jack Welch, den internationalen Konzernen und den Industriestaaten bald ganz andere Dinge um die Ohren fliegen werden, nämlich die Trümmer dieser Wirtschaftsordnung, die von den Menschen eines Tages gesprengt werden wird.

Während Mikrochips und Computer die Arbeits- und Wirtschaftswelt umwälzen, wächst die Weltbevölkerung. Auf der ganzen Erde, aber auch innerhalb einzelner Länder vergrößert sich der Unterschied zwischen Arm und Reich. Während die nördlichen Industriestaaten, die zwanzig Prozent der Weltbevölkerung stellen, siebzig Prozent des Energieverbrauchs für sich beanspruchen, müssen die Menschen in den Entwicklungs- und Schwellenländern Kohle verfeuern oder die Wälder abholzen, um die nötige Energie zu gewinnen, mit allen schlimmen Folgen für die Umwelt und das Weltklima. Durch die modernen Technologien gelingt es uns, Jahr für Jahr ein immer größeres Bruttosozialprodukt zu erarbeiten, aber gleichzeitig ist dafür immer weniger Arbeit notwendig. Gleichzeitig wollen noch mehr Menschen als früher Erwerbsarbeit haben. Das liegt zum einen an den weltweiten Völkerwanderungen und zum anderen daran, daß Frauen in den Industriestaaten verstärkt arbeiten wollen oder müssen und sich die Lebenserwartung der Menschen verlängert.

Armut und Elend auf der Welt, aber auch die Komplexität der modernen Gesellschaft und deren Auswirkungen auf die Menschen und die Geschöpfe verlangen eine moralisch begründete Ordnung, ein ethisches Fundament, wenn nicht alles im Chaos enden soll. Niemand soll sich etwas vormachen. Für die skandalösen Verhältnisse auf dieser Erde sind nicht zuletzt diejenigen verantwortlich, die in den westlichen Industrieländern Gott in ihrer Verfassung beschwören, sich Christen nennen, sogar sonntags in die Kirche gehen, aber nicht bereit sind, ihren Völkern einen geringeren Zuwachs an Wohlstand zuzumuten, obwohl dieser zu einem großen Teil auf die Ausbeutung der Vorfahren der Menschen zurückzuführen ist, die heute auf den Armutskontinenten im Elend leben.

Ohne ethisches Fundament werden die Urteile unscharf, die geistige Klarheit geht verloren, es kommt zu Fehlentwicklungen und zu Auswüchsen. Vieles gleicht dem Tanz um das Goldene Kalb. Mitte des Jahres 1997 schoß der Deutsche Aktienindex (DAX), der dreißig Standardwerte von Daimler bis VEBA repräsentiert, erstmals über die 4000er-Marke hinaus. Der Wert der Aktien verdoppelte sich innerhalb von zwei Jahren: Mega-Rendite ohne Arbeit und geistigen Aufwand. Die gleiche Entwicklung ergab sich beim Dow-Jones-Index in Amerika. Die Kurse steigen und steigen. Sind die Firmen, die im DAX aufgeführt sind, wirklich binnen zwei Jahren um das Doppelte wertvoller geworden?

Das neu an der US-Börse zugelassene kleine Internet-Unternehmen Yahoo mit einem Umsatz von ungefähr 20 Millionen Mark hat einen Börsenwert von 1,2 Milliarden Mark, obwohl diese Firma keine Gewinne macht. Der Wert des Coca-Cola-Konzerns hat sich innerhalb von zweieinhalb Jahren verdreifacht.

Aber während die Aktienkurse nach oben rasen, gibt es bei Löhnen Nullrunden, und die Zahl der Arbeitslosen nimmt zu. Der Daimler-Benz-Chef Jürgen Schrempp sagte vor einigen Jahren:»Die Flugzeugfirma Fokker war mein Love-Baby, aber es hatte leider Krebs.« 3000 Leute wurden auf einen Schlag entlassen, qualifizierte Facharbeiter, die keine Schuld traf an ihrer Arbeitslosigkeit.

Die »Süddeutsche Zeitung« titelte im Frühjahr 1997: »Hiobsbotschaften am Arbeitsmarkt sind Siegesmeldungen an der Wallstreet«. Man braucht aber gar nicht nach Amerika zu gehen, um solches festzustellen. Als im Februar 1997 der Präsident der Bundesanstalt für Arbeit, Bernhard Jagoda, die Zahl von 4,2 Millionen Arbeitslosen bekanntgab, konnte man in den gleichen Nachrichtensendungen sehen, daß der DAX dreißig oder vierzig Punkte nach oben geschnellt war.

Deutschland, auch die USA, sind teure Standorte, und sie werden es bleiben. Reine Kostensenkungsprogramme durch Personalausdünnung bringen allenfalls kurzfristige Erfolge. Sie öffnen allerdings nicht den Zugang zu Wachstumsmärkten, was eine notwendige Voraussetzung für dauerhaften Erfolg ist. Eine namhafte Management-Beratungsfirma stellt fest, daß die deutschen Unternehmen zu einseitig auf Kostensenkung durch Personalabbau setzen, und schreibt:»Deutsche Unternehmen sind zu großen Teilen nicht in der Lage, durch Stärkung der Kundenorientierung, Qualität und Innovationskraft eine Position der Marktführerschaft zu erreichen, die ein Wachstum – auch hinsichtlich der Mitarbeiterzahl – ermöglicht.«[112]

Das moralische Problem ist nicht, daß Aktienkurse steigen. Sie werden auch wieder sinken. In hohem Maße anfechtbar ist vielmehr eine Mentalität, die Arbeitslosigkeit als etwas ansieht, was der Börse den »Kick« gibt, was die Wirtschaft nach oben führt. Aktienkurse werden nicht nur aufgrund

»fundamentaler Daten«, wie Umsatz- oder Gewinnerwartungen, bestimmt, auch psychologische Faktoren spielen oft eine erhebliche Rolle. Es muß ja gar nicht stimmen, daß durch eine Massenentlassung die Zukunft eines Unternehmens gesichert wird; es reicht aus, wenn es genug Leute mit Geld glauben und die Aktien kaufen: Massenentlassung als positiver psychologischer Faktor! Im Ergebnis kann dies dazu führen, daß mehr Menschen entlassen werden, als aus betriebswirtschaftlicher Sicht erforderlich wäre. Das ist der eigentliche Skandal!

Es ist klar, was der Mann am Kreuz zu einer solchen Wirtschaftsordnung sagen würde.

Die Globalisierung und ihre Folgen

Die ethischen Argumente richten sich nicht gegen Technologie und Globalisierung. Siemens ist heute weltweit präsent und muß es sein. Es ist schiere Dummheit, wenn kritisiert wird, daß deutsche Firmen auch im Ausland investieren. Das tun sie weniger wegen der geringeren Kosten in Niedriglohnländern, was in der öffentlichen Diskussion immer wieder als Arbeitsplatzexport kolportiert wird, sondern um Märkte zu sichern und zu erweitern. Heute kann man nicht mehr allein von Wörth, Untertürkheim oder Frankfurt am Main aus exportieren. Wenn man Autos in Brasilien verkaufen will, dann müssen sie in Brasilien hergestellt werden. Das zu bestreiten wäre ökonomisch dumm, und Siemens-Chef Heinrich von Pierer muß sich nicht moralisch dafür rechtfertigen, daß sein Konzern in 190 Ländern dieser Welt präsent ist. Zu diesem »Weltreich« zählen auf sechs Kontinenten über 400 Produktionsstätten und rund 382 000 Mitarbeiter, davon 170 000 im Ausland. Und längst verdient Siemens in der Fremde mehr Geld als in der Heimat.[113] Das ist in Ordnung und sollte nicht kritisiert werden.

In einem atemberaubenden Tempo wächst die Welt zusammen, vernetzt durch Telefon, Telefax und Internet. »Zum erstenmal in der Geschichte der Menschheit steht uns eine globale Wirtschaft zur Verfügung, in der alles überall jederzeit produziert und verkauft werden kann. Die Welt mutiert zum grenzenlosen Shopping-Zentrum«, schreibt Lester Thurow, Professor am Massachusetts Institute of Technology. [114] Längst sind Filme von Kodak, Videokameras von Sony und Weine aus Frankreich bis in die hintersten

Winkel der Erde vorgedrungen. Software von Microsoft steuert die Computer in Kuala Lumpur ebenso wie in Nairobi oder Buenos Aires.[115]

Die Globalisierung treibt Weltökonomie und Nationalstaaten auseinander. Der Graben zwischen den Konzernen, die weltweit planen, und den Regierungen, die das Wohl ihres Landes im Auge haben, öffnet sich. Manche meinen, daß die Konflikte, die daraus entstehen, eine geradezu umwälzende Wirkung haben werden. So prophezeien viele Ökonomen und Politologen, daß Regime zusammenbrechen, Staaten genötigt sein werden, Sozialleistungen zu kappen, und Millionen von Menschen sich immer schneller immer neue Arbeitsplätze werden suchen müssen.

Die Soziale Marktwirtschaft ist bislang die erfolgreichste Wirtschafts- und Sozialordnung, die es in der Wirtschaftsgeschichte je gegeben hat. Sie ist nicht Catch-as-catch-can, reine Wettbewerbswirtschaft oder Kapitalismus pur, sondern *sozial*. Sie ist der erfolgreiche Versuch, Wettbewerb und soziale Gerechtigkeit auf einen Nenner zu bringen, und gegründet auf der Erkenntnis, daß eine vernünftige Wirtschaftsordnung einen geordneten Wettbewerb voraussetzt, schon weil die Reibungsverluste sonst viel zu groß wären. Dieser geordnete Wettbewerb braucht aber einen funktionsfähigen Staat, vom Steuerrecht über das Arbeitsrecht bis hin zum Tarifrecht.

Unternehmen aber, die global agieren, emanzipieren sich von den einzelstaatlichen Ordnungen. Sie vagabundieren mit ihren Entscheidungen. Das bedeutet, daß der nationale Sozialstaat plötzlich ohne wirtschaftliches Fundament dazustehen droht und in der Wirtschaft Regeln gelten, die an die Anfänge des Kapitalismus erinnern: Reines Gewinndenken und Börsenindizes beherrschen Unternehmen und Manager.

Mit dem Hinweis auf globale ökonomische Sachzwänge, auf Standortprobleme und Wettbewerbsfähigkeit können die Nationalstaaten und ihre Sozialordnungen unter Druck gesetzt werden. Droht das Ende der Sozialen Marktwirtschaft?

Die »Spiegel«-Redakteure Hans-Peter Martin und Harald Schumann haben vor einiger Zeit ein Buch mit dem Titel »Die Globalisierungsfalle« geschrieben. Der Internationalismus, der einst eine Erfindung sozialdemokratischer Arbeiterführer gegen kapitalistische Kriegstreiber war, hat – so schreiben sie – offenbar die Seiten gewechselt. Weltweit spielen über 40 000 transnationale Unternehmen aller Größenordnungen ihre Beschäftigten ebenso wie die Staaten gegeneinander aus. Und in einer globalen Zangenbewegung hebt die neue Internationale des Kapitals ganze Staaten und ihre gesellschaftliche Ordnung aus den Angeln. An der einen Front droht sie mal hier, mal dort mit Kapitalflucht und erzwingt auf diese Weise drastische Steuerabschläge, milliardenschwere Subventionen oder kostenlose Infrastrukturmaßnahmen. Wo das nicht wirkt, hilft Steuerplanung im großen Stil: Gewinne werden nur noch in den Ländern ausgewiesen, in denen der Steuersatz niedrig ist.[116] Das alles können wir Tag für Tag auch in der nationalen und internationalen Presse verfolgen. Die Frage ist, ob dies so sein muß.

Es muß nicht so sein, wenn die politisch und ökonomisch Verantwortlichen in den Industriestaaten einsehen würden, was schon Wilhelm II. erkannt hatte: »Die in der internationalen Konkurrenz begründeten Schwierigkeiten der Verbesserung der Lage unserer Arbeiter lassen sich nur durch internationale Verständigung der an der Beherrschung des Weltmarktes beteiligten Länder, wenn nicht überwinden, doch abschwächen.«[117]

Heute beobachten wir einen ruinösen Standortwettbe-
werb, vor allem im Recht der Besteuerung von Unternehmen. Wenn im Schauspielhaus einer aufsteht, mag er besser
sehen. Wenn dort aber alle aufstehen, sehen die Längsten
am besten, und für alle ist es unbequemer. Deswegen ist es
für alle vernünftiger – und gegenüber den Kleinwüchsigen
auch fairer –, wenn alle auf ihren Stühlen bleiben und keiner
»Stand-as-stand-can« macht. Diese Erkenntnis muß sich bei
der internationalen Koordinierung der nationalen Regelungen durchsetzen und ein wesentliches Element einer
Internationalen Sozialen Marktwirtschaft sein.

Die heutige ökonomische Entwicklung gleicht in ihrer Bri-
sanz der Zeit vor 200 Jahren, als im Übergang von der
Agrar- zur Industriegesellschaft die Menschen ohne Schutz
in eine neue Welt hineingetrieben worden sind. Es entstand die Alte Soziale Frage mit der Ausbeutung der Arbeiter, Kinderarbeit und Nachtarbeit von Frauen und großer
Armut. Papst Leo XIII. hat im Jahr 1891 die Enzyklika
»Rerum novarum« herausgegeben. Sie war die Antwort der
katholischen Kirche auf die Alte Soziale Frage, allerdings
kam die Antwort 43 Jahre zu spät. Denn bereits 1848 hatten
Karl Marx und Friedrich Engels eine andere Enzyklika
geschrieben, das »Kommunistische Manifest«: »Ein Gespenst geht um in Europa – das Gespenst des Kommunismus.« Es war die falsche Antwort auf eine richtige Frage,
aber sie konnte ihre Wirkung deshalb entfalten, weil die
Reichen und Mächtigen, die Ruhrbarone, die Textilfabri-
kanten von Manchester, die Bischöfe, Kirchenpräsidenten,
Könige und Fürsten die Alte Soziale Frage noch nicht einmal im Ansatz verstanden hatten. Es hat 150 Jahre gedauert,
bis 1989 die größten Fetzen dieses Gespenstes verscheucht
waren. Ganz sind sie immer noch nicht weg.

Der Übergang von der National-Ökonomie zur Global-Ökonomie heute bringt andere, aber nicht minder gravierende Verwerfungen mit sich.

Der Konflikt zwischen Kapital und Arbeit prägt die wirtschafts- und sozialpolitische Auseinandersetzung seit Beginn der industriellen Revolution. Die Produktionsfaktoren Wissen und Information haben heute zwar eine ungleich größere Bedeutung als früher. Aber der Grundkonflikt ist geblieben. Das Spannungsverhältnis zwischen den Eigengesetzlichkeiten des Markts und den Bedingungen der menschlichen Arbeit ist unter neuen Voraussetzungen virulent geblieben.

Die Kommunisten haben diesen Konflikt dadurch zu lösen versucht, daß sie das Kapital eliminierten und die Kapitaleigner liquidierten. Dadurch glaubten sie das Problem beseitigt zu haben. In Wirklichkeit sind sie daran gescheitert. Heute entwickelt sich das Umgekehrte: Das Kapital eliminiert die Arbeit und liquidiert die Menschen am Arbeitsplatz. Beides ist nicht richtig. Der Kapitalismus ist so falsch wie der Kommunismus.

Wir müssen uns wieder auf die Grundlagen unseres Zusammenlebens besinnen. Zur Botschaft Jesu gehören die Unantastbarkeit der Menschenwürde und die soziale Verantwortung. Sie hat heute eine weltweite Dimension. Die Neue Soziale Frage ist die Frage nach der globalen sozialen Antwort auf die globale Ökonomie. Die ethischen Grundlagen des Evangeliums sind auch in dieser neuen Welt unverzichtbar.

Die globale ökonomische und soziale Antwort

Das Evangelium gibt klare Auskünfte. Jeder kann sich seine Frömmigkeit abschminken, wenn er zwar ein gutes Verhältnis zu Gott haben will, sich aber nicht dafür interessiert, wie es seinem Nächsten in Burundi oder Guatemala geht. Am 27. Dezember 1989, dem Fest der unschuldigen Kinder, ließen die katholischen Bischöfe in der Bundesrepublik Deutschland die Glocken in ihren Kirchen läuten, weil in der jüngeren Vergangenheit jedes Jahr im Schnitt 250 000 ungeborene Kinder abgetrieben wurden. Mindestens genauso dringlich wäre es, daß wenigstens einmal im Jahr die Glocken läuten, weil nicht jährlich, sondern wöchentlich 250 000 Kinder unter fünf Jahren verhungern. Aber die Glocken läuten nicht.

Die Nächstenliebe wird im Evangelium in besonderer Weise gefordert gegenüber den Witwen, Waisen, den Fremden und den Armen, »gegenüber einem meiner geringsten Brüder«.[118] Personale Freiheit und Nächstenliebe sind die tragenden Begriffe der biblischen Botschaft. Nächstenliebe kann in den modernen Industriegesellschaften aber nicht mehr in erster Linie individualethisch verstanden werden, sondern hat eine gesellschaftliche und politische Dimension: Arbeitsrecht, Kündigungsschutz, Mitbestimmung und Absicherung der Grundrisiken des menschlichen Lebens, wie Alter, Krankheit, Unfall, Arbeitslosigkeit und inzwischen auch die Pflegebedürftigkeit.

Die Nächstenliebe konkretisiert sich in dem Gedanken, daß alle dem einen helfen müssen, der sich selbst nicht mehr helfen kann, in der Erwartung, daß einem selbst auch geholfen wird, wenn die Notlage eintritt. Du sollst deinen

Nächsten lieben wie dich selbst. Das schließt individuelles oder persönliches Engagement, Caritas und Diakonie, Nachbarschaftshilfe und freiwillige soziale Dienste keineswegs aus, aber diese reichen eben nicht, um den Anforderungen einer modernen Nächstenliebe, das heißt einer solidarischen Gesellschaft, zu entsprechen.

Aus diesen Gedanken resultieren die sozialen Menschenrechte, wie sie in den UNO-Menschenrechtsübereinkünften von 1966 niedergeschrieben worden sind. Auch hier erscheint wieder die Verbindung von personaler Würde und Nächstenliebe, weil offenkundig ist, daß die Verwirklichung individueller Freiheitsrechte auch davon abhängig ist, daß ein Minimum an sozialen Grundrechten gewährleistet ist.

Aber die Pflicht zu solidarischem Handeln ist keineswegs unumstritten, es wird zunehmend in Frage gestellt. Kennzeichnend dafür sind die Attacken der sogenannten Libertarians in den Vereinigten Staaten wie zum Beispiel Robert Nozick und James M. Buchanan. Die Verteilung der Chancen, so sagen sie, sei konditioniert durch die natürliche und familiale Ausgangslage mit ihren sozialen Zufällen und Marktmechanismen, so daß es kein Recht auf Solidarität und keine Solidarverpflichtung geben könne. Der Weg sozialstaatlicher Solidarität führe geradezu auf einen »Weg zur Knechtschaft«, so schon vor einigen Jahren der Papst der Libertarians, der 1992 verstorbene österreichische Ökonom Friedrich August von Hayek. Diesen Unfug hören wir heute wieder.

Es scheint, daß die Sozialpolitik in den Vereinigten Staaten diesem Trend schon seit geraumer Zeit folgt, ebenso ist es in Großbritannien. Die soziale Entwicklung in den USA und Großbritannien ist nicht überzeugend. UNICEF stellt fest, daß 1996 in Großbritannien beispielsweise 15 bis 26 Prozent der elfjährigen sowie bis zu einem Drittel der fünfzehnjährigen Schülerinnen und Schüler arbeiten müssen.[119] Nach einer Studie der Columbia-Universität leben in den Vereinigten Staaten 6,1 Millionen Kinder unter sechs Jahren in Armut. 4,8 Millionen leben knapp oberhalb der Armutsgrenze. Sechs Prozent aller weißen Kinder sowie dreißig Prozent aller schwarzen Kinder gelten als sehr arm.[120] Über 35 Millionen Amerikaner sind sozialversicherungsrechtlich nicht geschützt, wenn sie krank werden. Die anderen genießen einen Krankenversicherungsschutz nur, solange sie einen Job haben. In Großbritannien sind inzwischen zwei Drittel aller Arbeitnehmerinnen und Arbeitnehmer Gelegenheitsarbeiter, die von einem Kündigungstermin zum anderen leben.

Man ist zur Begründung der Solidarität, der modernen Form der biblischen Nächstenliebe, nicht allein auf die Botschaft Jesu angewiesen. Genauso wichtig und vielleicht konsensfähiger sind die aus dem christlichen Menschenbild resultierenden Menschenrechte. Die moderne naturrechtliche Menschenrechtsidee der gleichen Freiheit aller hat nur einen Sinn, wenn die sozialen Bedingungen vorhanden sind, um frei leben zu können. Die Freiheit braucht auch die Chance, unter menschenwürdigen Bedingungen in Freiheit Lebenspläne verwirklichen zu können – etwa in dem Sinne dessen, was Hegel »›die konkrete Freiheit‹ nannte«[121] und was in den UNO-Menschenrechtskonventionen von 1966 als soziale Grundrechte anerkannt wurde.

Normalerweise bleibt die Diskussion hier stehen, weil sie sich auf das Soziale und Ökonomische beschränkt. Die Soziale Marktwirtschaft ist jedoch vor allem auch ein Bündnis zwischen Marktwirtschaft, Sozialstaat und Demokratie. Die Demokratie ist in Europa und in den Vereinigten Staaten als Arbeitsdemokratie entstanden. Die politischen Freiheitsrechte, zum Beispiel das allgemeine Wahlrecht, setzten voraus, daß der einzelne Geld verdienen konnte. Deswegen ist die westliche Verbindung von Marktwirtschaft und politischen wie sozialen Rechten nicht etwa Luxus, auf den man, wenn es schwierig wird, auch mal verzichten kann. Die Soziale Marktwirtschaft, dieses moralische Bündnis von Marktwirtschaft und sozialer Gerechtigkeit, ist vielmehr die Grundlage der modernen Demokratie und eine Antwort auf die Erfahrung des Nationalsozialismus und die Herausforderung des Kommunismus. Sie mußte erkämpft und politisch durchgesetzt werden.[122]

Von 1946 bis 1949 war noch nicht klar, wohin der Weg gehen würde. Die Auseinandersetzung zwischen Planwirtschaft und Sozialer Marktwirtschaft war in vollem Gang, und die CDU konnte die Soziale Marktwirtschaft schließlich nur mit einer Stimme Mehrheit, also durch Zufall, im Zonenwirtschaftsrat durchsetzen. Die Soziale Marktwirtschaft ist angewandte Aufklärung: Sie beruht auf der Einsicht, daß nur die Menschen, die eine Wohnung, einen sicheren Arbeitsplatz und damit auch eine materielle Zukunft haben, sich die Demokratie zu eigen machen und sie lebendig halten. Die einfache Wahrheit lautet: Ohne materielle Sicherheit gibt es keine politische Freiheit, also keine Demokratie, sondern nur die Bedrohung durch neue und alte totalitäre Regime und Ideologien.[123]

Nur naive Theoretiker, Phantasten oder Lügner können glauben, daß man auf Dauer Millionen von Menschen von sozialer Sicherheit ausgrenzen kann, ohne dafür irgendwann einmal einen politischen Preis bezahlen zu müssen.

Es gibt, im Gegensatz zu einem Unternehmen, in der Demokratie keine überflüssigen Menschen. Sie haben alle eine Stimme, und sie werden sie nutzen. Die Konservativen in Großbritannien und Frankreich haben dies lernen müssen. Deswegen ist die Frage nach der Zweidrittel- oder Vierfünftelgesellschaft, nach dem Wohlstand für alle eine Grundfrage der Demokratie. Es sind nicht die wirklich Notleidenden, die rebellieren. Die wirklich Armen schämen sich und verstecken sich zunächst einmal. Unkalkulierbare politische Sprengkraft liegt vielmehr in der Furcht vor Deklassierung, wie sie sich jetzt in der Mitte der Gesellschaft ausbreitet. Das ist der Vorgang, den wir gerade in Amerika beobachten können. Es ist nicht die Armut, von der zunächst Gefahr für die Demokratie ausgeht, sondern die Angst vor Armut und vor Arbeitslosigkeit.

Solidarität ist daher auch eine Entscheidung der Klugheit.[124] Jedes Gesellschaftssystem braucht eine Legitimation durch die Bevölkerung. Es muß konsensfähig bleiben. Eine Wirtschafts- und Sozialordnung, die von Entsolidarisierung geprägt wäre, könnte mit einem Konsens nicht mehr rechnen. Vor allem die marginalisierten Gruppen würden sich politisch radikalisieren und den sozialen Frieden existentiell gefährden. Verelendung und mangelnde Perspektiven, Hoffnungslosigkeit und Chancenlosigkeit begünstigen Analphabetismus, Gewaltbereitschaft, Kriminalität, Alkoholismus, Verwahrlosung und Drogenabhängigkeit. Selbst konsequente Turbokapitalisten, die moralisch nichts von Solidarität halten, werden möglicherweise einsehen, daß eine solche Entwicklung auf Dauer auch mit Standortnachteilen verbunden wäre und enorme Kosten verursachte.

In den Vereinigten Staaten wächst die Kriminalität stetig.

Auf hunderttausend Einwohner kamen im Jahr 1991 in Deutschland 3,8 und in den USA 10,4 Schwer- und Gewaltverbrechen.[125] 2,6 Prozent aller männlichen Erwachsenen über achtzehn Jahren in den Vereinigten Staaten sind 1995 strafrechtlich belangt worden. Die amerikanische Erziehungsministerin hat vor einiger Zeit erklärt, daß sie die Rate der Analphabeten in den Vereinigten Staaten auf 20 bis 25 Prozent schätzt. Armut und Verelendung produzieren Kriminalität und Analphabetismus.

In Großbritannien gibt es mittlerweile eine ähnliche Entwicklung wie in den Vereinigten Staaten: Gelegenheitsarbeiter identifizieren sich nicht mehr mit ihrem Betrieb, sie lassen sich nicht fortbilden oder umschulen. Auch deswegen ist in Amerika und in Großbritannien die Produktivität geringer als in Deutschland.

Volkskapitalismus

Bereits Kant wußte, daß moralische Grundsätze zumindest tendenziell Ratschläge der Klugheit sind, da sie letztlich den Vorteil aller Betroffenen im Auge haben. Aber er wußte auch, daß es Egoisten gibt, die ethische Verpflichtungen für sich nicht gelten lassen. Sie glauben, sich selbst damit nicht zu schaden, weil ja alle anderen sich an die Grundsätze halten. Es sind »Trittbrettfahrer«, die Solidarität durch egoistisch kluges, aber gleichzeitig unmoralisches, zum Teil rechtswidriges Ausnutzen gefährden.[126]

In unserer Wirtschaft und Gesellschaft ist inzwischen der große Egoismus eingezogen. Der globale Marktfundamentalismus, der neue Götze der Börsenjobber, Aktionäre und Industrierepräsentanten, ist eine moderne Form globaler

Ausbeutung und so dumm wie der Manchester-Liberalismus vor 200 Jahren.

Die Widersprüche dieses Kapitalismus sind greifbar: Manager multinationaler Konzerne lagern Verwaltungen nach Singapur aus, schicken aber ihre Kinder auf durch Steuern finanzierte europäische Spitzenuniversitäten. Es kommt ihnen gar nicht in den Sinn, ihre Firmen dort anzusiedeln, wo ihre Kinder studieren. Für sich selbst nehmen sie selbstverständlich die teuren politischen und sozialen Grundrechte in Anspruch, deren öffentliche Finanzierung sie torpedieren. Sie nutzen die europäische Kultur, machen auch mit beim Heli-Skiing in St. Moritz und wohnen in den noch weitgehend gewalt- und kriminalitätsfreien Metropolen Europas, aber sie zerstören auf Dauer durch ihre Ego-Wirtschaft und Profitgier die eigene Lebensform.[127] Es geht nicht, daß viele Unternehmer dort Steuern zahlen, wo es am billigsten ist, und leben, wo es am schönsten ist. Dieses Verhalten ist mißbräuchlicher und gemeinwohlschädlicher als Krankfeiern oder Schwarzarbeit.

Die Globalisierung der Wirtschaft hat, wie wir gesehen haben, eine ständige Einkommensumverteilung und Kapitalakkumulation zur Folge. Die mobilen Produktionsfaktoren Kapital und Wissen werden privilegiert und der standortgebundene Faktor Arbeit benachteiligt: Wenn eine immer polarisiertere Gesellschaftsordnung mit unerträglichen Spannungen zwischen Gewinnern und Verlierern der Globalisierung vermieden werden soll, müssen die Arbeitnehmer selbst auch zu Aktionären werden. Die Beteiligung der Arbeitnehmer am Produktivvermögen bekommt durch die Globalisierung einen zusätzlichen neuen Sinn, und die Gewerkschaften müssen in ihrer Tarifpolitik endlich die Vermögensbildung zum zentralen Ziel machen, wenn sie nicht in diesem Spiel ausgebootet werden wollen. Der Volkskapitalismus, den die CDU schon immer vorgeschlagen hat und den die Tarifpartner ständig sabotiert haben, wird eine der wenigen, aber wirksamen Lösungen sein, um die unmoralischen und die Industriegesellschaften im Kern zerstörenden Wirkungen des internationalen kapitalistischen Systems auszugleichen. Hinzukommen muß eine Relativierung der Macht der modernen Tempel des Mammons, nämlich der Banken, die über die Verwaltung riesiger Aktienfonds nicht nur Unternehmen mit ihren Arbeitsplätzen, sondern auch ganze Volkswirtschaften in ihre Abhängigkeit bringen und ins Unglück stürzen können. Die Macht der Banken zu kontrollieren und den Einfluß ihrer Börsenanalysten, die einen Betrieb noch nie von innen gesehen haben, zu domestizieren, gehört zu den wichtigsten ethischen Forderungen in dieser Zeit des Turbokapitalismus.

Produktivität und sozialer Frieden

Im Evangelium gibt es eine kluge und moderne Absage an einen ungehemmten Materialismus. Man kann nicht Gott dienen und dem Mammon. Wenn man ihn sammelt, verliert man ihn wieder: Die Schätze dieser Erde werden von Motten und Rost verzehrt und von Dieben gestohlen, so heißt es bei Matthäus. Und ein erfülltes Leben ist etwas anderes, als gut zu essen und ständig neuen Fummel zu kaufen. Die Linien des Feldes sind schöner gekleidet als selbst Salomon in all seiner Pracht. Die Materialisten wollen nur fressen und saufen. Macht euch nicht die Sorgen der Heiden: Was werden wir essen, was werden wir trinken, womit werden wir uns bekleiden? All das braucht ihr auch (dies alles wird euch dazugegeben werden). Aber sucht zuerst Gottes Reich und seine Gerechtigkeit. Die ethischen Grundsätze müssen wieder von allen beachtet werden. Steuer- und Sozialreformen können dies erleichtern. In einem Land ohne Rohstoffe muß ein ökologiefreundliches Klima dazukommen. Über zwanzig Prozent aller umwelttechnologischen Produkte, die auf der Welt verkauft werden, kommen inzwischen aus Deutschland. Solche Erfolge sind auch in der Informationstechnologie, der Bio- und Gentechnologie und der Verkehrstechnologie notwendig. Allerdings ist nicht alles, was dem Menschen möglich ist, auch dem Menschen gemäß. Wenn die ethischen Grenzen klar sind, dann dürfen politische Barrieren nicht den Fortschritt der Biotechnologie verhindern.

Paul Schinhafen, ein für Unternehmensstrategie zuständiger Manager bei Ford, sagte vor einiger Zeit, daß seine Firma in Europa rund 490 000 Ford Fiesta produziere, davon 175 000 in Köln-Niehl, 175 000 in Dagenham in England und 140 000 in Valencia in Spanien. Die Arbeitsstunde am Rhein koste 60 Mark, in Dagenham 31 Mark und in Valencia unter 30 Mark. Er fügte jedoch hinzu, daß die Produktivität am Rhein am höchsten sei: In Köln bauen die Arbeiter den Ford Fiesta in 22 Stunden, in Dagenham brauchen sie 27 Stunden und in Valencia sogar 29 Stunden.[128]

Das liegt jedoch nicht daran, daß in Spanien der Ford Fiesta mit dem Hammer »zusammengekloppt« wird – in Valencia steht die gleiche Automatenstraße wie in Köln. Nur, in Deutschland sind die Arbeiter besser qualifiziert und motiviert als ihre spanischen oder britischen Kollegen. Auch in Deutschland müssen die Kosten gesenkt werden, weil die höhere Produktivität die höheren Arbeitskosten nicht wettmacht, aber nicht so weit, daß dadurch der soziale Frieden in den Betrieben zerstört wird. Der Zusammenhang zwischen sozialem Frieden und höherer Produktivität ist eine wichtige Erkenntnis der Verfechter der Sozialen Marktwirtschaft. Es gibt zu Markt und Wettbewerb keine funktionsfähige Alternative. Das hat spätestens das Desaster der realsozialistischen Zentralverwaltungswirtschaft deutlich gemacht. Außerdem bietet die Marktwirtschaft den Wirtschaftssubjekten als Konsumenten und Produzenten zumindest tendenziell vielfältige Spielräume der Freiheit, der Eigeninitiative und der Kreativität und kommt damit auch dem Anliegen des Gemeinwohls am nächsten. Zugleich ist der Wettbewerb, je vollständiger, desto mehr, ein effizientes Entmachtungsinstrument, ein Werkzeug der Machtkontrolle und deswegen auch demokratiefreundlich.

Aber der Markt ist nicht alles. Ford, Daimler-Benz und alle anderen Unternehmen könnten mit ihrem Kapital nichts anfangen, wenn es nicht Menschen gäbe, die aus diesem Kapital Produkte herstellen, die so gut sind, daß sie von anderen Menschen gekauft werden. Der Vorstandsvorsitzende von BMW, Bernd Pischetsrieder, hat diese Erkenntnis einmal so ausdrückt: Kapital ist für mich wichtig, aber das wichtigste Kapital für mich sind die Menschen in meinem Betrieb.

Die Globalisierung kann man dann ökonomisch und sozial positiv sehen. »Die Globalisierung verheißt erheblich mehr Wohlstand und Prosperität«, so das Kommuniqué des G-7-Gipfels von Lyon im Sommer 1996. Sie biete Chancen nicht nur für unsere Länder, sondern auch für alle anderen. Wer auf die Globalisierung der Wirtschaft eine globale soziale Antwort geben will, kann nicht gegen Europa sein. Die G-8-Staaten einschließlich Rußland stehen dafür ebenso in der Verantwortung wie die Welthandelsorganisation (World Trade Organization: WTO). Eine solche internationale Soziale Marktwirtschaft ist die moderne Form der Nächstenliebe im 21. Jahrhundert.

Wucher und Betrug

Kommen wir von der globalen Ethik zurück zur ordinären Realität in Deutschland. Absahnermentalität und Betrug am Kunden gehören zum Alltag.[129] Wäre es nach den Theorien der Marktwirtschaft gegangen, dann hätten während der letzten Rezession die Preise fallen und das Angebot sich verbessern müssen. In Wirklichkeit geschah aber genau das Gegenteil: Nicht der Preis ging herunter, sondern die Qualität des Angebots, das Netz der Verkaufsstellen, der Umfang des Kundendienstes und die Bereitschaft zu Kulanzleistungen. Verbraucherschützer und kritische Journalisten, wie zum Beispiel das ARD-Magazin »Ratgeber Technik«, werfen der Industrie schon seit Jahren vor, sie betreibe eine Politik des »geplanten Verschleißes«. Auf meine Frage in einem großen Automobilwerk, warum denn nicht endlich verschleißfreie Autos gebaut würden, was ja technisch möglich sei, erhielt ich die Antwort: Solches Material könne ja nicht mehr recycelt werden. So weigert sich zum Beispiel der Stuttgarter Bosch-Konzern, Marktführer bei der Erstausstattung deutscher Autos mit Scheibenwischern, seit Jahren, die Wischerblätter so zu konstruieren, daß die verschlissenen Gummis schnell und leicht ausgetauscht werden können. Bosch beliefert den gesamten Kfz-Ersatzteilehandel einschließlich der Tankstellen nur mit kompletten Wischerblättern, die den Kunden pro Satz bis zu hundert Mark kosten.[130] Zwingt ein Arbeitgeber seine Arbeitnehmer unter Ausnutzung seiner Monopolstellung dazu, weit unter Tariflohn zu arbeiten, wird er wegen Wuchers bestraft.

Ein weiteres Beispiel für Verirrungen der Marktwirtschaft: Weitgehend unbestritten ist, daß der Konsum von tierischen Fetten zu erhöhten Cholesterinwerten führen kann, die wiederum als wesentliche Ursache von Herzerkrankungen angesehen werden. Der Wirtschaftsjournalist Günter Ogger berichtet, wie die CMA, die zentrale Marketingagentur der Landwirte und Fleischproduzenten, diese Gefahren systematisch zu verharmlosen versucht.[131] Dazu bedient sie sich nach den Recherchen des Berliner Publizisten Hans-Joachim Maes dubioser Organisationen wie des Deutschen Kassenarztverbandes, »der häufig als Veranstalter von Kongressen und als Absender von Informationsschriften auftritt, die an die einschlägigen Medien verschickt werden«. In den angeblich der Fortbildung dienenden Seminaren und in seinen schriftlichen Verlautbarungen zitiert der Kassenarztverband, hinter dem Maes lediglich eine Tarnadresse der CMA vermutet, häufig wissenschaftliche Arbeiten, hauptsächlich aus den USA, in denen die Ungefährlichkeit des Cholesterins nachgewiesen werden soll. Hans-Joachim Maes: »Eine Auswertung fast aller von der CMA seit 1979 angegebenen Quellen (rund 200 Nennungen) belegt, daß die Originaltexte vielfach entstellt und verfälscht wurden.« Aus Profitgier wird schwere Körperverletzung in Kauf genommen.

Die gesellschaftspolitische Bedeutung des Mittelstands

In einer Zeit, in der von den Menschen ein Höchstmaß an Flexibilität und Mobilität verlangt wird, muß die Gesellschaft dennoch ein menschliches Gesicht haben. Daß die Menschen ihre Heimat behalten oder auch eine neue Heimat finden, daß sie dort wohnen können, wo sie geboren sind oder wo sie wohnen wollen, setzt voraus, daß die

Menschen nicht zu Mitgliedern einer kapitalistischen Campinggesellschaft gemacht werden, in der ihre Arbeitsplätze Hunderte von Kilometern vom Wohnort entfernt sind. Eine menschliche Gesellschaft verlangt, daß die Menschen dort, wo sie arbeiten, auch menschenwürdig wohnen und eine Heimat finden können. Hier liegt die gesellschaftspolitische und humane Bedeutung des Mittelstands und des Handwerks. Eine humane und an den Geboten des Evangeliums orientierte Wirtschaftsordnung setzt Millionen von kleinen und mittleren Betrieben voraus, die Arbeitsplätze vor Ort anbieten.

Um so schlimmer ist es, daß durch einen Konzentrationsprozeß im Einzelhandel Hunderttausende von kleinen Betrieben zerstört wurden. Die riesigen Gewinne bei den nach amerikanischen Vorbildern operierenden Cash-and-carry-Märkten des Metro-Konzerns des ehemaligen IBM-Experten Otto Beisheim versetzten die Metro-Manager in die Lage, ihre Fangarme in nahezu alle Bereiche des Einzelhandels auszustrecken. Unter dem Dach der Metro AG, die 1995 in Deutschland über sechzig, in Europa nahezu achtzig Milliarden Mark umsetzte, versammeln sich Warenhauskonzerne wie Asco, Kaufhof, Horten, Kaufhalle, Fachmärkte wie der Media Markt, Saturn Hansa, Vobis Computer, Praktiker Baumärkte und Adler Modemärkte, Versandhändler wie Reno, Wenz, Oppermann, Verbrauchermärkte wie Massa, Meister, Realkauf, Huma, Dive sowie Spezialisten wie die Weinhändler Hawesko und Jacques Wein-Depot. Mit dieser gewaltigen Angebotsmacht kann der Konzern schon heute jedem Lieferanten die Preise vorschreiben, und eines Tages wird dies auch den Kunden blühen. Oligopole aus wenigen Anbietern, die den Kunden ihre Preise nach Belieben diktieren können, sind das Ende der Marktwirtschaft. Wo bleibt das Bundeskartellamt?[132] Großhändler, die ihren Abnehmern ungerechte Preise machen, oder Bauunternehmer, die ihren Arbeitern die Mindestlöhne vorenthalten, gehören zu der Sorte von Wucherern, die Jesus Christus mit der Peitsche aus dem Tempel getrieben hätte.

Die Verminderung der Wünsche

Die Wirtschaft ist für die Menschen da und nicht umgekehrt. Aber früher konnten die Kosten der Sozialen Marktwirtschaft relativ leicht aufgebracht werden, weil sie fünf- bis zehnprozentige Wachstumsraten verzeichnete. Das ist heute, vor allem in den Industriestaaten, vorbei. Dies hängt auch damit zusammen, daß die Industrienationen ihren Lebensstandard nicht exportieren können, weil dies die Welt ökologisch nicht verkraften würde. Das Ökonomische stößt an Grenzen und damit auch das Wachstum des Wohlstands. Eine alte Weisheit Epikurs, die auch eine biblische hätte sein können, sollte die Leitlinie für die Politik von morgen sein: »Nicht die Vermehrung der Habe, sondern die Verminderung der Wünsche ist angezeigt.«
Ich habe den Eindruck, daß die Gewerkschaften diese Herausforderung eher begriffen haben als mancher Unternehmer. Die heutige Situation verträgt nicht Klassenkampf von oben oder von unten und nicht, daß die einen provozieren und die anderen übertreiben. Partnerschaft statt Klassenkampf ist nicht nur ökonomisch richtig, sondern auch eine moderne Form der Nächstenliebe des Evangeliums. Bundesregierung und CDU/CSU hätten das von den Gewerkschaften initiierte Bündnis für Arbeit 1996 nicht auf dem Altar der FDP und der Großindustrie opfern dürfen.

Solidarität mit der Schöpfung

Nach übereinstimmendem jüdisch-christlichen Glaubenszeugnis sind die Natur und der Kosmos Schöpfungstat Gottes. Mit diesem Bekenntnis beginnt die hebräische Bibel, das Alte Testament.[133] Aus dem Neuen Testament ist zu diesem Thema wenig zu entnehmen. Aber daß die Nächstenliebe auch eine vertikale Dimension in die Zukunft hat und die Verantwortung für die kommenden Generationen miteinbezieht, ergibt sich aus dem politischen Auftrag der Botschaft Jesu, die Welt zum Guten zu verändern. Das heißt, die Verantwortung für die Schöpfung gehört zur politischen Seite des Evangeliums.

Im letzten Jahr ist eine Fläche der Brandrodung zum Opfer gefallen, die größer war als Dänemark, die Beneluxstaaten, Österreich und die Schweiz zusammengenommen. Jeden Tag gehen bis zu fünfzig Pflanzen- und Tierarten zugrunde, jede Sekunde werden tausend Tonnen Treibhausgase in die Luft geblasen. Zum erstenmal in der Milliarden Jahre währenden Geschichte des Lebens kann eine Spezies, nämlich die menschliche, die Biosphäre vernichten. Wie Parasiten können wir den Wirt, von dem wir leben, unsere Mutter Erde, zerstören. Aber im Gegensatz zu anderen Parasiten können wir unsere Kinder nicht auf einen anderen Wirt, eine andere Welt, schicken, wenn der jetzige stirbt. Wir sind alle Teil derselben Schöpfung und dürfen in die Solidarität nicht nur die Menschen in Frankfurt und Cottbus, in Chichicastenango und in Kalkutta, sondern müssen auch die Tiere, die Pflanzen, die gesamte Natur mit einschließen. In dieser Solidarität sollten auch diejenigen inbegriffen sein, die noch keine Stimmen haben, die Menschen nämlich, die noch gar nicht geboren sind. Hier bekommt die Solidarität mit der Schöpfung eine Zukunftsdimension. Aus diesem Grund ist Umweltpolitik eine Politik für die Zukunft. Die Botschaft Christi würde in diesem Zusammenhang sicher lauten: Ihr dürft die Interessen der Gegenwart nicht höher bewerten als die Interessen der Zukunft. Dies müßte Christen, die daran glauben, daß das Leben mit dem Tod nicht zu Ende ist, plausibel sein und sie dazu bringen, über ihren Tod hinaus Verantwortung für diejenigen zu übernehmen, die nach ihnen kommen.

Soziales – Test 3

Bethesda

In Jerusalem gab es zu Jesu Zeit beim Schaftor einen Teich. Der Teich hieß auf hebräisch Bethesda. An ihm befanden sich fünf Säulenhallen, in denen viele Kranke lagen, die zur Heilung und Linderung im Teich badeten, darunter Blinde, Lahme und Verkrüppelte.[134] Jesus besuchte auch sie eines Tages, wie er sich überhaupt ständig mit Behinderten befaßte. Das Evangelium ist voll von solchen Geschichten. Er kümmerte sich um Leute, die von Geburt an blind waren. In Bethesda heilte er einen Mann, der schon 38 Jahre krank war, also einen chronisch Kranken. Er heilte die Menschen unabhängig von ihrer Herkunft, Menschen aus Galiläa, der Dekapolis, aus Jerusalem und Judäa und aus dem Gebiet jenseits des Jordan.[135] Er half dem gelähmten Diener des römischen Hauptmanns und der Tochter der Syrophönizierin. Aussätzigen aus Samaria galt seine Fürsorge ebenso wie dem geistig Behinderten aus Galiläa, der nicht mehr reden konnte.

»Bethesda« heißen heute viele evangelische Krankenhäuser und Behinderteneinrichtungen. Die Kranken und Krüppel von damals sind auch die Kranken und Krüppel von heute, hinzugekommen sind Arbeitslose, Langzeitarbeitslose, die plötzlich ihre Schulden nicht mehr bezahlen können, Scheidungswaisen, alleinerziehende Mütter, Familien mit vielen Kindern, Wohnungssuchende, verschämte Arme wie kinderreiche Familien mit nur einem Erwerbseinkommen oder Rentnerinnen, die aus Scham nicht zum Sozialamt gehen, mehrfach Behinderte, die gegen ihren Willen in stationäre Einrichtungen gebracht werden sollen.

Die heutigen Sozialleistungen würden auch von Jesus anerkannt werden. Aber er hätte kein Verständnis dafür, wie auf Sozialämtern mit Hilfesuchenden umgesprungen wird. Daß man Frauen, die die Schwangerschaft unterbrechen, nicht zumutet, sich die Kosten vom Sozialamt bezahlen zu lassen, sondern die Krankenkasse dafür aufkommen muß, ist in Ordnung. Daß die Frauen aber, die das Kind auf die Welt bringen wollen und kein ausreichendes Einkommen haben, zum Sozialamt *müssen*, wo ihnen vorgehalten wird, daß sie nicht abgetrieben haben, ist die moderne Form der gesetzlichen Unbarmherzigkeit, die Jesus anprangert.

Kein Verständnis hätte er für die hartherzigen Reden, mit denen in der Politik, auch im Deutschen Bundestag, über Menschen geredet wird, die nicht mehr leistungsfähig sind: daß man tief ins soziale Fleisch schneiden müsse, als wäre die Bundesrepublik Deutschland eine Metzgerei, und daß der Mensch auf einen Standort- und Kostenfaktor reduziert wird.

Im Alten und im Neuen Testament wird gesellschaftliches Unrecht durchgehend kritisiert. Schon im Alten Testament setzen sich die Propheten und die Gesetzgeber vor allem für die Benachteiligten und die Fremden ein.[136]

Die Botschaft Jesu ist vor allem eine Verheißung des Lebens für die Armen, Kleinen, Sanftmütigen und Gewaltlosen. Wenn er fordert, heilig zu sein, so, wie Gott heilig ist, dann fordert er gleichzeitig, barmherzig zu sein, so, wie Gott barmherzig ist.[137] Jeder, der in der CDU ist, muß sich vom Evangelium sagen lassen, daß Gottesliebe ohne Nächstenliebe abstrakt, unwirklich bleibt. Und für viele, die sonntags in die Kirche gehen, gilt der Satz des Apostels

Johannes, der in seinem zweiten Teil sogar zum Sponti-
spruch geworden ist:»Wenn jemand sagt: Ich liebe Gott,
aber seinen Bruder haßt, ist er ein Lügner. Denn wer seinen
Bruder nicht liebt, den er sieht, kann Gott nicht lieben, den
er nicht sieht.«[138]

Wer für die Sozialpolitik eine besondere Verantwortung
trägt, sollte mit dafür sorgen, daß Betriebe wettbewerbsfä-
hig bleiben und kostengünstig arbeiten können. Mittel-
ständler, alle Unternehmer in der CDU haben die Verpflichtung, nicht zu verhärten, nicht alles dem Gesetz des
Markts zu überlassen, sondern ein offenes Herz zu bewahren für Menschen, die weniger tüchtig sind, weniger leisten können, die hilflos sind. Die innere Einstellung zu
sozial Schwachen ist das Kriterium, durch das sich Christliche Demokraten von Liberalen unterscheiden müssen.

Im Sozialhilferecht wird das Vermögen der Sozialhilfe-
empfänger angerechnet, und Asylbewerber bekommen
zunehmend nur noch Naturalien. Diese und andere Be-
stimmungen muß man kritisch betrachten, wenn man das
Wort aus dem Alten Testament nach der Befreiung aus der
Knechtschaft in Ägypten ernst nimmt:»Du sollst das
Recht von Fremden, die Waisen sind, nicht beugen. Du
sollst das Kleid einer Witwe nicht als Pfand nehmen.
Denk daran: als du in Ägypten Sklave warst, hat dich der
Herr dein Gott dort freigekauft, darum mache es dir zur
Pflicht, diese Bestimmung einzuhalten.«[139]

Eine Gesellschaft mit einem menschlichen Gesicht braucht
ein soziales Klima, das durch den Geist der Botschaft Jesu
und nicht durch Ellenbogenegoismus und Catch-as-catch-
can-Mentalität geprägt ist. Die Auseinandersetzung um die
Rentenversicherung in Deutschland hat gezeigt, daß die
Entsolidarisierung zunimmt. Die Jungen werden gegen die

Alten mobilisiert. Die frühere Olympiateilnehmerin Heidi Schüller schlägt in einem Buch vor, wegen des Generationenkonflikts älteren Menschen ab einem bestimmten Lebensalter das Wahlrecht zu verweigern. Das Wort »Rentnerschwemme« war das Unwort des Jahres 1996.

Ich glaube nicht, daß Jesus die Rentenversicherung in der Bundesrepublik Deutschland kritisieren würde. Der Satz »Du sollst deinen Nächsten lieben wie dich selbst« kann nur zur Konsequenz haben, daß weder die Alten den Jungen noch die Jungen den Alten etwas zumuten, das sie selbst nicht zu tragen bereit sind. Daß die Menschen immer älter werden, ist etwas Schönes, bedeutet aber auch, daß sie immer länger Rente beziehen. Deshalb muß es heißen: »Einer trage des anderen Last.« Die jungen Menschen, die Beitragszahler, müssen weiterhin mit einer Beitragshöhe zwischen achtzehn und zwanzig Prozent rechnen. Aber auch die alten Menschen müssen einen maßvollen Beitrag zu den Kosten ihrer gestiegenen Lebenserwartung leisten, um die Belastung der jungen Menschen in vernünftigen Grenzen zu halten.

Würde Christus die Mentalität gutheißen, alles aus einer Kasse, in die man eingezahlt hat, herauszuholen? Wenn jemand krankfeiert, verstößt er gegen die Gerechtigkeit und beutet die Solidargemeinschaft aus. Auch derjenige, der jemanden krankschreibt, obwohl er gar nicht krank ist, beteiligt sich an der Ausbeutung.

Eine Frau war chronisch krank und litt über zehn Jahre an Blutungen. Sie hatte viele Ärzte konsultiert und bei den unzähligen Untersuchungen sehr gelitten. Schließlich hatte sie ihr ganzes Vermögen darangegeben, um geheilt zu werden, aber umsonst. Der Zustand war immer schlimmer geworden.

Dies ist kein Bericht aus der Bundesrepublik Deutschland, sondern aus Palästina im Jahr 30 nach Christus. Er steht im Markus-Evangelium. 2000 Jahre später schicken die Menschen ein kleines Fahrzeug auf den Mars, aber an der ärztlichen Ethik hat sich offenbar nicht viel geändert. Gewiß, die Medizin hat gewaltige Fortschritte gemacht gegenüber damals. Aber ist die Menschlichkeit größer geworden? Das Problem der Krankenversicherung ist ein moralisches Problem. Wenn alle mit der Solidargemeinschaft verantwortlich umgingen, könnten wir sie gut finanzieren und brauchten keine britischen Perspektiven. In Großbritannien werden bestimmte Menschen aus der medizinischen Versorgung ausgegrenzt. Jemand, der älter ist als achtzig Jahre, erhält kein künstliches Hüftgelenk, bekommt keine Bypassoperation und keinen Herzschrittmacher mehr. Eine solche Gesellschaft hat mit Jesus Christus soviel zu tun wie Margaret Thatcher mit Mutter Theresa. In den Vereinigten Staaten, die den Namen Gottes in ihrer Unabhängigkeitserklärung anrufen, gibt es ungefähr 35 Millionen Menschen, die keinen Krankenversicherungsschutz haben, und für die übrigen besteht er nur, solange sie einen Job haben.

Der Vorsitzende der Jungen Union, Klaus Escher, sagte in einem Streitgespräch mit mir: »Wir brauchen eine politische Antwort auf die individuelle Lebensführung bei der Alterssicherung und allen anderen Sicherungssystemen. Der Freiheitsgrad in der Vorsorge muß steigen: In welcher Lebensphase tue ich was? Warum muß ich gerade dann, wenn ich eine Familie gründe, in die Alterssicherung einzahlen? Warum kann ich nicht selbst Prioritäten setzen?« Er nannte das soziale Sicherungssystem eine »nostalgische Rundumabsicherung«. In Wirklichkeit geht es jedoch nicht um nostalgisch oder modisch, sondern um richtig oder falsch. Wenn einer sich nicht versichert und sein ganzes Geld verplempert und später wegen Alter und Krankheit auf der Straße steht, dann müssen die Steuerzahler, die Solidargemeinschaft für den Trittbrettfahrer aufkommen. Deswegen ist die Versicherungspflicht für die Grundrisiken des Lebens sinnvoll.

Aus der Menschenwürde ergeben sich, wie wir gesehen haben, die Grundwerte der Freiheit, der Gleichheit und der Brüderlichkeit. Bei der Diskussion vor der Verabschiedung des ersten Grundsatzprogramms der CDU im Jahr 1978 gab es eine Diskussion, welcher dieser Grundwerte wichtiger sei. Gerhard Stoltenberg und andere Freunde aus der CDU stellten den Antrag zu beschließen, daß die Freiheit der wichtigste Grundwert sei. Der Bundesparteitag war bibelfest und lehnte das ab.

Alle Grundwerte sind gleichrangig. Es kann jedoch sein, daß temporär einmal die Freiheit mehr Aufmerksamkeit verdient, weil sie mehr gefährdet ist als die Solidarität, oder die Gerechtigkeit mehr geschützt werden muß, weil sie stärker gefährdet ist als die Freiheit. Heute ist die Gerechtigkeit stärker gefragt. Unsere besondere Solidarität muß den Kranken, den Behinderten, den Schwachen gelten. Aber auch denen, die keine Arbeit haben. Christus würde uns vielleicht die Solidarität mit den Arbeitslosen besonders ans Herz legen. Das bedeutet aber auch, zum Teilen bereit zu sein.

Zwei Milliarden Überstunden passen nicht zu vier Millionen Arbeitslosen. Es muß möglich sein, zwanzig oder dreißig Prozent dieser Überstunden abzubauen und in Arbeitsplätze umzuwandeln. Seit dem 1996 verwirklichten Programm für mehr Wachstum und Beschäftigung brauchen Unternehmer keine Angst mehr zu haben, daß sie sofort einen Kündigungsschutzprozeß und hohe Abfindungen am Hals haben, wenn sie jemandem kündigen wollen. Innerhalb von zwei Jahren können Unternehmer jetzt bis zu dreimal hintereinander mit derselben Person befristete Arbeitsverträge abschließen. Der soziale Kündigungsschutz wurde gelockert, um Betrieben die Neueinstellungen zu erleichtern. Das bedeutet aber für Unternehmer und Arbeitnehmer, auf Überstunden und Überstundenlöhne zu verzichten und mit dem eingesparten Geld neue Arbeitskräfte einzustellen.

Ähnlich verhält es sich mit der Teilzeitarbeit. Vier Millionen Vollzeitarbeitnehmer in Deutschland wollen auf Teilzeitarbeitsplätze. Unter den Arbeitslosen suchen 500 000 keinen Vollzeitjob, sondern einen Teilzeitarbeitsplatz. Sollen sich die Menschen nach der Wirtschaftsordnung orientieren, oder muß sich die Wirtschaftsordnung nach den Menschen richten? Wenn bei uns ein Teilzeitarbeitsmarkt vorhanden wäre wie in den Niederlanden, gäbe es zwei Millionen Arbeitslose weniger.

Die Botschaft Jesu hindert uns nicht daran, in einer modernen Wirtschafts- und Arbeitsorganisation flexibler zu sein. Die Erleichterung der Samstags- und Sonntagsarbeit durch das neue Arbeitszeitgesetz hat in den Kirchen auch Protest hervorgerufen. Natürlich soll der Sonntag auch weiterhin arbeitsfrei bleiben – im Prinzip. Aber wenn eine Firma nicht mehr konkurrenzfähig ist, weil die Maschinen von Freitagabend bis Montagmorgen abgestellt werden, und dadurch Arbeitsplätze verlorengehen, dann entspricht es der Botschaft Jesu, die Maschinen weiterlaufen zu lassen. Die Pharisäer wollten ihm eine Falle stellen und fragten ihn: »Darf der Bauer am Sabbat eine Kuh, die in die Grube gefallen ist, wieder herausziehen?« Am Sabbat darf eigentlich nicht gearbeitet werden. Jesus beantwortete diese Frage aber mit Ja, sehr zum Ärger der Pharisäer. Die Kuh in Palästina vor 2000 Jahren ist der moderne Maschinenpark einer Fabrik im Jahr 2000, nämlich die Lebensgrundlage für die Menschen, die dort beschäftigt sind. In Deutschland gibt es zwei Millionen Pflegebedürftige. Die Pflegebedürftigkeit ist ein Risiko, das auch junge Menschen treffen kann, wenn sie zum Beispiel durch einen Unfall querschnittsgelähmt werden. Jeder kennt Pflegebedürftige in seinem persönlichen Umfeld. Oft sind es die Hilflosesten in unserer Gesellschaft, und sie werden von denjenigen betreut, denen wir ohnehin schon eine dreifache Belastung aufbürden, den Frauen. Sie üben ihren Beruf aus, richten den Haushalt und erziehen die Kinder. Nun gab es eine Diskussion darüber, wer die Pflegetätigkeit und die Rentenbeiträge für die Pflegepersonen finanzieren soll. Der Deutsche Bundestag und der Bundesrat haben die Abschaffung eines Feiertags beschlossen und es den Ländern überlassen, welchen Feiertag sie nehmen. Die meisten Länder haben den Buß- und Bettag zum normalen Arbeitstag gemacht, um so die Pflegeversicherung zu bezahlen. Deswegen gab es in unseren Kirchen großen Protest. Aber glaubt wirklich jemand, daß Jesus es bei dreizehn bezahlten Feiertagen und dreißig bezahlten Urlaubstagen für unzumutbar hielte, auf einen kirchlichen Feiertag zu verzichten und acht Stunden im Jahr – nicht im Monat oder in der Woche – länger zu arbeiten, damit die Hilflosesten in unserer Gesellschaft zu ihrem Recht kommen?

Jesus und die Minderheiten

Zum Auffälligsten in der Heiligen Schrift gehört, wie sich Jesus Christus mit Menschen, die zu Minderheiten gehören, beschäftigt und daß er ihnen sogar den Vorzug gibt vor den sogenannten »normalen« Menschen. Der blinde Bettler, der hört, daß Jesus vorbeikommt, ruft nach ihm und bittet um Hilfe. Die Leute um Jesus herum wurden, es ist bis auf den heutigen Tag nicht anders, ärgerlich und sagten zu dem Behinderten, er solle den Mund halten.[140] Jesus hat ihm aber genauso geholfen wie dem Krüppel, den er am Sabbat heilte, obwohl die Schriftgelehrten und Pharisäer ihn beschuldigten, gegen das Gesetz zu verstoßen. Seine Antwort war: »Ich frage euch: Was ist am Sabbat erlaubt, Gutes zu tun oder Böses, ein Leben zu retten oder es zugrunde gehen zu lassen?« Er half, und die anderen wurden von »sinnloser Wut erfüllt«.[141]

Die Frau mit dem verkrümmten Rücken, der Gelähmte, den sie durchs Dach auf einer Tragbahre zu ihm hinunterließen, gehörten, wie es in Matthäus 15, 29–31 heißt, zu den vielen Menschen, zu den Lahmen, Krüppeln, Blinden, Stummen und anderen Kranken, die zu ihm gebracht wurden. Er half seelisch und geistig Kranken, Mehrfachbehinderten, Dirnen, verstoßenen Frauen, angeblichen Ehebrecherinnen und Ausländern (Samaritern). Und dies oft zum Unmut seiner Umgebung, kleinkarierten Mitbürgern und arroganten Schriftgelehrten, wie man sie heute nicht nur in den Wirtschaftsabteilungen der Bundesbank und der Großbanken findet. Dieses konkrete Verhalten Jesu Christi ist eine Herausforderung für diejenigen, die das »C« in ihrem Namen tragen.

In Deutschland wird der Trend stärker, Minderheiten zu diskriminieren. Dies ist das Gegenteil von dem, was aus dem christlichen Menschenbild folgt. Diskriminierung zeigt sich vor allem darin, daß die Menschenrechte längst nicht für alle Menschen realisiert werden, die hier leben. Sowohl in der Gesetzgebung als auch in der Rechtsprechung gibt es erhebliche Diskriminierungspotentiale: Inländer ohne deutschen Paß können nur schwer Angestellte des öffentlichen Dienstes werden, Beamte überhaupt nicht. Sogenannte Taubstumme haben keine Möglichkeit, vor Gericht in der mündlichen Verhandlung vorzutragen, und Schwule dürfen in der Bundeswehr nicht Offizier werden.

Dazu kommen immer wieder vorsätzliche Diskriminierungen von Minderheiten. Behinderte werden aus Gaststätten gewiesen, Ausländer finden keinen Kfz-Versicherer, und Schwule und Lesben werden auf dem Wohnungsmarkt benachteiligt. Im »Grundrechtereport« heißt es dazu: »Ein Antidiskriminierungsgesetz, das bestehende rechtliche Benachteiligungen beseitigt, Diskriminierungen im Zivilrecht untersagt und die Opfer von Benachteiligungen und Anfeindungen mit Schadensersatz und Unterlassungsansprüchen ausstattet, ist längst überfällig.«[142]

Behinderte im Grundgesetz

Im Jahr 1994 hat die von Bundestag und Bundesrat eingesetzte Verfassungskommission verschiedene Grundgesetzänderungen vorgeschlagen. Eines der wichtigsten Anliegen vieler Kommissionsmitglieder war es, im Rahmen des Artikels 3 festzulegen, daß Behinderte nicht diskriminiert werden dürfen.

Ich werde heute noch zornig, wenn ich daran denke, daß ausgerechnet die von der CDU/CSU geführte Bundesregierung bis zum Schluß große Schwierigkeiten machte, den Behindertenschutz in das Grundgesetz aufzunehmen. Der Widerstand kam vor allem von den Wirtschaftsliberalen, die zusätzliche soziale Leistungen befürchteten.

Das jetzt im Grundgesetz, Artikel 3, Absatz 3, formulierte Gebot »Niemand darf wegen seiner Behinderung benachteiligt werden« ist indirekt auf einer Tagung des Verbands der Kriegsopfer und Hinterbliebenen (VdK) durchgesetzt worden. Am 20. Mai 1993 hatte der VdK seine Jahrestagung, und ich sollte dort für die CDU/CSU-Bundestagsfraktion das Grußwort sprechen. Nach Absprache mit Wolfgang Schäuble wollte ich vor den Delegierten erklären, daß ich mich als der zuständige stellvertretende Fraktionsvorsitzende für das Benachteiligungsverbot einsetzen werde. Da Helmut Kohl vor mir reden sollte, informierte ich das Kanzleramt über meine Absicht und bat, dafür zu sorgen, daß der Bundeskanzler in seiner Rede wenigstens nicht das Gegenteil sage. Am Morgen des Veranstaltungstags rief mich Helmut Kohl an und erklärte mir, er sei schon immer dafür gewesen, den Behindertenschutz im Grundgesetz aufzunehmen, und er werde das in seiner Rede auch fordern. Mit dieser Neuigkeit hatte er sich an die Spitze der Bewegung gesetzt, und die Sache war gelaufen. Seine Rede vor über tausend Behinderten und Kriegsopfern im großen Saal des Maritim-Hotels in Bonn wurde mit großem Beifall aufgenommen, und ich war sehr zufrieden.

Ob das christliche Menschenbild beschädigt wird oder nicht, wird sich herausstellen, wenn es darum geht, diese Grundgesetzbestimmung zu konkretisieren. Antidiskriminierungsgesetze im Bund und in den Ländern wären die logische Konsequenz.

Ich plädiere schon lange dafür, die Behinderten aus der Sozialhilfegesetzgebung herauszunehmen und ein Behindertengesetz zu schaffen, das natürlich auch ein Leistungsgesetz sein müßte. Dies hat nicht zuletzt praktische Gründe. Jede Diskussion um eine Reform der Sozialhilfe versetzt die Behinderten, ob es nun geistig, Lern- oder körperlich Behinderte sind, sofort in Angst und Schrecken, weil sie fürchten, sie seien betroffen und Leistungen würden gekürzt. Das verfassungsrechtliche Benachteiligungsverbot ist, wie der niedersächsische Behindertenbeauftragte Karl Finke es richtig gesagt hat, »ein politisches Signal, und Menschen mit Beeinträchtigungen haben bessere Möglichkeiten, sich gegen Diskriminierung zur Wehr zu setzen«.

Aber nach wie vor werden Behinderte massiv benachteiligt. Öffentliche Verkehrsmittel zu benutzen ist für Behinderte, vor allem für Blinde und Taubstumme, immer noch schwierig. Eine Gleichstellung im Arbeitsleben gibt es fast nirgendwo. Der Anteil der schwerbehinderten Arbeitslosen liegt um fünfzig Prozent über der durchschnittlichen Arbeitslosenquote. Geistig Behinderte finden Beschäftigung fast nur in Behindertenwerkstätten, und öffentliche Gebäude, aber auch Gaststätten, Theater, Kinos und andere Orte des geselligen Zusammenseins, sind für Behinderte nicht oder schwer zugänglich.

Kinder mit Beeinträchtigungen werden in der Regel in Sondereinrichtungen betreut und unterrichtet, also nicht in integrierten Schulen. Einer wachsenden Zahl von behinderten Kindern wird der Besuch einer Regelschule verweigert. In Niedersachsen wurden im Schuljahr 1994/1995 nur etwa 500 Schülerinnen und Schüler mit sonderpädagogischem

Förderbedarf in Integrationsklassen unterrichtet.[143] Mehr als 29 800 Kinder wurden in Schulen für Lernbehinderte, geistig Behinderte, Körperbehinderte, Sinnenbehinderte, Sprachbehinderte und Verhaltensgestörte unterrichtet. Dies widerspricht den in den Verfassungen und Gesetzen der Länder enthaltenen Möglichkeiten des integrativen Schulunterrichts für Behinderte. Aus finanziellen Gründen werden die materiellen Voraussetzungen für einen integrierten Unterricht nicht geschaffen, also zum Beispiel Rollstuhlrampen, Aufzüge, Behindertentoiletten.

Ein am 30. Juli 1996 ergangenes Urteil des Bundesverfassungsgerichts stärkt allerdings die Position behinderter Kinder und ihrer Eltern. In Niedersachsen und anderen Bundesländern mit vergleichbaren Schulgesetzen darf nun eine integrative Unterrichtung nicht mehr mit dem pauschalen Hinweis auf fehlende personelle, sächliche und organisatorische Schwierigkeiten abgelehnt werden.

Bioethik

Ein klassischer Test für die Gültigkeit des christlichen Menschenbilds scheint die Bioethikkonvention des Europarats zu werden. Die Bundesrepublik Deutschland hat die Bioethikkonvention nicht gebilligt, befindet sich aber in einem Dilemma, weil die Konvention auf der einen Seite Beeinträchtigungen der Grundrechte für bestimmte Menschen vorsieht, aber auf der anderen Seite Mindestnormen festlegt, die bisher in anderen Ländern, vor allem in Osteuropa, nicht gegolten haben.

Nicht vereinbar mit der Würde des Menschen und dem christlichen Menschenbild sind vor allem drei wichtige

Punkte, die auch einen speziellen geistesgeschichtlichen Hintergrund haben. Der Grundrechtsschutz für sogenannte »nicht einwilligungsfähige Personen«, also Personen mit geistiger Behinderung, demente alte Menschen, aber möglicherweise auch Patienten im Wachkoma oder etwa Neugeborene und kleine Kinder, soll im Hinblick auf ihre körperliche Unversehrbarkeit eingeschränkt werden. Das heißt, diese Menschen sollen unter anderem medizinischer Forschung zur Verfügung gestellt werden können. Sogar fremdnützige Forschung, zum Beispiel im Interesse von Pharmaunternehmen, an nicht einwilligungsfähigen Menschen ist in einigen europäischen Ländern bereits möglich.

Darüber hinaus legalisiert die Konvention die Forschung an »in vitro« – im Reagenzglas – erzeugten Embryonen, was in Deutschland das Embryonenschutzgesetz verbietet. Diese Bestimmung der Bioethikkonvention ermöglicht es außerdem, Gentestergebnisse an Dritte, also beispielsweise Versicherungen und Arbeitgeber, weiterzugeben.[144]

Diese Bestimmungen sind in ihrer Gefährlichkeit ernst zu nehmen, denn sie sind entwickelt worden vor dem Hintergrund einer Renaissance der wissenschaftlichen Unterscheidung zwischen lebenswertem und lebensunwertem Leben. Bioethikmediziner und Juristen fordern eine »rationale Ethik«, die es erlaube, lebensunwerte Menschen zu töten, wenn bestimmte Bedingungen vorlägen beziehungsweise nicht erfüllt seien.[145] Um verfassungsrechtliche Konflikte zu vermeiden, unterscheiden diese Bioethiker zwischen Menschen und Personen. Der bloße Mensch, das Gattungswesen, das »human vegetable«, besitze für sich genommen kein Lebensrecht, dieses gelte nur für Personen. Person ist aber nur, wer folgende Voraussetzungen erfüllt:

Rationalität, Selbstbewußtsein, Zukunftsorientierung, Wahrnehmungsfähigkeit, Überlebensinteresse.

Unter Wahrnehmung des Grundrechts der Wissenschaftsfreiheit fordern Biologen, daß menschliches Leben erst durch bestimmte Qualifikationsmerkmale zu personalem und damit schützenswertem Leben werde. Nach Meinung der Professoren Helmchen und Lauter soll auch in Deutschland an Demenzkranken geforscht werden.[146] Unter dem Schlagwort »Wir brauchen Rechtssicherheit« soll Forschung an nicht einwilligungsfähigen Personen legalisiert werden. Deo lo vult?

Frauen – Test 4

Die zerstampften Oleanderbeeren

Die Menschen, die auf der Erde am meisten systematisch diskriminiert und verfolgt werden, sind die Frauen – es handelt sich um die Mehrheit der Weltbevölkerung. Die Verletzung der Menschenrechte der Frauen ist dramatisch und nimmt eher zu als ab. Sie hat politische und religiöse Gründe, die auf Wertvorstellungen und Rechtsordnungen beruhen, die von Männergesellschaften und -hierarchien geschaffen wurden. Sexuelle Folter, Verstümmelung, Beschneidung, Verstoßung, Versklavung und Zwangsarbeit von Jugend an sind die Lebensschicksale von Millionen von Frauen. Die Aktionsplattform der 4. Weltfrauenkonferenz in Peking im September 1995 stellt fest: »Gewalt gegen Frauen ist Ausdruck der historisch ungleichen Machtverhältnisse zwischen Männern und Frauen. Die gegen Frauen während ihres ganzen Lebens ausgeübte Gewalt hat ihren Ursprung im wesentlichen in kulturellen Verhaltensmustern, insbesondere in den schädlichen Auswirkungen bestimmter traditioneller Praktiken und Bräuche.«[147]

Gewalt gegen Frauen wird in Kriegs- und Konfliktgebieten neuerdings gezielt als besonders perfides Mittel zur Verfolgung des Gegners eingesetzt. Vergewaltigung, Zwangssterilisation und erzwungene Schwangerschaften sollen nicht nur die körperliche Integrität der Frauen verletzen, sondern auch die Identität der ethnischen, religiösen und politischen Gruppe, der sie angehören, treffen. Oft erleiden diese

Frauen eine zweifache Diskriminierung: einmal durch die Vergewaltigung selbst und zum anderen durch die Ächtung in der eigenen Gesellschaft, die ihnen wegen der Vergewaltigung zuteil wird.

In vielen Ländern gibt es religiös begründete gesellschaftliche und staatliche Normen, die nur für Frauen gelten. Sie werden oft zur Flucht aus ihrer Heimat gezwungen, wenn sie diese Normen übertreten. 80 Prozent der 27 Millionen Flüchtlinge auf der Welt sind nach Angaben des Hohen Flüchtlingskommissars der UNO (UNHCR) und der Aktionsplattform der 4. Weltfrauenkonferenz in Peking Frauen und Kinder.

585 000 Frauen sterben nach Angaben des UNO-Weltbevölkerungsberichts von 1997 jährlich durch Komplikationen während der Schwangerschaft oder Geburt, darunter 99 Prozent in den Entwicklungsländern Asiens, Afrikas und Lateinamerikas. Das entspricht einer Frau pro Minute.

150 Millionen Frauen haben nach Auskunft der UNO keinen Zugang zu Verhütungsmitteln. Die Folge sind 45 Millionen Abtreibungen, von denen 20 Millionen unsachgemäß vorgenommen werden. Zirka 70 000 Frauen pro Jahr sterben bei Abtreibungen.[148]

600 Millionen von insgesamt 920 Millionen Analphabeten sind Frauen. Etwa 100 Millionen Kinder, darunter mindestens 60 Millionen Mädchen, haben keinen Zugang zur Grundschulbildung.

Über eine Milliarde Menschen lebt nach Angaben der Aktionsplattform der 4. Weltfrauenkonferenz in Peking in absoluter Armut. Die meisten sind Frauen in Entwicklungsländern.[149]

60 Millionen weibliche Föten wurden in den letzten Jahren aufgrund ihres Geschlechts abgetrieben, so die UNO. Der

vor allem im asiatischen Raum verbreitete Wunsch nach ausschließlich männlichem Nachwuchs führt dazu, daß allein in Indien jedes Jahr 1,5 Millionen Mädchen kurz nach der Geburt umgebracht werden. Viele neugeborene weibliche Babys werden von ihren Müttern in Indien mit dem Saft der überall blühenden Erukkanjediblume oder mit zerstampften Oleanderbeeren vergiftet, mit Sand oder ungekochtem Reis erstickt, in nasse Saris eingewickelt, bis sie an Unterkühlung sterben, oder sie werden lebendig begraben. Mobile gynäkologische Praxen ziehen über das Land. Sie teilen nach der Ultraschalluntersuchung die ungeborenen Kinder nicht in die Kategorien »männlich« oder »weiblich«, sondern in »richtig« oder »falsch« ein.[150] In Indien stirbt jedes vierte Mädchen vor dem 15. Geburtstag an Hunger oder mangelnder medizinischer Betreuung.

Rund 40 000 Frauen suchen nach Angaben des Deutschen Paritätischen Wohlfahrtsverbands mit ihren Kindern alljährlich Zuflucht in einem der 380 Frauenhäuser in Deutschland.[151] Zwar ist in Deutschland die Gleichberechtigung rechtlich erreicht. Im Arbeitsleben sind jedoch Frauen nach wie vor benachteiligt.[152]

Das ganze Elend der Frauenschicksale dieser Welt ist damit längst nicht vollständig beschrieben. Nicht alle Mißstände gehen auf religiöse Gründe oder auf bewußten Mißbrauch einer Religion zurück. Aber die weitverbreitete, grundsätzlich negative Bewertung und Diskriminierung der Frauen ergibt sich aus Vorurteilen und Irrtümern der moraltheologischen Lehrgebäude. Männliche Priester und Schriftgelehrte der großen Weltreligionen haben sie errichtet, oft gegen den eigentlichen Sinn der Lehre – vielleicht mit Ausnahme des Konfuzianismus und Buddhismus. Belege dafür sind nicht nur die Witwenverbrennungen auf dem indischen Subkontinent, die diskriminierenden Verhaltensregeln für Frauen im Islam, der Zölibat und das Ordinationsverbot für Frauen in der katholischen Kirche, sondern vor allem auch die Praxis der Beschneidung.

Der Skandal der Beschneidung

Bis 1997 wurden nach Angaben der Vereinten Nationen die Genitalien von mindestens hundert Millionen Frauen verstümmelt.[153] Die UNO schätzt, daß jährlich mehr als zwei Millionen Mädchen im Alter von vier bis zehn Jahren diese schwere Körperverletzung über sich ergehen lassen müssen. In den Regionen der 29 Länder, in denen diese grausame Praxis verbreitet ist, weigern sich christliche wie muslimische Männer, eine unbeschnittene Frau zu heiraten. Drei Jahre vor dem Ende dieses Jahrtausends, während Roboter den Mars erkunden und das Wissen sich alle fünf Jahre verdoppelt, hat der ägyptische Staatsgerichtshof in Kairo das erst seit 1996 geltende Beschneidungsverbot für Mädchen in Ägypten wiederaufgehoben.[154] In der Begründung des Urteils heißt es, »wissenschaftlichen Studien zufolge« führe das Unterlassen der Beschneidung zu »extremen Gesundheitsproblemen der Mädchen« und widerspreche den Überlieferungen des Propheten Mohammed. Initiiert wurde das Urteil von dem Fundamentalisten Scheich Yussuf el Badri, der im Beschneidungsverbot einen Verstoß gegen die heiligen Gesetze des Korans sieht.

Der Vorgang selbst ist eine brutale Mißhandlung der betroffenen Mädchen und Frauen. Bei der Beschneidung wird die Klitoris teilweise oder ganz entfernt. Bei der Excision werden die Klitoris und die inneren Schamlippen herausgeschnitten. Bei der Infibulation werden die Klitoris, die inneren Schamlippen sowie die inneren Seiten der äußeren Schamlippen vollständig entfernt und dann mit Dornen aneinander befestigt oder mit Seide beziehungsweise Katgut zusammengenäht. Der Eingriff wird mit Messern, Scheren,

Skalpellen, Glasscherben oder Rasierklingen durchgeführt. Die medizinischen Folgen sind oft verheerend, der Geschlechtsverkehr ist für beschnittene Frauen meist extrem schmerzhaft, und der psychische Schock mündet in ein lebenslanges Trauma. Allahs Wille? Bei einer vergleichbaren Beschneidung von Männern würde nicht die Vorhaut entfernt, was harmlos ist, sondern die Eichel weggeschnitten.

Die Beschneidung wird hauptsächlich praktiziert in Somalia, Dschibuti, dem Sudan, Äthiopien, Ägypten, Mali, Gambia, Ghana, Nigeria, Liberia, dem Senegal, Sierra Leone, Guinea, Burkina Faso, Benin, der Elfenbeinküste, Tansania, Togo, Uganda, Kenia, der Zentralafrikanischen Republik, Kamerun, Mauretanien, Niger, Kongo, Jemen, Indonesien, Malaysia und im Tschad.

Die weltweite Diskriminierung und Verfolgung von Frauen stellen eine Herausforderung an alle Staaten und Parteien dar, die sich in ihren Verfassungen oder Satzungen auf Gott oder auf Jesus Christus berufen. Werden in einer multikulturellen Gesellschaft religiös oder anderswie bedingte Diskriminierungen von Frauen auch innerhalb Deutschlands und Europas akzeptiert? Wie verhalten sich Deutschland und die Europäische Union gegenüber den Staaten, die sozusagen von Amts und von Rechts wegen eine Zweitklassigkeit der Frau postulieren? Wie wird in Deutschland und Europa das Asylrecht gegenüber solchen Frauen gehandhabt, die Opfer staatlich verordneter Diskriminierung wurden oder als Akt der Kriegführung vergewaltigt worden sind, wie zum Beispiel in Bosnien? Wird die Frauendiskriminierung in unseren Breiten überhaupt als ein Problem angesehen, oder gehen Parlament, Bundesregierung und die Gesellschaft einfach zur Tagesordnung über, wenn diese Fragen zur Debatte gestellt werden?

Jesus – Anwalt der Frauen

Für Frauendiskriminierung gibt es im Evangelium keine Stütze, auch wenn die katholische Kirche nach wie vor daran festhält, daß Priester nicht heiraten und Frauen nicht Priester werden dürfen. Es gibt keine Belegstelle in den Evangelien, die zur Begründung von Frauenbenachteiligung herangezogen werden könnte. Im Gegenteil: Paulus warnt ausdrücklich vor den »Lügenrednern, die verbieten, zu heiraten«.[155]

Etwas anderes ist aber viel wichtiger: Die Evangelien schildern ein durchgehend frauenfreundliches und fast revolutionäres Verhalten von Jesus, das sich in einer praktizierten Gleichberechtigung von Frauen und Männern ausdrückt.[156] Jesus kannte die Erniedrigung, Armut, Abhängigkeit und Not der Frauen in der patriarchalen Gesellschaft. Die Sorgen in Ehe und Haushalt, die Hilf- und Wehrlosigkeit von Frauen als Opfer einer Scheidung oder ihre Situation als Witwen, ihr Elend als Dirnen, ihre Verzweiflung als angeschuldigte Ehebrecherinnen waren vielfach Gegenstand seines Mitgefühls und seiner Parteinahme. Und für ihn war die Ehe Partnerschaft zwischen Gleichgestellten.

Im Gegensatz zur traditionellen Überlieferung geht aus den Evangelien eindeutig hervor, daß Jesus nicht nur männliche Jünger hatte, sondern auch Jüngerinnen. Sie folgten ihm, wie Maria von Magdala, und blieben ihm treu, als die männlichen Jünger nach Jesu Verhaftung aus Angst davongelaufen waren. Einer der Hauptvorwürfe der Pharisäer und der Schriftgelehrten gegenüber Jesus war, daß er sich mit Zöllnern und Sünderinnen an einen Tisch setzte.[157] Indem er mit ihnen aß und trank, mißachtete er nicht nur die geltenden Reinheitsvorschriften. Er machte Sünderinnen zu seinen Tischgenossinnen und versprach ihnen die Vergebung Gottes für ihre Sünden.[158] Er verlangte die Unauflöslichkeit der Ehe[159] und stellte damit Frauen und Männer rechtlich auf eine Stufe.

Zwischen Frau und Mann sollten nicht Über- und Unterordnung herrschen. Jesus wollte die patriarchalische Struktur der jüdischen Ehe verändern. Er warf den Pharisäern vor, daß sie ihren erwachsenen Söhnen erlaubten, sich durch das Thoragelübde ihrer Unterhaltspflicht gegenüber der Mutter zu entziehen. Er kritisierte sie, weil sie die »Häuser der Witwen verzehren«.[160]

Jesus wandte sich auch gegen die barbarische Praxis, Ehebrecherinnen zu steinigen. Die Pharisäer forderten eines Tages Jesus auf, über eine Frau zu urteilen, die beim Ehebruch überrascht worden war. Vom Mann, der den Ehebruch begangen hatte, war nicht die Rede. Nur die Frau sollte sterben. Hätte er sie verurteilt, hätte er sich an der Steinigung beteiligen müssen. Daher weigerte er sich, die Frau zu verurteilen, und schlug vor, daß derjenige den ersten Stein werfe solle, der keiner Sünde schuldig sei. Er schützte die Frau und akzeptierte nicht das Verlangen der Gesetzeshüter, die Frau zu steinigen, den Mann aber laufen zu lassen.[161]

In einem Gespräch mit den Jüngern in Jerusalem stellte er eine Frau als Vorbild heraus, die sich Unrecht nicht gefallen ließ, sondern sich gegen die Obrigkeit energisch zur Wehr setzte.[162] Ein Richter – er wird im Evangelium »gottlos« genannt –, der heute wegen Rechtsverweigerung belangt werden könnte, weigerte sich, einer Witwe, die erlittenes Unrecht nicht hinnehmen wollte, durch ein Urteil zu helfen. Doch die Frau steckte nicht auf, so daß der Richter sogar Angst bekam, sie könne ihm ins Gesicht schlagen. Damit er endlich wieder seine Ruhe hatte, gab er nach. Den Ruf nach Emanzipation gibt es schon im Evangelium. »Die Ehre des Mannes ist die Demut der Frau«, heißt es bei den muslimischen Taleban in Afghanistan. Jesus hat demgegenüber ein revolutionäres Frauenbild vertreten. Eine der besten Frauengeschichten im Evangelium handelt von der Prostituierten, die während eines Gastmahls, zu dem Jesus von einem Pharisäer eingeladen worden war, zu ihm trat, weinte und seine Füße mit Öl salbte. Sie war von Jesus und seiner Botschaft überzeugt und wollte ihr Leben ändern. Als Jesus sich gegen die Frau nicht wehrte, sondern freundlich zu ihr war, kam der Pharisäer zur Überzeugung, Jesus könne kein Prophet sein, weil er sich von einer solchen Frau habe anfassen lassen. Da fragte Jesus den Pharisäer: Ein Gläubiger hatte zwei Schuldner. Der eine schuldete 100 Dinare, der andere 50. Beiden wurde die Schuld erlassen. Wer nun »von diesen wird ihn mehr lieben«? Der Pharisäer sagte, wahrscheinlich der mit den 100 Dinaren. Da erwiderte Jesus: Im Gegensatz zu dir hat sie mir Wasser gegeben, hat mich abgetrocknet, hat mich geküßt, hat mich mit Öl gesalbt, ihre vielen Sünden sind ihr vergeben, denn sie hat auch viel geliebt. Wem wenig vergeben wird, der liebt auch wenig.[163]

Mit dieser Geschichte haben die Theologen und Bibelforscher aller Jahrhunderte ihre größten Schwierigkeiten gehabt, und es gab unzählige Versuche, den Text umzuinterpretieren. Lassen wir die Geschichte so stehen, wie sie ist. Mir hat sie immer gefallen.

Ich erinnere an die Frau, die achtzehn Jahre lang verkrüppelt war und nur gebeugt gehen konnte. Jesus nennt sie eine »Tochter Abrahams«. Dadurch anerkennt er sie als den

Männern ebenbürtig.[164] Auch das Verhalten Jesu der syrophönizischen »Heidin« gegenüber zeugt von Gleichberechtigung, denn er läßt sich von ihr durch ein besseres Argument umstimmen, um der kranken Tochter zu helfen.[165] Jesus fordert am Jakobsbrunnen die Frau aus Samaria auf, ihm zu trinken zu geben, und macht aus einer übelbeleumdeten Frau eine Werberin für seine Sache, die ihre Landsleute Jesus zuführt.[166] Er läßt sich ein weiteres Mal von einer »Dirne« die Füße mit Öl salben und mit ihren Haaren abtrocknen, was für die damaligen Verhältnisse ein absoluter Skandal war, und Jesus schützte sie vor Angriffen der männlichen Tischgesellschaft.[167] Er war ein Freund der ehelosen Geschwister Martha, Maria und Lazarus. Es waren zwei Schwestern mit ihrem Bruder, die ihn fast ständig begleiteten, und sie waren auch Zeugen seiner Hinrichtung am Kreuz, seiner Grablegung und des leeren Grabs.[168] Nicht die Apostel, sondern die beiden Schwestern verkündeten die wesentlichen Ereignisse: den Kreuzestod, die Grablegung und die Auferstehung.» Grundlegender als alle männlichen Apostel sind sie die Urapostolinnen der Kirche«, schreibt der Schweizer Theologe Eugen Ruckstuhl. Und er fragt:» Kann es also gerechtfertigt sein, ihren gläubigen Schwestern und Nachfolgerinnen von heute die Fähigkeit abzuerkennen, in der Kirche Jesu auch Führungsverantwortung zu übernehmen?«[169]

Feminisierung der Gesellschaft

Eine Feminisierung der Gesellschaft wäre ein wirksames Mittel gegen deren Radikalisierung. Wenn mehr Frauen in verantwortlichen Ämtern sind und öffentliche Aufgaben in unserer Gesellschaft übernehmen, wird das Gesicht dieser Gesellschaft friedlicher, gerechter und bürgernäher. Wenn in Serbien und in Bosnien-Herzegowina statt der Verbrecher Milošević, Mladić und Karadžić Frauen an den Schalthebeln der Macht gesessen hätten – nicht nur an der Spitze, sondern auch auf der zweiten und dritten Ebene –, dann hätte der Bürgerkrieg gar nicht stattgefunden. Frauen sind in einem wesentlich geringeren Maß gewaltbereit als Männer, wie es unter anderem aus einer Untersuchung des Frauenministeriums in Bonn hervorgeht. Rund 96 Prozent aller Straftaten gegen Ausländerinnen und Ausländer wurden von Männern verübt. Nur 4 Prozent gehen auf das Konto von Frauen.

Ich fasse zusammen: Es gibt eine weltweite, zum Teil brutale Diskriminierung der Frauen, in vielen Staaten ist sexuelle Folter, Vergewaltigung, Verstümmelung und Verstoßung an der Tagesordnung und zudem rechtlich sanktioniert. Was wir an Deklassierung, Demütigung, Verachtung und frauenspezifischer Verfolgung auf der ganzen Welt erleben, schreit zum Himmel, und die zivilisierte Welt schaut zu. Der Universalitätsanspruch der Menschenrechte von Frauen richtet sich vor allem an die Adresse der Weltreligionen, an die christlichen Kirchen, aber vor allem an den Islam und an Teile des Hinduismus. Die religionsbegründete Diskriminierung von Frauen zu bekämpfen, hat nichts mit Kulturimperialismus zu tun, sondern mit dem Schutz der Menschenwürde. Frauen, die Steinigungen oder Verstümmelungen erdulden müssen, würden sich den »Menschenrechtsimperialismus« gerne gefallen lassen, der sie vor solchen Bestialitäten bewahrt.

Ich will schließlich noch einmal darauf aufmerksam machen, daß es eine Reihe von Ländern gibt, die aus religiöspolitischen Gründen Frauen die Teilnahme an sportlichen Veranstaltungen und damit den Olympischen Spielen verwehren. Das Olympische Komitee darf diese Länder nicht zu den Olympischen Spielen zulassen. Der Boykott Südafrikas wegen der Rassenapartheid war berechtigt und wirkungsvoll. Die Geschlechterapartheid zahlreicher Staaten der Welt ist kein geringerer Verstoß gegen die Menschenwürde, die Chartas der UNO und des IOC.

Die Sexualmoral der christlichen Kirchen

Lust- und Leibfeindlichkeit sind nicht Inhalt der Evangelien, sondern ein Erbe der Gnosis, also »heidnischer« Philosophien.[170] Doch gerade dieses unselige Erbe wurde von den maßgeblichen Kirchenlehrern übernommen. Es wurde von der Stoa bestimmt, der großen Philosophenschule, die etwa 200 bis 300 Jahre nach der Geburt Jesu existierte. Die negative Einschätzung der Sexualität durch die Stoa verstärkte sich noch, als sich die gnostische Bewegung rasch ausbreitete. Für sie war alles Leibliche wertlos und schlecht.

Schon für Platon war der Leib der Kerker der Seele, die Gnostiker hielten ihn gar für eine Schöpfung der Dämonen. Die einzige Legitimation für den Geschlechtsverkehr war nach Ansicht der frühchristlichen Kirchenväter die Zeugung von Kindern. Sexuelle Kontakte während Menstruation und Schwangerschaft sowie nach der Menopause der Frau waren daher verboten, so schreiben es die Kirchenväter Origines, Gregor von Nyssa, Johannes Chrysostomus, Ambrosius von Mailand, Hieronymus und Augustinus vor. Noch im Jahr 1977 durfte in München eine junge Frau ihren querschnittsgelähmten Partner nicht kirchlich heiraten, da der Mann »beischlafunfähig« sei.[171]

In ihrer Körper- und Lustfeindlichkeit mußten sich die Kirchenväter und ihre moraltheologischen Nachfolger bis Alfons von Ligouri und Bernhard Häring allerdings von Jesus verlassen fühlen, denn im Neuen Testament ist von diesem sündenproduzierenden Wahn nicht die kleinste Spur zu finden. Sie hat ihren Ursprung in der Übernahme der Lehre des Manichäismus, die im 4. Jahrhundert nach

Christus am weitesten verbreitet war – eine Philosophie, die im Gegensatz zum Neuen und zum Alten Testament den Menschen in einen guten und einen schlechten Teil, in Geist und Körper aufspaltete. Im Lauf der Geschichte wurde die Frau das personifizierte körperliche Symbol des Bösen. Die Verfemung des Sexuellen, seine Isolierung von der Ganzheitsbetrachtung des Menschen, die grundsätzliche Pönalisierung des Geschlechtlichen haben Leid und Elend über die Menschheit, vor allem die Frauen, gebracht.

Die bedeutenden Theologen der Hochscholastik, Albertus Magnus und sein Schüler Thomas von Aquin, gehören zu den größten Frauenverächtern. Albertus Magnus schreibt in seinen »Quaestiones super de animalibus«: »Die Frau ist ein mißglückter Mann und hat im Vergleich zum Mann eine defekte und fehlerhafte Natur.« Der eheliche Geschlechtsakt gilt Thomas von Aquin als immunditia (Schmutzigkeit), macula (Befleckung), foeditas (Abscheulichkeit), turpitudo (Schändlichkeit), ignominia (Entehrung), deformitas (Entartung) und morbus (Krankheit).

Die Kirchenpraxis im Mittelalter verbot einer menstruierenden Frau, die Kirche zu betreten und die Kommunion zu empfangen. Noch schlimmer wurde mit Wöchnerinnen umgegangen. Schwangere hatten offenkundig Geschlechtsverkehr gehabt und waren entweiht worden. Deshalb mußten sie nach der Geburt eines Kindes ausgesegnet werden. Für die Synode von Trier im Jahr 1227 war dies eine »Wiederversöhnung mit der Kirche«. Erst nach der Aussegnung durften Frauen die Kirche wieder betreten. Oft konnten daher Mütter nicht an der Taufe ihrer Kinder teilnehmen. Frauen, die starben, bevor sie ausgesegnet worden waren, erhielten kein Begräbnis auf dem Friedhof. Frauen, die im Kindbett starben, wurden oft im Geheimen beerdigt. Was war nach tausend Jahren aus der frohen Botschaft für die Frauen geworden?

Kein Kirchenvater verachtete die Frauen so wie Augustinus: »Ich sehe nicht, zu welcher Hilfe die Frau für den Mann geschaffen wurde, wenn der Zweck der Zeugung ausgeschlossen wird. (...) Wenn die Frau nicht zur Hilfe des Kindergebärens dem Manne gegeben ist, zu welcher Hilfe dann? Etwa, damit sie zusammen die Erde bearbeiten sollen? Wenn dazu eine Hilfe notwendig gewesen wäre, dann wäre der Mann dem Manne eine bessere Hilfe. Das gleiche gilt vom Trost in der Einsamkeit. Wieviel angenehmer für das Leben und das Gespräch ist es doch, wenn zwei Freunde zusammenwohnen, als wenn Mann und Frau beieinander wohnen.«[172] Demnach taugten Frauen also lediglich zum Gebären. Augustinus bewertete Vielweiberei als moralisch höherstehend, als eine einzige Frau um ihrer selbst willen zu lieben und zu begehren. »Nun hat aber ein Sklave niemals mehrere Herren, wohl hat ein Herr mehrere Sklaven. So haben wir auch noch nie gehört, daß die heiligen Frauen mehreren lebenden Ehemännern dienten, wohl lesen wir, daß viele heilige Frauen einem Ehemann dienten. (...) Das ist nicht gegen das Wesen der Ehe.«[173]

Die Kirche hat wenigstens seine Mutter Monica heiliggesprochen. Aber wahrscheinlich nur insoweit, als sie Witwe war, Jungfrau konnte sie ja nicht mehr gewesen sein.

In der Allerheiligenlitanei werden Kirchenlehrer und Mönche, Priester und Eremiten, aber auch Jungfrauen und Witwen angerufen. Gab es keine heiligen Mütter? Sie kommen in der Allerheiligenlitanei nicht vor, nicht einmal ganz normale Ehefrauen.

Nikolaus von der Flüe, ein Schweizer Bauer, war verheiratet und hatte mehr als zehn Kinder in die Welt gesetzt. Dann überkam ihn der Heilige Geist, und er schritt über die Schwelle seines Hauses, an der weinenden Frau und den wimmernden Kindern vorbei, und begann hoch oben auf einer Alm das Leben eines Einsiedlers. Er wurde von der frommen Bevölkerung mit Lebensmitteln gut versorgt, während die Familie am Hungertuch nagte. Der Mann wurde heiliggesprochen und ist der Patron der Schweiz. Es wäre interessant zu wissen, wie Jesus den Mann beurteilt hätte.

Daß die Frau in der Kirche zu schweigen habe, geht auf den 1. Korintherbrief 14, 34 zurück. Im selben Brief berichtet jedoch Paulus, daß Frauen öffentlich in der Kirche predigten (11, 5). Darauf sollte man sich aber gar nicht berufen, denn Paulus ist in diesem Brief, was die Verschleierung der Frau betrifft, offensichtlich aus Eile etwas aufs falsche Gleis geraten. Er hat aber im 11. Vers etwas völlig Klares und Überzeugendes gesagt: »Im übrigen gilt im Herrn weder die Frau anders als der Mann, noch der Mann anders als die Frau; denn wie die Frau aus dem Mann, so ist auch der Mann durch die Frau, alles aber aus Gott.« Der Empfehlung »Frauen sollen sich ihren Männern unterordnen« im Brief des Paulus an die Epheser (5, 22) steht die Anweisung gegenüber: »Ordnet euch einander unter« (5, 21). Es ist nur noch eine Frage der Zeit, bis in der katholischen Kirche auch Frauen die Priesterweihe bekommen werden.

Ich halte den Zölibat für ein Unglück. Er kann biblisch nicht begründet werden. Die Ehelosigkeit ist von Jesus zu einer Sache der Freiwilligkeit erklärt worden: »Wer es fassen kann, der fasse es.«[174]

Empfängnisverhütung und Paragraph 218

In seinem als »Pillenenzyklika« berühmt gewordenen Rundschreiben »Humanae vitae« erklärte Papst Paul VI. 1968 die künstliche Empfängnisverhütung für mit der katholischen Sittenlehre unvereinbar. An dieser Haltung hielt auch Papst Johannes Paul II. in seiner Enzyklika »Familiaris consortio« aus dem Jahr 1981 fest. Ich möchte dazu eine politisch-theologische Bemerkung machen.

Die Krankenkassenfinanzierung der Abtreibung hätte man vielleicht verhindern können, wenn es die Pille auf Krankenschein gegeben hätte. Ich hatte politisch immer den Standpunkt vertreten, daß es besser sei, über die Kasse die Arzneimittel zu finanzieren, die die Empfängnis verhüten, als hinterher die Abtreibung zu bezahlen. Die Debatte darüber gehört zu den Erlebnissen, an die ich mich besonders ungern erinnere. Die »Pille auf Krankenschein« wurde schon 1973 in der CDU/CSU-Fraktion zum Objekt moralischer Protuberanzen. Sie wurde in einer aufgeheizten Atmosphäre als »Bockgeld« und »Sprunggeld« diffamiert. Vielleicht hätten wir für den Schutz des ungeborenen Lebens mehr erreicht, wenn nicht die seit Jahrhunderten irregeleitete Sexualmoral einmal mehr den Ausschlag gegeben hätte.

Die Pille eröffnet die Möglichkeit, daß Menschen einander lieben und Kinder dann haben können, wenn sie es wollen. Bis auf den heutigen Tag vertritt das Lehramt der katholischen Kirche die Auffassung, daß der Geschlechtsakt sittlich nur erlaubt sei, wenn er mit der Absicht und der Möglichkeit der Zeugung menschlichen Lebens verbunden ist. Im Evangelium steht davon nichts.

Es muß ausdrücklich gesagt werden, daß diese Lehrmeinung nicht den Charakter der Unfehlbarkeit hat. Sie hat eine gewisse Verbindlichkeit für die Verantwortlichen in der Kirche, bindet jedoch niemanden im Gewissen, so dankenswerterweise die Interpretation der Bischöfe in Deutschland. Die These von der »notwendigen Sinnverbindung von liebender Vereinigung und Fruchtbarkeit« für jeden einzelnen Geschlechtsakt ist schon in sich nicht schlüssig. Denn dann wäre der Geschlechtsverkehr unter unfruchtbaren Menschen sinn- und sittenwidrig. Das ist allerdings in der Kirchengeschichte auch schon vertreten worden. Es ist auch nicht konsequent, wenn die Kirche die Unfruchtbarkeit eines Ehepartners als Scheidungsgrund anerkennt, aber die Überwindung eines solchen Scheidungsgrundes durch technische Mittel, deren Erfindung ja ebenfalls zur natürlichen Fähigkeit des Menschen gehört, aus sittlichen Gründen ablehnt.

Auch die Auseinandersetzung um den Paragraphen 218 hat seinen Hintergrund in einer im Grunde genommen frauenfeindlichen Auffassung. Der Konflikt, von dem ja vor allem die Frau betroffen ist, die ein Kind erwartet, soll mit Hilfe des Staatsanwalts und der Polizei entschärft werden. So wollen es jedenfalls diejenigen, die den Schwerpunkt auf das Strafrecht gelegt haben. Staatsanwalt, Richter und Polizei können aber die Konflikte nicht lösen, in die eine Frau geraten kann, wenn sie ein Kind erwartet. Wichtiger wäre es, daß unsere Gesellschaft ein frauen- und kinderfreundliches Klima schafft und die Gesetzgebung sozialpolitische Entscheidungen trifft, die den Frauen und den Kindern helfen.

Manche achten die sozialen Probleme zu gering. Wenn eine schwangere Frau an Röteln erkrankt, muß sie damit rechnen, daß sie ein behindertes Kind zur Welt bringt. Nur wenige können ermessen, in welche Konfliktsituation diese Frau und ihr Mann kommen. Wenn eine solche Frau die Schwangerschaft abbricht, dann kann man das objektiv als rechtswidrig verurteilen. Aber die relevante Frage lautet doch, wenn wir es hinsichtlich des Strafrechts auf den Punkt bringen: Soll die Frau deswegen ins Gefängnis? Ist nicht etwas anderes viel wichtiger? Würden sich diese Eltern nicht doch für dieses Kind entscheiden, auch wenn sie befürchten müßten, daß es behindert ist, wenn sie wüßten, daß ihr Kind in eine Gesellschaft hineingeboren wird, die behindertenfreundlich ist? In eine Gesellschaft, in der dieses behinderte Kind Ausbildungschancen und einen Arbeitsplatz erhielte und versorgt wäre, wenn es erwachsen ist und die Eltern nicht mehr leben? Das heißt, eine behindertenfreundliche Politik und generell Politik für Frauen und Familien sind wirkungsvoller als Strafen.

Ab 1983, als ich der zuständige Bundesminister war, wurden Erziehungsgeld und Erziehungsurlaub mit Beschäftigungsgarantie, Erhöhung der Kinderfreibeträge und Kindergeldzuschlag, die Anerkennung von Erziehungszeiten in der Rentenversicherung und die Herabsetzung der Wartezeit in der Rentenversicherung von fünfzehn auf fünf Jahre verabschiedet. Diese Entscheidungen haben für den Schutz der ungeborenen Kinder hundertmal mehr bewirkt, als mit jeder Verschärfung des Strafrechts erreicht werden könnte.

Im Namen Allahs

Alfred Grosser, der bekannte Pariser Politologe, hat recht. Man muß zwischen dem Islam der Hinrichtungen und dem Islam der Toleranz unterscheiden. Und ich stimme dem früheren bayerischen Kultusminister Hans Maier zu: Kultur und Geschichte stellen dem Islam der Hinrichtungen kein Entlastungszeugnis aus. Aber es gilt auch: Der Islam der Toleranz darf durch den Hinweis auf den Islam der Hinrichtungen nicht verdrängt und zum Schweigen gebracht werden, als existierte er nicht.

Annemarie Schimmel, die 1995 trotz einer heftigen öffentlichen Debatte mit dem Friedenspreis des Börsenvereins des Deutschen Buchhandels ausgezeichnet worden ist, hat mit ihren zahlreichen einfühlsamen Büchern die spirituelle Welt des Islam bekanntgemacht. Sie versuchte sogar, Verständnis dafür zu wecken, daß »Beleidigungen des Propheten« seit Jahrhunderten nach den meisten islamischen Rechtsschulen ein todeswürdiges »Verbrechen« seien. Daher sei die Empörung der Muslime über Salman Rushdies »Satanische Verse« berechtigt. Da sich Frau Schimmel von der gegen Salman Rushdie verhängten Fatwa ausdrücklich distanziert hatte, konnten ihre Thesen kein Grund sein, gegen ihre Auszeichnung zu protestieren. Sie vertritt zu Recht die Auffassung, daß die Ehrfurcht vor dem Wort eine wichtige Voraussetzung sei für die Verständigung zwischen den Kulturen. Und sie zeigte sich tief berührt davon, daß sie wegen des Buches von Salman Rushdie viele erwachsene Männer habe weinen sehen. Es tue ihr im Innersten weh, wenn Gefühle verletzt würden.

Aber in der islamischen Welt werden nicht nur Gefühle verletzt. Die religiöse Poesie des Islam, die islamische Mystik sind die eine Seite. Aber es gibt auch eine andere Seite. In vielen islamischen Ländern – und nicht nur in den fundamentalistisch regierten – werden Frauen zum Teil brutal diskriminiert. Ein antimodernes Frauenbild wird mit Hilfe religiöser Gründe durchgesetzt. Es sind ja nicht allein einige perverse Fundamentalisten, die das Bild des Islam verdunkeln und Frauen drangsalieren.

Auf Druck einer machtvollen muslimischen Bewegung hat der ägyptische Staatsgerichtshof das Verbot der Beschneidung wiederaufgehoben. In vielen islamischen Staaten ist religiös legitimierte Verstümmelung und Verstoßung von Frauen und Mädchen an der Tagesordnung und zudem rechtlich sanktioniert. Was wir an Deklassierung, Demütigung, Verachtung und Verfolgung von Frauen gerade in islamischen Ländern erleben, schreit zum Himmel. Und die zivilisierte Welt der Philosophen und Orientalisten, mit ihren Kirchen und Universitäten, schaut zu. Gerade weil Frau Schimmel eine unvergleichliche Anerkennung in der islamischen Welt gefunden hat, hätte man von ihr erwarten müssen, daß sie sich nicht nur angesichts der Tränen islamischer Männer, die wegen der Beleidigung des Propheten geflossen sind, berührt zeigt. Sie hätte sich auch für die Millionen von Frauen in islamischen Ländern und deren Rechte einsetzen können. Es wäre ihr aufgrund ihrer privilegierten Stellung möglich gewesen, das offensichtliche Unrecht, das Frauen geschieht, öffentlich zu mißbilligen. Aber das ist offenbar kein Thema für die geistige Welt des Westens. Diejenigen, die sich, wie der PEN-Club oder die Unterzeichner des Aufrufs gegen Annemarie Schimmel, gegen die Auszeichnung der Orientalistin wandten, beriefen sich fast ausschließlich auf deren Äußerungen zum Fall

Salman Rushdie. Von der genauso wichtigen Frage der Frauenrechte war nicht die Rede.

Bei den Befürwortern der Auszeichnung, angefangen von der Jury des Börsenvereins bis hin zu den Professoren Frühwald und Maier, wurde die Frauenfrage im Islam ebenfalls ausgeblendet. Sie existiert für sie einfach nicht. Aber darüber hätte man diskutieren müssen, auch mit Annemarie Schimmel. Für sie gibt es dieses Problem offenbar genausowenig: »Ich hatte im Iran nie Probleme als Frau.«

In den islamischen Ländern leben ungefähr 500 Millionen Frauen. Im Namen Allahs werden sie schlimm behandelt. Man muß der Friedenspreisträgerin Schimmel vorwerfen, daß sie sich darum drückt, für diese Frauen Farbe zu bekennen, wenn sie allein die hehre Moral der islamischen Mystiker zu ihrem Thema macht.

Hände werden nicht überall abgehackt und Frauen auch nicht überall gesteinigt, wenn man ihnen Ehebruch vorwirft. Aber die Entrechtung der Frauen wird nicht geringer, sondern schreitet voran. Auch in Ländern, die im Westen hoch im Kurs stehen, wie Malaysia, können Frauen zum Beispiel nicht Richterinnen werden. Das gleiche gilt für Länder wie Pakistan und Bangladesch, obwohl an deren Spitze bis vor kurzem frei gewählte Frauen standen bzw. immer noch stehen. Die Islamisierung wird systematisch vorangetrieben durch Koranschulen, die von der saudi-arabischen Regierung finanziert werden.[175]

Nicht nur gegen Salman Rushdie wurde die Fatwa, das Todesurteil, verhängt. Auch die Juristin Asma Jehangir, die Vorsitzende der pakistanischen Menschenrechtskommission, ist mit Fatwas und Mordanschlägen an den Rand ihrer Existenz getrieben worden. Taslima Nasrin wurde in ihrer Heimat von einem von den Mullahs aufgehetzten Mob fast gelyncht, weil sie gleiche Rechte für Frauen gefordert hatte. Allahs Wille?

Die Französin Chantal Maudit bestieg vor kurzem im Alleingang ohne Sauerstoff den K2, den zweithöchsten Berg der Welt im pakistanischen Teil Kaschmirs. Zurück in Rawalpindi, wurde sie Opfer einer Pressekampagne islamischer Fundamentalisten, die den Gipfelsieg einer Frau nicht verwinden konnten. Sie landete im Gefängnis und entging nur mit knapper Not einer Vergewaltigung. In Lahore, der einst so aufgeklärten pakistanischen Stadt, in der eine Straße nach Annemarie Schimmel benannt ist, wurde eine Rechtsanwältin festgenommen, weil sie mit einem Mann über die Straße ging, der nicht ihr Ehemann war.[176]

Die Rechtsprechung im Namen des Islam hält sich an die berüchtigten Hadood-Verordnungen, die Opfer sexueller Gewalt auch noch bestrafen. Safiya Bibi, eine junge, fast blinde Hausmagd, war von ihrem Arbeitgeber und dessen Sohn vergewaltigt und geschwängert worden. Da sie nicht aussagen durfte und auch nicht, wie vorgeschrieben, vier unbescholtene islamische Männer als Entlastungszeugen herbeischaffen konnte, wurde sie wegen Zina, das heißt wegen Ehebruchs und Unzucht (!), zu zehn Jahren Zuchthaus und hundert Peitschenhieben verurteilt.[177] Allahs Wille?

Achtzig Prozent aller Frauen in pakistanischen Gefängnissen sitzen wegen angeblicher Zina und verrotten dort praktisch, weil sie sich nicht freikaufen können. Eine Frau im Islam gehöre zur beweglichen Habe eines Mannes, schreibt die Journalistin Gabriele Venzky. Wenn er sie loswerden will, braucht er nur »Zina« zu schreien. Frauen dürfen in Pakistan nach wie vor keine wichtigen Dokumente unterschreiben, weil dies unislamisch wäre. Es sind zwei weibliche Zeugen nötig, wo ein Mann genügt. Deshalb ist es auch nichts Besonderes, daß einem Mann, der seiner Frau den Kopf abschneidet, weil sie sich von ihm trennen will, nichts geschieht.[178]

Es gibt keine Kultur dort, schreibt der französische Schriftsteller und Philosoph Alain Finkielkraut, »wo man über Delinquenten körperliche Züchtigungen verhängt, wo die unfruchtbare Frau verstoßen und die Ehebrecherin mit dem Tode bestraft wird, wo die Aussage eines Mannes soviel wert ist wie die von zwei Frauen, wo eine Schwester nur Anspruch auf die Hälfte des Erbes hat, das ihrem Bruder zufällt, wo die Frauen beschnitten werden, wo die Mischehe verboten und die Polygamie erlaubt ist«.

In Bangladesch haben in den vergangenen beiden Jahren Dorfmullahs die Fatwa gegen 3000 Frauen verhängt, meistens wegen Zina. Die Frauen werden bis zur Hüfte eingegraben, ausgepeitscht, gesteinigt oder mit Petroleum übergossen und angezündet. Die Peiniger behaupten, daß im Koran geschrieben stehe, daß Frauen gezüchtigt werden müssen.

Der Aufschrei der Weltöffentlichkeit bleibt aus. Im Gegenteil: Solche Staaten bekommen einen Kredit nach dem anderen und werden auch noch zu den Olympischen Spielen eingeladen, obwohl Frauen dort keinen Sport treiben dürfen.

Taleban und die Doppelmoral der USA

Das Taleban-Regime in Afghanistan wird eines Tages wieder verschwinden. Aber bis dahin werden im Namen Gottes weiterhin schlimme Menschenrechtsverletzungen begangen, und die USA, die Vormacht der westlichen Demokratien, müssen sich vorwerfen lassen, die Menschenrechte auf dem Altar der Macht und des Profits geopfert zu haben.

Der Vormarsch der Taleban-Miliz begann im Januar 1995. Im ostafghanischen Jalalabad übernahm sie am 11. September 1996 die Macht, in der Hauptstadt Kabul schon zwei Wochen später. Dort wurde der ehemalige Präsident Najibollah, der seit seiner Entmachtung im Jahr 1992 unter UNO-Schutz gelebt hatte, grausam umgebracht und öffentlich aufgehängt.

Die Taleban-Bewegung formierte sich unter den dreieinhalb Millionen Flüchtlingen in den pakistanischen Grenzregionen Belutschistan und der North-West Frontier Province, vor allem in Quetta und Peshawar. Soziale Basis waren die Madrasas, konservative Koranschulen, die in Pakistan unter der Militärherrschaft Zia ul-Haqs von 1977 bis 1988 einen Boom erlebten und von Saudi-Arabien finanziert werden. Besonders ärmere Familien, darunter viele Flüchtlinge aus Afghanistan, schicken ihre Söhne auf Madrasas, wo sie kostenlos unterrichtet werden und Kleidung und Essen erhalten. Die Schüler solcher Koranschulen heißen auf paschtu, der afghanischen Amtssprache, »Taleban«.

Zwischen den hoffnungslos zerstrittenen Mujaheddin in Afghanistan boten sich die Taleban als »moralische Alternative« an, als Kämpfer des wahren Islam, die Frieden, Sicherheit, ein Ende von Terror und Gewalt versprachen. Die Lumpenkleriker aus den Flüchtlingslagern füllten das Machtvakuum, das die korrupten Mujaheddin hinterlassen hatten, und überzogen das Land mit einer rigorosen Moral. Das Reich der Gotteskrieger ist eine Art klerikale Militärdiktatur, in der die Menschenrechte mit Füßen getreten werden.

Die Taleban haben einen Gottesstaat nach dem islamischen Recht, der Scharia, errichtet. Die Bevölkerung wird von bärtigen Milizionären wie Vieh behandelt, mit Peitschenhieben und Stockschlägen durch die Straßen getrieben. Sämtliche modernen Strukturen sind zerschlagen worden. Musik hören oder Musizieren ist verboten, Tanzen sowieso, Fußball spielen auch, ebenso Fernsehen, Kino, Videokassetten. Der Besitz von Photoporträts gilt als Götzenverehrung. Der Gebrauch von Taschen, Tüten und Säkken aus Papier wurde untersagt, weil nicht auszuschließen sei, daß sie aus Altpapier hergestellt seien, auf dem Worte aus dem Koran gestanden hätten. Nur noch Plastiktaschen sind erlaubt. Die Universität in Kabul ist für die Dauer des Kriegs geschlossen worden, das Oberste Gericht wurde aufgelöst, sämtlichen Friseuren, Parfümerien und Stoffhändlern wurde die Lizenz entzogen.

Kennzeichen der Taleban ist das aus konfiszierten Kassetten herausgezogene Magnetband, das an Jeeps festgebunden ist und im Wind flattert. Zweimal am Tag müssen Männer ab fünfzehn Jahren in die Moschee gehen, sonst prügeln die Patrouillen sie mit Peitschen hinein. Die Mitglieder des »Amtes für die Überwachung der islamischen Moral und die Bekämpfung der Sünde« messen mit einem Trichter die Bärte der Männer nach. Wessen Bart nicht lang genug ist, wird aus dem Staatsdienst entlassen. Wegen zu kurzen Bartes sind Afghanen, die nur besuchsweise aus Europa in ihr Heimatland zurückgekehrt waren, inhaftiert worden. Sie wurden in Containern ohne sanitäre Einrichtungen bei Tagestemperaturen bis zu vierzig Grad so lange inhaftiert, bis der Bart die vorgeschriebene Länge hatte: je nach Bartwuchs 45 bis 90 Tage.

Es gelten strenge Kleidervorschriften: Die Männer haben traditionelle Tracht zu tragen, die Frauen den alles verhüllenden afghanischen Tschador, die Burqa, die nur ein dichtes Stoffgitter vor den Augen freiläßt. Der talebanische Gouverneur von Herat, Mullah Jar Mohammed, begründet diese Vorschrift so:»Wenn Frauen unbedeckt sind, sind sie von Tieren nicht zu unterscheiden.«Aus dem Koran ist der Schleierzwang nur mit Mühe herauszulesen. In der Regel wird mit Sure 33, Vers 59 argumentiert:»Oh Prophet, sage deinen Gattinnen und deinen Töchtern und Frauen der Gläubigen, sie sollen etwas von ihrem Überwurf über sich herunterziehen. Das bewirkt, daß sie als Gläubige erkannt und nicht belästigt werden.« Auch Sure 24, Vers 31 wird zur Begründung verwendet:»Und sprich zu den gläubigen Frauen, daß sie ihre Blicke niederschlagen und ihre Scham hüten und daß sie ihre Reize nicht zur Schau tragen, es sei denn, was außen ist.«

Die Taleban haben die Schließung der Mädchenschulen angeordnet und den Frauen die Berufstätigkeit verboten. Dies trifft besonders die zirka 50 000 Kriegswitwen hart, die ihre Kinder nicht ernähren können und vom Hungertod bedroht werden. Sie haben oft noch nicht einmal genügend Geld, um sich die vorgeschriebene Burqa anzuschaffen. Frauen, die sich aus Not in die Prostitution verkauft haben, weil ihnen keine andere Möglichkeit mehr blieb, wurden gesteinigt. Frauen ist der Besuch von Badeanstalten verboten, was bei der kriegsbedingten Wasserknappheit hygienische Probleme verursacht. Ohne männliche Begleitung darf keine Frau sich in der Öffentlichkeit blicken lassen. Frauen, die zwar verhüllt, aber ohne männliche Begleitung zum Einkaufen gingen, wurden verprügelt und ausgepeitscht. Taxi- und Busfahrer, die Frauen ohne männliche Begleitung befördern, und Ladenbesitzer, die Frauen bedienen, die allein sind, werden ebenfalls inhaftiert und mit Stöcken verprügelt. Die Fensterscheiben der Häuser müssen geschwärzt werden, damit kein Männerblick die Frauen im Haus entweihen kann.

Die achtzehnjährige Sobeida war für ihren Hochzeitstag festlich gekleidet und dann mit der vorschriftsmäßigen Burqa völlig verhüllt worden. Die Mutter hatte ihr zur Feier des Tages die Fingernägel rot lackiert. Die Familie der Braut war mit dem Auto unterwegs zum Haus des Bräutigams. Die Braut legte ihre Hand ans Fenster, so daß ein roter Fingernagel unter der Burqa hervorschaute. Die Patrouille sah das, holte das Mädchen aus dem Auto und hackte ihr auf offener Straße mit einer Axt den Finger ab. Allahs Wille?

Eine andere achtzehnjährige Frau, deren Kopfbedeckung verrutscht war, so daß ihre Haare sichtbar waren, wurde von einer Brücke in einen Fluß gestoßen, und sie ertrank.

Eine Frau aus Sarobi, deren Ehemann acht Jahre zuvor spurlos verschwunden war, ohne je ein Lebenszeichen von sich zu geben, hatte mit Zustimmung ihrer Familie einen anderen Mann geheiratet. Auf Veranlassung des plötzlich zurückgekehrten Ehemannes wurde sie gesteinigt. Allahs Wille?

Im Sommer 1996 wurde ein junges Paar in Kandahar wegen Unzucht vor den Augen von 6000 Menschen öffentlich gesteinigt. Die Verurteilten wurden bis zur Brust in Erdlöcher eingegraben. Die Taleban-Führer forderten die Zuschauer auf, zu Steinen zu greifen. Als sich niemand freiwillig meldete, erledigten die Taleban die Hinrichtung selbst. Der Mann war nach sieben Steinwürfen, die Frau nach elf Steinwürfen tot. Die Kinder der Frau standen dabei und weinten laut. Allahs Wille?

Auf dem Entwicklungsindex der Vereinten Nationen rangiert das Land am Hindukusch an drittletzter Stelle, es hat die zweithöchste Kindersterblichkeit. Von der Vorkriegsbevölkerung von 16 Millionen Menschen sind mehr als 1,25 Millionen bis Ende 1996 im Bürgerkrieg umgekommen, 2 Millionen zu Invaliden und weitere 2 Millionen zu Flüchtlingen geworden. Die Analphabetenrate der Bevölkerung liegt bei 70 Prozent, unter der weiblichen Bevölkerung sogar bei 86,5 Prozent.

Diese Politik im Namen Allahs wurde ermöglicht durch die westliche Vormacht, die Vereinigten Staaten von Amerika, deren Politiker sich Christen nennen und ständig das Wort Gott im Munde führen. Früher galten die Gotteskrieger als Freiheitskämpfer gegen die Sowjets, später bildeten sie ein Bollwerk gegen den Iran. Stabilität in Afghanistan durch einen raschen Sieg der Taleban wünschten sich sowohl Pakistan als auch die USA. Die Handelsrouten nach Zentralasien verlaufen durch Afghanistan. Der Zugang zu den Rohstoffquellen in Mittelasien auf dem Gebiet der ehemaligen Sowjetunion ist nur durch Afghanistan möglich. Durch die Unterstützung der Taleban wurde Pakistan selbst Partei im afghanischen Bürgerkrieg.

Die Vereinigten Staaten wollten den Einfluß des Iran in der Region zurückdrängen und amerikafreundliche Kräfte in Afghanistan an die Macht bringen. Schon 1996 stritten sich die amerikanischen Ölmultis Unocal und Delta Oil auf der einen Seite und die argentinisch-saudi-arabische Gesellschaft Bridas auf der anderen Seite um den Zuschlag, die mittelasiatischen Erdölvorkommen in Kasachstan ausbeuten zu können. Voraussetzung dafür ist eine Pipeline, die durch Afghanistan bis ins pakistanische Karatschi gebaut werden muß. Sollte es den amerikanischen Unternehmen gelingen, so die Überlegung im US State Department, eine Pipeline von Usbekistan aus durch Afghanistan und Pakistan bis zum Meer zu legen, wären die Russen und die Perser aus dem Spiel.

Es ist ein Skandal, daß der Krieg in Afghanistan von den Regionalmächten und deren Hintermännern in den USA am Leben erhalten wurde. Darüber lohnte sich die Aufregung. Daß die Taleban in Kabul Fuß faßten, hat Pakistan zu verantworten, das mit Iran und Rußland um Einfluß im rohstoffreichen Zentralasien streitet. Pakistan war in diesem großen Spiel jedoch nur ein Werkzeug der Vereinigten Staaten, deren Ölkonzerne sich ein lukratives Geschäft nicht entgehen lassen wollten. Daß dabei das Leben, die körperliche Unversehrtheit und die berufliche Existenz von Hunderttausenden von Frauen gefährdet wurde, ließ das Außenministerium und den Präsidenten der USA offenbar kalt. Die afghanischen Frauen spielten in ihrem Kalkül keine Rolle.

Frauenhandel

Was Spartakus mit seinen Aufständen nicht erreichte, gelang der Botschaft Jesu: die Abschaffung der Sklaverei. Alle Menschen sind Kinder Gottes und in ihrer Würde als Gottes Ebenbild unantastbar. Der Unterschied zwischen Sklaven und Freien wurde grundsätzlich aufgehoben. Die spätere Leibeigenschaft und die Sklavenhalterei von sich Christen nennenden Menschen im Mittelalter und in den Südstaaten Nordamerikas war eine Politik gegen Gott und gegen das Evangelium.

Die Nazis hatten sich bei der Errichtung der Konzentrationslager und Stalin beim Archipel Gulag nicht auf Gott berufen. Konzentrationslager und Gulag waren die in der Menschheitsgeschichte bisher gigantischste Sklavenhalterei. Es gibt einige Geisteskranke, die bestreiten, daß es so etwas überhaupt gegeben hat. Nur perverse Irre werden aber behaupten, das sei eine gute Sache gewesen. Die Verurteilung der Zwangsarbeit und der damit verbundenen Greueltaten ist global und uneingeschränkt.

In einem merkwürdigen Gegensatz dazu steht die Teilnahmslosigkeit gegenüber einer millionenfachen modernen Form der Sklaverei, nämlich dem Frauenhandel. Auch hier stoßen wir auf das Phänomen, daß die Öffentlichkeit auf Rassismus, Tierquälerei und Terrorismus mehr oder weniger heftig reagiert und der Drogenhandel im Mittelpunkt der Kriminalitäts- und Strafrechtsdebatten steht. Über die Tatsache, daß weltweit jährlich zwei Millionen Mädchen im Alter von fünf bis fünfzehn Jahren als Prostituierte verkauft und damit Opfer kommerzieller sexueller Ausbeutung werden, gehen Rundfunk, Fernsehen, Presse und die Politik mehr oder weniger zur Tagesordnung über. Nach Angaben der Sonderberichterstatterin der UNO-Menschenrechtskommission, Radhika Coomaraswamy, in ihrem Bericht vom April 1997 haben Vergewaltigung, Zwangsprostitution, Frauenhandel und sexuelle Belästigung weltweit beängstigende Ausmaße angenommen. Deo lo vult?

Nach Befragungen von Frauen an Hochschulen und Universitäten in Kanada, den USA und Großbritannien ist jede sechste Frau schon Opfer sexueller Gewalt geworden. Die Dunkelziffer ist jedoch hoch, weil Rechtssystem und Traditionen die Opfer nur mangelhaft schützen. Auf der nationalen Nachbereitungskonferenz der 4. Weltfrauenkonferenz in Bonn im März 1996 hat Monika Gerstendörfer von Terre des Femmes darauf hingewiesen, daß auch in Deutschland aufgrund der schlechten Arbeitsmarktlage Frauen häufiger als früher Opfer von sexueller Belästigung und sexueller Gewalt im Arbeitsumfeld werden. Besonders Studentinnen befinden sich in einem sogenannten »rechtlichen Bermudadreieck«, da das juristische Verhältnis zwischen Professor und Studentin unklar sei. In dieser Hinsicht sei eine Reform des Hochschulrahmengesetzes dringend nötig.

In Japan ist bereits jede siebte Frau sexuell belästigt worden. Handel mit Frauen wird nicht nur vom armen Süden in den reichen Norden betrieben. Es gibt regionale Netze, die Frauen etwa aus Uganda in die Bordelle Kenias verkaufen, von Kolumbien nach Venezuela oder Ecuador schaffen oder systematisch Mädchen in die Lager brasilianischer Minenarbeiter verfrachten.

Der Bericht erwähnt auch Händlerringe, die Frauen wie Waren nach Deutschland, Spanien, Griechenland, Holland, Belgien und in die USA verkaufen. Frauen in Osteuropa werden Arbeitsverträge als Hausangestellte, Kellnerin, Köchin, Sekretärin, Fotomodell oder Au-pair-Mädchen vorgelegt, sie müssen dann aber in Bordellen arbeiten. Durch Vergewaltigung, sexuelle Nötigung und Körperverletzung werden sie gefügig gemacht. Weil sie meist auf illegalem Weg eingeschleust worden sind, ihnen alle Papiere und Bargeld abgenommen wurden und sie oft nur in Begleitung ihres Zuhälters aus dem Haus dürfen, sehen sie meist keine Möglichkeit, sich an die Polizei oder Justiz zu wenden.

In Brandenburg, das durch seine Grenzlage zu Polen besonders betroffen ist, hat die Polizei im Jahr 1996 1339 illegal eingeschleuste Personen festgenommen, 400 mehr als im Jahr zuvor. Viele von ihnen sind Mädchen und junge Frauen. Nach Angaben von Bundesfamilienministerin Claudia Nolte hat das Bundeskriminalamt 1995 1731 Opfer von skrupellosen Menschenhändlern gezählt, rund 700 mehr als im Jahr zuvor. Die tatsächliche Zahl ist aufgrund der hohen Dunkelziffer kaum abzuschätzen. Die EU hat die Mitgliedsstaaten aufgefordert, den Aufenthalt ausländischer Frauen, die Opfer skrupelloser Menschenhändler geworden sind, auch ohne gültige Papiere vorübergehend zu dulden.

Versklavte Frauen in Bordellen befinden sich auch in Deutschland in einem Teufelskreis von sexueller Sklaverei und drohender Abschiebung. Die meisten Frauen werden illegal nach Deutschland gebracht. Wenn sie bei der Polizei Zuflucht suchen, droht ihnen das Schicksal, von derselben Polizei oder den Ausländerbehörden über die Grenze abgeschoben und dort wieder Opfer derselben Mädchenhändlerringe zu werden. Die Achtung der Menschenwürde und die Pflicht, diese moderne Sklavenhalterei mitten in Europa zu bekämpfen, macht es notwendig, diesen Frauen ein begrenztes Aufenthaltsrecht in Deutschland zu geben. In einem Verfassungsstaat, der sich auf seine Verantwortung gegenüber Gott beruft, muß die Bekämpfung des Frauenhandels mindestens so ernst genommen werden wie die Abwehr der Drogenmafia.

Ausländer – Test 5

Du sollst den Fremden lieben wie dich selbst[179]

Man sollte eigentlich meinen, daß nach den Verbrechen des Dritten Reichs an »Rassefremden« und den Vertreibungen, die Deutsche selbst erlitten haben, der Ungeist des Fremden- und Rassenhasses für immer von deutschem Boden verbannt sei. Das Gegenteil scheint der Fall zu sein, und es hat auch den Anschein, als ob sich gerade bei diesem Thema die politisch Verantwortlichen, auch die Christlichen Demokraten, die Bundesregierung und die Landesregierungen, immer schwerer tun, sich in ihren Entscheidungen am christlichen Menschenbild und an ihrer Verantwortung vor Gott zu orientieren.

Dabei gibt es in den Evangelien wenig Aussagen, die so eindeutig und klar sind wie die Gebote, nach denen sich Christen gegenüber Fremden und Flüchtlingen zu verhalten haben. So heißt es im zweiten Buch Moses: »Einen Fremden sollst du nicht ausbeuten. Ihr wißt doch, wie es einem Fremden zumute ist; denn ihr selbst seid in Ägypten Fremde gewesen.«[180] Auf dem Berg Sinai offenbart sich Gott: »Ich bin Jahwe, dein Gott, der dich aus Ägypten geführt hat, aus dem Sklavenhaus. Du sollst neben mir keine anderen Götter haben.«[181] Befreiung von Sklaverei und Unterdrückung wird in Zusammenhang mit dem 1. Gebot gebracht. Im »Gemeinsamen Wort der Kirchen zu den Herausforderungen durch Migration und Flucht« steht, daß sich das Schutzgebot gegenüber Fremden wie ein roter Faden durch die Gebote des Alten Testament ziehe:

»Wenn bei dir ein Fremder in eurem Land lebt, sollt ihr ihn nicht unterdrücken. Der Fremde, der sich bei euch aufhält, soll euch wie ein Einheimischer gelten und du sollst ihn lieben wie dich selbst, denn ihr seid selbst Fremde in Ägypten gewesen. Ich bin der Herr Euer Gott.«[182] Im Evangelium wird dieses Gebot untermauert und durch die Gleichwertigkeit von Gottes- und Nächstenliebe überhöht.

Nächstenliebe ist ein grenzüberwindendes Gebot. Das Gleichnis vom guten Samariter macht deutlich, daß Nächstenliebe und die Hilfe sich nicht beschränken dürfen auf diejenigen, die einem familiär oder ethnisch nahestehen, sondern daß dieses Gebot für alle Menschen gilt, auch für den Fremden, den Andersgläubigen oder denjenigen, der einem anderen Volk angehört.

Bei diesem Thema muß noch einmal die revolutionäre Aussage des Neuen Testaments über die universelle Geltung der Nächstenliebe im Galaterbrief genannt werden: »Es gibt nicht mehr Juden und Griechen, nicht Sklaven und Freie, nicht Mann und Frau; denn ihr alle seid ›einer‹ in Christus Jesus.«[183] Auch der Pfingstbericht in der Apostelgeschichte schildert die Vision vom Reich Gottes, das alle nationalen Grenzen überschreitet. Der Pfingstgeist ermöglicht es allen, die Botschaft vom Anbruch einer neuen Zeit in der jeweils eigenen Sprache zu vernehmen. So wird aus einer Vielfalt eine Einheit. Die Christen wollten von Anfang an die Einheit der Menschen in Christus in der eigenen Gemeinde verwirklichen.[184] Der Fremde im Neuen Testament ist nicht der Ausgeschlossene, sondern der Freund und Gast, in dem Christus selber gegenwärtig ist.

Die Gerichtsrede

Jesus macht in der eschatologischen Gerichtsrede die Einstellung zu den Fremden und anderen notleidenden Menschen sogar zum entscheidenden Kriterium für das Heil und die Verdammnis der Menschen. Die Rede wendet sich auch an Politiker:

»Wenn der Sohn des Menschen [Jesus Christus] in seiner Herrlichkeit zusammen mit allen Engeln kommen wird, dann wird er auf dem Thron der Herrlichkeit sitzen; vor ihm werden sich alle Völker versammeln, und er wird sie voneinander scheiden, so, wie der Hirt die Schafe von den Böcken scheidet. Und er wird die Schafe auf die rechte Seite stellen, die Böcke aber auf die linke. Dann wird der König zu denen zu seiner Rechten sagen: Kommt her, Gesegnete meines Vaters, erbt das Reich, das für euch vom Beginn der Welt an vorbereitet worden ist; *denn ich hatte Hunger, und ihr gabt mir zu essen, ich hatte Durst, und ihr gabt mir zu trinken; ich war ein Fremdling, und ihr nahmt mich auf; ich war nackt, und ihr gabt mir Kleider; ich war krank, und ihr habt mich besucht; ich war im Gefängnis, und ihr kamt zu mir.* Dann werden die Gerechten ihm antworten und sagen: Herr, wann sahen wir dich hungrig und gaben dir zu essen? Oder durstig, und gaben dir zu trinken? Wann sahen wir dich als Fremdling, und nahmen dich auf? Oder nackt, und bekleideten dich? Wann sahen wir dich krank oder im Gefängnis, und kamen zu dir. Und der König wird antworten und ihnen sagen: *Selbst wenn ihr es einem der Geringsten meiner Brüder getan habt, habt ihr es mir getan.*
Dann wird er auch denen zur Linken sagen: *Weicht von mir, ihr Verfluchten, in das ewige Feuer, das dem Teufel und seinen*

Geistern bereitet ist; denn ich hungerte, und ihr gabt mir nicht zu essen; ich hatte Durst, und ihr gabt mir nichts zu trinken – ich war ein Fremdling, und ihr nahmt mich nicht auf; nackt, und ihr gabt mir keine Kleider; krank und im Gefängnis, und ihr besuchtet mich nicht. Dann werden auch sie antworten und sagen: Herr, wann sahen wir dich hungrig oder durstig, oder als Fremdling oder nackt, oder krank, oder im Gefängnis und haben dir nicht gedient? Dann wird er ihnen antworten und sagen: *Wenn ihr es einem dieser Geringsten nicht getan habt, habt ihr es auch mir nicht getan.*«[185]

Gegenposition: die Xenophobie

Der territoriale Imperativ

Verhaltensforscher und in ihrem Gefolge nationalistische Politiker stellen die universale Botschaft des Evangeliums als mit der Wissenschaft und der Natur des Menschen unvereinbar dar. Das Nationale, das Völkische wird als das eigentlich Humane bezeichnet. Die angeblich dem Menschen angeborene Furcht vor dem Fremden, die Xenophobie, sei der wesentliche Grund für die Fremdenabwehr und die Fremdenfeindlichkeit. Die multikulturelle Gesellschaft widerspreche nicht nur der menschlichen Natur, sondern auch der Natur überhaupt. Jeder Maikäfer, jeder Waschbär, jedes Rotkehlchen, so schon vor Jahren ein Kommentator in der »Welt«, verteidige sein Territorium und verhalte sich nur so lange friedlich, als gewisse territoriale Regelungen von den Artgenossen respektiert würden. Bei den Menschen sei es nicht anders. Nicht der multikulturelle, sondern der »territoriale Imperativ« gelte.

Auf einer höheren wissenschaftlichen Ebene wird dies von Verhaltensforschern bestätigt. So schreibt Irenäus Eibl-Eibesfeldt in einem Artikel in der »Welt am Sonntag«: »Im Bemühen ums Überleben konkurrieren Organismen um begrenzte Ressourcen, wobei Mitglieder der eigenen Art wegen der gleichen Ansprüche besonders scharfe Konkurrenten sind. Um Ressourcen zu besetzen, sichern viele Landsäugetiere Territorien, die sie einzeln oder als Gruppe abgrenzen und verteidigen. Gesellige Säuger sind mit den Mitgliedern der Gruppe verbunden. Sowohl für das Wetteifern als auch für kooperative freundliche Interaktionen sind die höheren Säugetiere mit ihren angeborenen Verhaltensprogrammen ausgestattet.« Und: »Dieses soziale Verhalten wird in einem größeren Umfang von stammesgeschichtlichen Anpassungen mitbestimmt. So zeigten bereits Säuglinge affiliativ freundliche und agonal abweisende Reaktionen auf den Mitmenschen, und zwar ab dem sechsten Monat zeigten Säuglinge Fremden gegenüber eine Mischung von Reaktion der Zuwendung und sichtlich angstmotivierter Abkehr.«

Nun ist aber der Mensch erwiesenermaßen kein Pferd und der erwachsene Mensch kein Säugling. Man kann den Menschen als Landsäuger, sicher auch als geselligen Säuger bezeichnen. Diese »Erkenntnisse« ignorieren jedoch souverän die Entwicklung des Menschen zum Homo sapiens, vergessen Aufklärung und Glaube an die geistige und moralische Kraft des Menschen. Das Verhalten des Menschen ist weder ausschließlich erlernt noch völlig angeboren. Was im Genom verankert ist, gilt als angeboren. Aber es ist durch Lernprozesse veränderbar. Und was ist mit der freien Assoziation von Informationen, einem Grundvorgang aller Intelligenzleistung, und der Fähigkeit, Gedächtnisinhalte zu kombinieren und spontan zu verwirklichen? Einfacher ausgedrückt: Im Gegensatz zum Tier verfügt der Mensch über Kreativität und Phantasie. Er ist genetisch nicht total programmiert, sondern kann lernen, Informationen aufnehmen und verarbeiten, intelligenter werden als seine Vorfahren.

Adolf Hitler ist nicht mehr weit, wenn man dem logischen Muster der Humanethologie folgt, die die Xenophobie für angeboren erklärt. Das Recht des Stärkeren, »Mein Kampf« ist dann allgegenwärtig: »Der Stärkste an Mut und Fleiß erhält dann als der Natur liebstes Kind das Herrenrecht des

Daseins zugesprochen. »Hitler schwärmte von den »gnadenlosen Auslesegrundsätzen der freien Wildbahn«, und für ihn war die »sogenannte Humanität« des Menschen nur die Dienerin seiner Schwäche und somit in Wahrheit die grausamste Vernichterin seiner Existenz. Die Frage sei erlaubt, ob sich die Tiere als Verwandte des Menschen bezeichnen lassen würden, wenn sie alles von uns wüßten? Konrad Lorenz, der akademische Lehrer von Eibl-Eibesfeldt, nennt die Fließbandhaltung von Tieren eines der dunkelsten, schandhaftesten Kapitel der menschlichen Kultur: »Wenn Sie jemals vor einer Tieranstalt gestanden haben und gehört haben, wie Hunderte von Kälbern ›Mamaaah‹ schreien, wenn Sie den Notruf des Kalbes verstehen, dann haben Sie genug vom Menschen.« Auch hapert es bekanntlich in der Tierwelt mit der Folter. Auf welche Grundmuster und archaische Strukturen sind dann Elektroschocks, Daumenschrauben und Gehirnwäsche, Massenvergewaltigungen und KZ-Greuel, überhaupt die Kategorie des Bösen, zurückzuführen? Ist das tierisch oder menschlich? Böses und Gutes bewußt tun zu können, genau das kennzeichnet den Qualitätssprung vom Tier zum Menschen.

Wie sieht ein Deutscher aus?

Manche Ethologen behaupten, es sei wissenschaftlich begründet, daß sich die Integration, sprich: »das friedliche Zusammenleben«, mit solchen Menschen schwieriger gestalte, die »im Aussehen stark von der einheimischen Bevölkerung abweichen« (Eibl-Eibesfeldt). Aber wie sieht denn die einheimische Bevölkerung aus? Wie Kohl und

Waigel oder wie Stoiber und Heino? Daß dies in Deutschland nicht so eindeutig klar ist, mußte der etwas dunkelhäutige, schwarzhaarige damalige CDU-Bundestagsabgeordnete und jetzige Europaparlamentarier Peter Kittelmann auf dem Frankfurter Flughafen lernen, als er, zurückgekehrt von einer Auslandsreise, nach der Landung bei der Paßkontrolle von Bundesgrenzschützern mit den Worten aus der Reihe gewinkt wurde: »Du zeigen Paß! Wo du kommen her?« Und der Berliner Kultursenator Peter Radunski, eher Özal als Stoiber ähnlich, wurde in Ankara von einem türkischen Polizisten mit einem Fußtritt aus einer deutschen Delegation entfernt, weil man ihn für einen Armenier hielt, der sich unerlaubterweise eingeschlichen hatte.

Die multikulturelle Gesellschaft

In Deutschland leben sieben Millionen Menschen, die eine andere Herkunft und deren Eltern eine andere Muttersprache haben. Die christliche Antwort auf diese Tatsache ist nicht die homogene Gesellschaft mit dem Schlachtruf »Ausländer raus!«, sondern die multikulturelle Gesellschaft, in der die Menschen unter dem Dach der Verfassung gleichberechtigt zusammenleben, unabhängig davon, welcher Rasse und welcher Nation sie angehören und welche Muttersprache ihre Eltern gehabt haben.

»Einheitsbrei«, »durchrasste Gesellschaft«, »Bevölkerungsgulasch«, »Mosaikgesellschaft«, »multikriminelle Gesellschaft« – es gibt wohl keinen Begriff, der in den letzten Jahren die Sprachverbieger und Wünschelrutengänger auf der Suche nach der nationalen Identität mehr aufgeregt hat als derjenige der »multikulturellen Gesellschaft«. Man muß einräumen: Der Begriff »multikulturelle Gesellschaft«, den ich im politischen Sinn erstmals 1988 in einem Interview mit der »Zeit« verwendet habe, ist in der Tat schillernd und, wie Daniel Cohn-Bendit und Thomas Schmid schreiben, »spektakelhaft« und »definitionsbedürftig«.[186] Aber er hat sich im politischen Sprachgebrauch eingebürgert. Bisher wurde für das, worum es geht, noch kein besserer Begriff gefunden. Man könnte auch »Toleranzgesellschaft« oder »Gleichberechtigungsgesellschaft« sagen.

Manfred Rommel hat einmal die Geschichte von dem jungen Mann erzählt, der auf die Frage: »Bist du Ausländer?« antwortete: »Noi, i bin e Türk.« Dieser junge Mann empfindet sich als Deutscher, genaugenommen als Schwabe. Aber er betet vielleicht in einer Moschee und nicht in der Stutt-

garter Eberhardskirche. Er liest den Koran und nicht die
Bibel. Er mag vielleicht die Musik von Hasan Yükselir und
würde Cem Özdemir in den Bundestag wählen, wenn er
die deutsche Staatsbürgerschaft hätte. Aber vielleicht liebt
er auch Mozart. Er hat keine andere Heimat als Deutschland und spricht schwäbisch wie Erwin Teufel oder badisch
wie Wolfgang Schäuble.

Die multikulturelle Gesellschaft beschreibt also zunächst
eine gesellschaftliche Realität in Deutschland, im übrigen
auch in Europa. Wir zählen in unserem Land 1997 ungefähr
74 Millionen Deutsche und zusätzlich 7 Millionen, die anderer Herkunft sind: »Ausländer«, wie man gemeinhin sagt.
Durch Familiennachzug, Zuwanderung und der bei ausländischen Mitbürgerinnen höheren Geburtenrate werden
jährlich mehrere hunderttausend hinzukommen. Es geht
also nicht um die Frage, ob wir mit diesen 7, später 8 oder
9 Millionen Ausländern zusammenleben wollen, sondern
nur noch darum, wie.

Die Antwort darauf ist die multikulturelle Gesellschaft.
Man kann sie leicht definieren. Sie ist das Gegenteil vom
ethnisch homogenen Nationalstaat, vom völkischen Nationalismus. Wesentliche Kennzeichen sind pluralistische und
multikulturelle Formen des gleichberechtigten Zusammenlebens unter dem Dach der freiheitlich-demokratischen
Verfassung. Die Idee der multikulturellen Gesellschaft ist
der Gegenentwurf zum Homogenitätskonzept »Deutschland den Deutschen« und dem »Kampf der Kulturen«
Samuel Huntingtons.

Multikulturelle Gesellschaft bedeutet erstens, daß die
Deutschen mit Menschen anderer Herkunft gleichberechtigt und tolerant zusammenleben, ohne sie assimilieren zu
wollen, daß diese ihre kulturelle Identität nicht aufgeben

müssen, sondern behalten können, auch wenn sie nicht deutsche Staatsbürger sind, und daß sie auch bestimmte, im Grundgesetz den Deutschen vorbehaltene Bürgerrechte, wie Demonstrationsrecht und Versammlungsfreiheit, in Anspruch nehmen können und ihnen die Möglichkeit angeboten wird, in Staat und Gesellschaft mitzuarbeiten. Multikulturelle Gesellschaft bedeutet zweitens, daß diese Ausländer – die meisten von ihnen sind schon längst Inländer ohne deutschen Paß und werden auf Dauer hier bleiben – die Verfassungsgrundsätze unseres Landes anerkennen und sich verständigen können müssen, weil sonst Kommunikation und Integration in einer hochgradig arbeitsteiligen Wirtschaft und Gesellschaft nicht möglich sind. Wenn diese Bedingungen erfüllt sind, ist die multikulturelle Integration erreichbar.

Multikulturelle Gesellschaft bedeutet drittens, daß diejenigen, die diese Bedingungen erfüllen, schnell und leicht deutsche Staatsbürger werden können.

Das sind die Bedingungen für die Ausländer in einer multikulturellen Gesellschaft. Das heißt also auch, daß in Deutschland nicht eingebürgert werden kann, wer zum Beispiel als fundamentalistischer Moslem die Gleichberechtigung der Frau und die Religions- und Glaubensfreiheit nicht akzeptiert. Das mag hart klingen und von manchem als »eurozentristisch« angesehen werden, ist aber wichtig, um Mißverständnisse zu vermeiden.

Die kulturelle Identität des Ausländers ist nicht unabhängig von den Grundregeln unserer Verfassung. Der Religionsimperialismus von Sikhs, Hindus oder Moslems stieße genauso an die Grenzen der Verfassung wie der christliche Fundamentalismus. Die Koranschule darf ebensowenig wie der fundamentalistische Religionsunterricht einer christlichen Sekte an die Stelle des öffentlich-rechtlichen Schulwesens treten. Ein Moslem aus Bottrop darf auf dem Weg des Familiennachzugs keinen Harem aufmachen. Die Beschneidung von Frauen bleibt, auch wenn sie theologisch begründet wird, schwere Körperverletzung und ein Verstoß gegen Artikel 2 des Grundgesetzes. Kulturelle Eigenarten können dann keinen Bestand haben, wenn sie gegen die Grund- und Menschenrechte und damit gegen unsere Verfassung verstoßen.

Eine multikulturelle Gesellschaft in Deutschland und Europa hat den Primat des Grundgesetzes und der Menschenrechte zur Voraussetzung. Diese Einschränkung ist konstruktiv und unabdingbar für das friedliche Zusammenleben in unserer Gesellschaft. Sie entspricht nicht nur dem christlichen Menschenbild, sondern auch den Vorstellungen, die der islamische Rat beschlossen hat. Jedes pluralistische Gemeinwesen, also auch jede multikulturelle Gesellschaft, ob in Deutschland, Frankreich, Großbritannien und Nordirland, würde unfriedlich, wenn keine Übereinstimmung über die Menschenrechte bestünde. Selbstverständlich garantiert das Grundgesetz die Religionsfreiheit und damit zum Beispiel auch, daß Nichtchristen in ihren Gotteshäusern und ihrem täglichen Leben gemäß den Regeln ihres Glaubens leben können; aber die Religionsfreiheit stößt ebenfalls an die immanenten Schranken der verbrieften und garantierten Grundrechte, das heißt, sie findet ihre Grenze dort, wo sie möglicherweise mit anderen Grundrechten in Konflikt gerät, wie zum Beispiel mit der Glaubens- und Gewissensfreiheit, der Gleichberechtigung der Frau oder der Meinungsfreiheit.

In einem Leserbrief an die »Frankfurter Allgemeine Zeitung« schilderte der Islamexperte Bassam Tibi, wie einer

Frau, die ein uneheliches Kind erwartete, in einem arabischen Land von ihren Brüdern der Embryo aus dem Leib getreten wurde. Er knüpfte daran die Frage, ob solches auch in einer multikulturellen Gesellschaft auf deutschem Boden möglich sein würde. Die Antwort ist natürlich: Nein. Die Frage hätte gar nicht gestellt werden müssen.

Umgekehrt gilt für einen Schriftsteller wie Salman Rushdie, auch wenn er mit seinen »Satanischen Versen« die religiösen Empfindungen vieler Moslems verletzt haben mag, die Meinungsfreiheit, und deshalb wird er in Deutschland und in anderen westlichen Ländern geschützt. Der Bundestagsabgeordnete Ruprecht Polenz hat deswegen auch zu Recht die Lufthansa kritisiert, weil sie sich aus Angst vor Terroranschlägen geweigert hat, Salman Rushdie zu transportieren.

Dieter Oberndörfer hat es richtig ausgedrückt: »Kulturelle Freiheit bedeutet nicht Relativität der Werte.« Nach Karl Popper und Umberto Eco darf es in freien Gesellschaften und der wehrhaften Demokratie keine Toleranz für die Intoleranten geben. Das gilt auch für die multikulturelle Gesellschaft.

Aber Toleranz kennt nicht nur Schranken, sondern erlaubt auch, was innerhalb der Grenzen des Grundgesetzes möglich ist. Würde es zum Beispiel einem Hindu oder Moslem verweigert, in Deutschland seine Religion auszuüben, wäre damit das Grundrecht der Religionsfreiheit verletzt, und es wäre mit der Glaubwürdigkeit einer demokratischen Ordnung nicht weit her. Wer sich an die demokratische Ordnung hält, darf nicht ausgegrenzt werden.

Die multikulturelle Gesellschaft ist also kein Programm zur Aushebelung des westlichen Wertekanons, auch nicht zur Öffnung der Grenzen für ungehinderte Einwanderung, wie

Uninformierte vermuten, geschweige denn ein Konzept für eine zukünftige Vielvölkerrepublik. Sie ist, um es noch einmal zu sagen, eine Antwort auf die Frage, wie Millionen von Deutschen und Millionen von Ausländern in der Bundesrepublik Deutschland friedlich und frei zusammenleben können. Sie läßt sich ohne weiteres auf die anderen Länder der Europäischen Union übertragen, die in ihrem De-facto-Selbstverständnis zum Teil schon weit »multikultureller« sind als die Bundesrepublik.

Im Interesse eines friedlichen Zusammenlebens ist eine Reform des deutschen Staatsbürgerrechts überfällig. In Deutschland leben derzeit mehr als sieben Millionen Ausländer, jährlich werden über hunderttausend Kinder mit ausländischer Staatsangehörigkeit geboren. Der weitaus größte Teil von ihnen wird auf Dauer in Deutschland bleiben.

Es gibt alarmierende Zeichen dafür, daß die multikulturelle Integration der Ausländer in unserer Gesellschaft rückläufig ist. Das gilt besonders für die hier geborenen Kinder, weil wir sie von Geburt an zu Menschen zweiter Klasse machen, obwohl die meisten ausländischen Kinder in ihrem jungen Leben keine andere Heimat haben werden als Deutschland.

Die derzeitigen Regelungen des Staatsbürgerrechts sind unzulänglich und stammen aus der wilhelminischen Ära. Sie sind ungeeignet für eine Gesellschaft, die in das dritte Jahrtausend geht. Es ist notwendig, daß die ausländischen Kinder eine Chance bekommen, von Anfang an als Deutsche in unsere Gesellschaft hineinzuwachsen. Man kann ihnen nicht alle Probleme abnehmen, die sie aufgrund ihrer Hautfarbe, mangelnder Sprachkenntnisse oder kultureller Unterschiede möglicherweise haben werden. Es kann aber klargemacht werden, daß die Deutschen sie als Teil unserer Gesellschaft betrachten und ihnen dadurch auch die Entscheidung für unsere Gesellschaft erleichtern.

Die Bundestagsabgeordneten Peter Altmeier, Eckhard von Klaeden, Norbert Röttgen und andere haben innerhalb der CDU die Initiative ergriffen, um den Kindern der ausländischen Eltern, die dauerhaft und rechtmäßig in Deutschland leben, schon mit der Geburt die deutsche Staatsangehörigkeit zu ermöglichen. Die von der Koalition vereinbarte Kinderstaatszugehörigkeit ist in der politischen und wissenschaftlichen Diskussion nicht als ernsthafte Alternative akzeptiert worden.

Nach dem Konzept der drei Bundestagsabgeordneten, das von über 150 führenden Mitgliedern der CDU unterstützt wird, sollen in Deutschland geborene Kinder ausländischer Eltern mit der Geburt im Inland die deutsche Staatsangehörigkeit erwerben, falls dem nicht von beiden Elternteilen widersprochen wird. Zu einem Zeitpunkt nach Erreichen der Volljährigkeit, in dem der junge Mensch seine Lebensplanung überschauen kann, zum Beispiel nach Abschluß der Berufsausbildung, soll er sich dann für eine seiner beiden Staatsangehörigkeiten entscheiden.

Es geht hier um eine politische Entscheidung, die das Gewissen berühren muß. Wenn man das christliche Menschenbild ernst nimmt, kann es nicht hingenommen werden, daß Hunderttausende von jungen Menschen in einer Art modernem Sparta großgezogen werden, in einer Dreiklassengesellschaft mit Spartiaten, Periöken und Heloten, und daß dadurch das friedliche Zusammenleben von Millionen von Menschen bewußt aufs Spiel gesetzt wird. Die Staatsangehörigkeit vom »jus sanguinis« abhängig zu machen, also davon, ob jemand deutsche Eltern hat, ist nicht nur Ausdruck wilhelminischen Denkens, sondern widerspricht auch diametral der christlichen Botschaft. »Fremd ist der Fremde nur in der Fremde«, sagt Karl Valentin. Deutschland sollte nicht mehr die Fremde sein für diejenigen, die hier geboren werden.

Für das Bundesinnenministerium spielt allerdings das deutsche Blut nicht die geringste Rolle, wenn der Einbürgerungswillige gut kicken kann oder sonstwie ein Sportass ist. Fußballspieler wie Sean Dundee, der rumänische Boxer Zoltan Lunka, der Ringer Arawat Sabejew, die Hürdenläuferin Claude Edorh von der Elfenbeinküste bekommen innerhalb kurzer Zeit die deutsche Staatsbürgerschaft. Ja, sie dürfen sogar eine doppelte Staatsbürgerschaft führen, wovon normale Ausländer, die nicht so gut boxen oder hochspringen können, nicht einmal zu träumen wagen. In der deutschen Olympiamannschaft in Atlanta waren 42 Frauen und Männer, die nicht in Deutschland geboren sind.[187] Nicht nur die Spartaner, sondern auch die Sozialdarwinisten sind die Paten der Einbürgerungspraxis des Bundesinnenministeriums.

Weltkrieg der Kulturen?

Benjamin Franklin und die Pfälzer

»Warum sollen wir es zulassen, daß die pfälzischen Bauern in unsere Siedlungen strömen und dadurch, daß sie sich zusammentun, ihre Sprache und Sitten durchsetzen und uns verdrängen? Warum sollte Pennsylvania, von Engländern gegründet, eine Kolonie von Ausländern werden, die schon bald so zahlreich sein werden, daß sie uns germanisieren, statt daß wir sie anglifizieren, und die niemals bereit sein werden, unsere Sprache und Gewohnheiten anzunehmen?« Der Autor dieser Zeilen ist der Erfinder des Blitzableiters und der Unterzeichner der Amerikanischen Unabhängigkeitserklärung von 1776: Benjamin Franklin.[188]

Was er schrieb, unterscheidet sich nicht wesentlich von dem, was zwei Jahrhunderte später Stammtischbrüder, einschlägige Politzirkel und sogar Hochschullehrer an die Wand malen, nämlich: »die Unterwanderung des deutschen Volkes durch Zuzug von vielen Millionen Ausländern und ihren Familien, die Überfremdung unserer Sprache, unserer Kultur und unseres Volkstums«, gegen die nur noch eines helfe, nämlich »die Gründung eines parteipolitisch und ideologisch unabhängigen Bundes, dessen Aufgabe die Erhaltung des deutschen Volkes und seiner geistigen Identität auf der Grundlage unseres christlichen Erbes« sein solle.[189]

Man sieht, daß sich die xenophobe Argumentation in mehr als 200 Jahren kaum verändert hat. Aber ist sie deswegen intelligenter geworden? Warum erregten die Deutschen in

Pennsylvania den Zorn des Benjamin Franklin? Weil die
Pfälzer sonntags mit ihren Frauen öffentliche Feste feierten,
Wein und Bier tranken und dies den Puritanern in Pennsylvania ein Greuel war, so wie für manche heute das südländi-
sche Feierabendpalaver auf deutschen Marktplätzen.

Gleichberechtigung statt Diskriminierung

Häufig werden Nationalitätenkonflikte als Grund dafür
genannt, daß eine multikulturelle Gesellschaft praktisch
unmöglich sei, zum Beispiel Nagorny Karabach, Nordirland, das Baskenland und Sri Lanka, wo bewaffnete Konflikte toben, oder auch Länder wie Estland, Rumänien und
die USA, in denen es ethnische Spannungen gibt. Ein Land
fehlt in diesen Aufzählungen allerdings praktisch immer,
nämlich Südafrika. Am Beispiel des Apartheidregimes, das
erst vor kurzer Zeit überwunden worden ist, läßt sich aber
am anschaulichsten zeigen, welches Motiv in Wirklichkeit
ethnischen Konflikten zugrunde liegt: nämlich die soziale,
rechtliche, religiös-kulturelle und politische Diskriminierung einer Gruppe durch eine andere. Der eigentliche
Grund für solche Konflikte liegt also nicht darin, daß Menschen unterschiedlicher Nationalität, Rasse oder Volkszugehörigkeit grundsätzlich nicht miteinander auskommen
können, sondern darin, daß eine Seite einer anderen, meist
unter Anwendung oder Androhung von Gewalt, Freiheitsrechte verwehrt.
Dies zeigt sich nicht nur am Beispiel Südafrikas, sondern
etwa auch an der serbischen Politik der »ethnischen Säuberungen« oder an der langjährigen Russifizierungspolitik der
KPdSU. Die Weltgeschichte ist voll von solchen Beispielen,

die angeblich beweisen, daß ein friedliches und freies Miteinander von Menschen unterschiedlicher Volkszugehörigkeit oder Nationalität nicht möglich sei.

Wenn aber die europäischen Aufklärer vergangener Jahrhunderte sich von dem Argument hätten beeindrucken lassen, es habe, von spärlichen Ausnahmen abgesehen, nur Monarchien oder Diktaturen gegeben und daran könne man auch in Zukunft nichts ändern, dann hätten sie von vornherein resignieren müssen. Sie haben es nicht getan, und dies hat immerhin dazu geführt, daß es heute auf der Welt mehr freie Menschen gibt als jemals zuvor und sich die Demokratie trotz aller gegenläufigen »Beweise« der Geschichte immer weiter ausbreiten konnte.

Dabei gibt es genügend Beispiele für friedliches multikulturelles Zusammenleben: die Schweiz, die USA, Australien, Neuseeland, sogar Rußland muß genannt werden. Der Tschetschenienkonflikt war kein Problem des multikulturellen Zusammenlebens zwischen Russen und Tschetschenen, sondern resultierte aus der beabsichtigten Trennung des kleinen Landes vom russischen Staatsverband. Bill Clintons erste Inaugurationsrede war ein Bekenntnis zur multikulturellen Gesellschaft. Der amerikanische Präsident hat zwar diesen Begriff nicht verwendet, aber erklärt, »nur gemeinsam werden wir es schaffen« und damit die Schwarzen, die Hispanos und die Weißen gemeint. Und so ist auch seine Regierung zusammengesetzt.

Los Angeles wird immer wieder als Gegenbeispiel genannt. Die Stadt ist aber eine multikulturelle Metropole. Die Bevölkerung dort besteht etwa zu fünfzig Prozent aus Weißen, dreißig Prozent aus Latinos, zehn Prozent aus Schwarzen und zehn Prozent aus Asiaten. An den bekannten Krawallen war eine Minderheit der Einwohner beteiligt – vielleicht maximal 100 000 von über 12 Millionen. Von rund 12 000 Festgenommenen war über die Hälfte bereits vorbestraft. Der die Krawalle auslösende Freispruch für die Polizisten, die den Schwarzen Rodney King halb totgeschlagen hatten, ist auch bei der übergroßen Mehrheit der Weißen auf Ablehnung gestoßen. Die von den Schwarzen bewohnten besseren Gegenden blieben von den Unruhen praktisch unberührt.

Die Krawalle hatten sehr viel mehr mit sozialer als mit rassischer oder ethnischer Diskriminierung zu tun. Es waren soziale Explosionen. Zumindest rechtlich sind Minderheiten in den USA infolge von Quotenregelungen bei der Vergabe von Arbeits- und Studienplätzen durch die sogenannte »affirmative action« – Antidiskriminierungsgesetze – deutlich besser gestellt als in Deutschland. Das eigentliche Problem in Los Angeles und anderen amerikanischen Metropolen besteht in mangelnder staatlicher Initiative für Gettobewohner in sozialer, wirtschaftlicher und bildungspolitischer Hinsicht. Hier liegt auch die Ursache für Drogen und sonstige Kriminalität, worauf nur mit polizeilichen Mitteln reagiert wird.

Das Los Angeles Police Department ist in den Armutsvierteln verhaßt, teilweise zu Recht. Jedes zweite Kind dort wird unehelich geboren und wächst bei alleinerziehenden, auf Sozialhilfe angewiesenen Müttern auf, von denen wiederum ein großer Teil bei der Geburt des Kindes noch minderjährig war. Schwarze Einwohner, die es zu etwas gebracht haben, verlassen die ärmeren Viertel, so schnell es geht, schon um ihrer Kinder willen. Es besteht für diese Stadtteile ohne politische Hilfe keine Chance, aus dem Teufelskreis von Armut, Gewalt und Rauschgift herauszukommen.

Die Menschen in den Elendsvierteln organisieren sich politisch so gut wie gar nicht. Wie auch? Sie haben genug damit zu tun, ihre Kinder von Gangs und Drogen fernzuhalten, und oft genug gelingt ihnen das nicht. Das spricht für meine These, daß Mord, Totschlag und Bürgerkrieg nicht dort entstehen, wo multikulturelles Zusammenleben einigermaßen funktioniert, sondern dort, wo das Gegenteil herrscht, wo Minderheiten durch Mehrheiten unterdrückt und diskriminiert werden, wo wir reine Klassengesellschaften haben, wo sich Nationalismus mit religiösem Fundamentalismus verbindet. Wenn die diskriminierten Gruppen keine wirtschaftlichen und sozialen Perspektiven haben, dann ist das Feuer an der Lunte.

Die genannten Beispiele für ethnische Spannungen und Konflikte sind also keine Argumente gegen die multikulturelle Gesellschaft, sondern bestätigen ihre Notwendigkeit, weil sie das Nationale, Religiöse, Völkische dem Universalanspruch des Schutzes der Menschenwürde und damit den Grundwerten Freiheit, Solidarität und Gerechtigkeit unterordnet. Die multikulturelle Gesellschaft stellt im Gegensatz zu Fundamentalismus und Nationalismus die Würde des einzelnen über das Kollektiv, ungeachtet seines Glaubens oder seiner Volkszugehörigkeit. Sie ist deshalb auch keine Ideologie und kein Konzept vom sozialplanerischen Reißbrett, sondern sie steht in der geistigen Tradition der Aufklärung.

Die mit den Menschenrechten ausgestattete Würde des einzelnen geht dem Kollektiv voraus und ist unantastbar. Die Alternative wäre die Kapitulation vor dem Abstammungsprinzip und der »ethnischen Säuberung« wie in Bosnien. Aber glaubt denn wirklich jemand im Ernst, man brauchte nur jedem Volk eigenes Land zu geben, ethnisch unterschiedliche Staatenverbände aufzulösen, damit der Frieden auf Erden einkehrt? Und wer garantiert eigentlich, daß, wenn die Völker jeweils für sich lebten, nicht eines Tages wieder einer käme, der seinem Volk einredet, daß es ein »Volk ohne Raum« sei und anderswo »Lebensraum« fordern müsse? Die wahren Ursachen für ethnische Konflikte und Bürgerkriege liegen nicht in der biologischen Programmierung des Menschen, sondern im nationalen, rassischen und religiösen Fundamentalismus, in Machtgier, Korruption, Habsucht, im Egoismus und in der politischen Unfähigkeit der Machthaber.

Natürlich wird auch eine multikulturelle Gesellschaft nicht frei von Konflikten sein. Aber die multikulturelle Gesellschaft hat den großen Vorteil, daß sie eine Gesellschaft gleichberechtigter Bürger ist und damit Konflikte demokratisch, also leichter gelöst oder entspannt werden können.

Es wäre allerdings blinder Moralismus, zu glauben, das Zusammenleben zwischen Einheimischen und Ausländern sei in einer demokratischen Gesellschaft ohne ein gemeinsames Verständnis verbindlicher Werte möglich. Nur die Verfassung kann dieses einigende Band sein und nicht eine völkische Idee, weil das Völkische Millionen von Menschen ausgrenzen würde.

Asylrecht und Fremdenhaß

Das deutsche Problem

Das Asylrecht galt in allen Zivilisationen, die christlich geprägt waren, als ein heiliges Recht, und dies hatte auch seinen Grund in den biblischen Aussagen zugunsten der Fremden, die Zuflucht suchen. Es war daher für die Verfassungsväter, die sich in der Präambel auf Gott berufen, nur konsequent, dieses heilige Recht in die Verfassung aufzunehmen: Politisch Verfolgte genießen Asylrecht. Die Bundesrepublik ist auf der Welt wohl der einzige Staat, der das Asylrecht in der Verfassung schützt. Dies bedeutet, daß unsere Verfassung jedem Weltbürger und jeder Weltbürgerin, gleichgültig ob in Peru, in Afghanistan oder in Marokko, ein Grundrecht einräumt, das vor deutschen Gerichten eingeklagt werden kann.

Solange die Zahl der Flüchtlinge überschaubar und die Feststellung des Fluchtgrunds, nämlich politische Verfolgung, einfach war, machte das Asylrecht in Deutschland keine Probleme. Dies sollte sich ändern. Mitte der sechziger Jahre begannen weltweite Völkerwanderungen, die fast hundert Millionen Menschen erfaßten. Die meisten Flüchtlinge blieben in ihren Regionen, ein Teil allerdings drängte nach Europa und in die Vereinigten Staaten. Von 1987 bis 1991 waren im Jahresdurchschnitt ungefähr 937 000 Flüchtlinge in Deutschland aufgenommen worden, von denen im Schnitt 262 000 einen Asylantrag stellten. Außerdem strömten in den letzten zehn Jahren ungefähr zwei Millionen Aussiedler, also Menschen deutscher Volkszugehörigkeit aus Osteuropa, in die Bundesrepublik.

Am 31. Dezember 1995 lebten nach Angaben des Statistischen Bundesamtes 7 173 866 Ausländer in der Bundesrepublik Deutschland, die Hälfte davon schon zehn Jahre und länger. Mehr als zwei Drittel der ausländischen Kinder und Jugendlichen sind hier geboren.

Im Zug dieser Entwicklung geriet das Asylrecht immer mehr in die öffentliche Diskussion. Sie wurde vor allem ab 1991/92 von den beiden großen Parteien so heftig geführt, daß allein dadurch rechtsradikale Parteien Oberwasser bekamen und mit ausländerfeindlichen Parolen Stimmen gewinnen konnten.

Der Artikel 16 und seine Reform

Dabei bestand das verfassungsrechtliche Problem vor allem darin, daß der Artikel 16 des Grundgesetzes im Gegensatz zu anderen Grundrechten keinen Gesetzesvorbehalt aufwies, wie zum Beispiel der Artikel 4, Satz 3 des Grundgesetzes: »Niemand darf gegen sein Gewissen zum Kriegsdienst mit der Waffe gezwungen werden. Das Nähere regelt ein Gesetz.« Wäre im Artikel 16 eine solche Regelungskompetenz für den Gesetzgeber vorhanden gewesen, hätte der Deutsche Bundestag zusammen mit dem Bundesrat bald praktikable und grundrechtskonforme Regelungen treffen können, denn auch der Gesetzgeber hätte wegen Artikel 19 nicht in den Kerngehalt des Artikel 16 eingreifen können. Artikel 19 legt fest, daß Grundrechte unantastbar sind.

Entsprechende Initiativen der CDU/CSU stießen aber auf Ablehnung der Sozialdemokraten. Die Folge war, daß das, was in einem einfachen Gesetz hätte geregelt werden können, durch einen die großen Parteien umfassenden Kompromiß als Ergänzung und Einschränkung in die Verfassung selbst hineingeschrieben worden ist. Die Ergänzung des Artikel 16 lautet wie folgt:

»(2) Auf Absatz 1 kann sich nicht berufen, wer aus einem Mitgliedstaat der Europäischen Gemeinschaft oder aus einem anderen Drittstaat einreist, in dem die Anwendung des Abkommens über die Rechtsstellung der Flüchtlinge und der Konvention zum Schutze der Menschenrechte und Grundfreiheiten sichergestellt ist. Die Staaten außerhalb der Europäischen Gemeinschaften, auf die die Voraussetzungen des Satzes 1 zutreffen, werden durch Gesetz, das der Zustimmung des Bundesrates bedarf, bestimmt. In den Fällen des Satzes 1 können aufenthaltsbeendende Maßnahmen unabhängig von einem hiergegen eingelegten Rechtsbehelf vollzogen werden.

(3) Durch Gesetz, das der Zustimmung des Bundesrates bedarf, können Staaten bestimmt werden, bei denen auf Grund der Rechtslage, der Rechtsanwendung und der allgemeinen politischen Verhältnisse gewährleistet erscheint, daß dort weder politische Verfolgung noch unmenschliche oder erniedrigende Bestrafung oder Behandlung stattfindet. Es wird vermutet, daß ein Ausländer aus einem solchen Staat nicht verfolgt wird, solange er nicht Tatsachen vorträgt, die die Annahme begründen, daß er entgegen dieser Vermutung politisch verfolgt wird.«

Ich habe gegen diese verfassungsrechtlichen Einschränkungen erhebliche Bedenken gehabt, vor allem was die Drittstaatenregelung betrifft, habe jedoch der Verfassungsänderung zugestimmt, weil die Neuregelung das kleinere

Übel gegenüber der Aufrechterhaltung des vorherigen rechtlichen und politischen Zustands war. Durch den Streit zwischen den großen Parteien war das Ausländerthema enttabuisiert, und die rechtsradikalen Parteien waren ermutigt worden. Sie wurden frech und vergifteten neben Auswüchsen in beiden großen politischen Parteien das öffentliche Klima. Um diesen unhaltbaren Zustand zu beenden, war der Kompromiß notwendig. Von der Sache her waren die Bedenken begründet.

Die Diskussion in Deutschland litt vor allem daran, daß keine Unterscheidung gemacht wurde zwischen Flüchtlingen, die politisches Asyl begehren, und solchen, die aus wirtschaftlichen und sozialen Gründen nach Deutschland kommen. Die sogenannten »Wirtschaftsflüchtlinge« waren verfassungsrechtlich nicht geschützt, sehr wohl aber die politisch Verfolgten. Dieser Unterschied ist auch ethisch wichtig. Das christliche Liebesgebot, das »Fremde« ausdrücklich einschließt, verlangt ja nicht, daß die Not »aller Mühseligen und Beladenen« in Deutschland gelindert wird, sondern daß ihnen dort geholfen wird, wo es am besten geht. Die Armut der Welt kann nicht auf den Sozialämtern in Landau oder Schleswig bekämpft werden, sondern nur dadurch, daß die Ursachen der Armut dort beseitigt werden, wo die Menschen wohnen. Dies wurde beim Asylkompromiß ausdrücklich angekündigt – auch ein Versprechen, das nicht gehalten worden ist.

Bei den politisch und religiös Verfolgten ist es genau umgekehrt. Sie können ihre Rettung nicht dort finden, wo sie verfolgt werden. Die politisch Verfolgten können nicht alle nach Deutschland kommen. Es wäre auch eine Anmaßung, zu glauben, nur in Deutschland gäbe es ein Asylrecht. Von Heinrich Heine über Thomas Mann bis Bertolt Brecht haben Deutsche in den westlichen Demokratien in einer Zeit Asyl gefunden, als dieser Begriff bei uns noch ein Fremdwort war. Das Grundgesetz garantiert daher die Aufnahme politischer Flüchtlinge, ermöglicht aber dann eine Ausnahme, wenn der Flüchtling aus einem Staat einreist, in dem er ebenfalls Asylrecht genießen kann.

Die rechtswidrige Praxis

Die Asylpraxis in der Bundesrepublik Deutschland wird jedoch dem selbstgestellten Anspruch des Grundgesetzes, in der Verantwortung vor Gott zu handeln, Fremde aufzunehmen und politisch Verfolgten Schutz zu gewähren, nicht mehr gerecht.

Bei der Bestimmung von sicheren Drittstaaten hat der Gesetzgeber nach der Rechtsprechung des Bundesverfassungsgerichts einen »Spielraum bei der Auswahl seiner Erkenntnismittel«. Dazu gehört, daß der »sichere Drittstaat« die Genfer Flüchtlingskonvention angenommen hat und der Europäischen Menschenrechtskommission beigetreten ist und deren Bestimmungen auch anwendet. Das Bundesverfassungsgericht hat es in seiner letzten Entscheidung zu diesem Thema am 14. Mai 1996 jedoch als ausreichend angesehen, wenn die betreffenden Drittstaaten diese Konvention normativ übernommen haben. Es komme aber nicht darauf an, ob die Genfer Flüchtlingskonvention und die Bestimmungen der Europäischen Menschenrechtskommission in diesen Staaten auch tatsächlich angewendet würden. Das bedeutet, daß Menschen in Staaten abgeschoben werden können, in denen zwar die Menschenrechte auf dem Papier stehen, de facto jedoch nicht eingehalten werden.

Man muß verhindern, daß ein Asylantrag sich von selbst erledigt, weil der Antragsteller von einem »sicheren« Staat zum anderen geschickt wird, bis er schließlich wieder im Herkunftsland ist, um dort von den Machthabern eingesperrt oder ermordet zu werden. Zumindest innerhalb der EU müssen deswegen verbindliche Standards für die Flüchtlingsanerkennung vereinbart werden. Der Europäische Flüchtlingsrat ECRE hat im Februar 1995 festgestellt, daß 1994/95 viele sogenannte Kettenabschiebungen aus europäischen Ländern vorgenommen worden sind.

Daß ethische Gesichtspunkte mehr und mehr unter die Räder kommen, zeigt sich bei den Asylbewerbern, die per Schiff oder Flugzeug direkt nach Deutschland kommen. Die Drittstaaten nehmen abzuschiebende Flüchtlinge nur dann auf, wenn nachgewiesen wird, daß sie von dort in die Bundesrepublik Deutschland eingereist sind. Wenn solche Flüchtlinge einen Asylantrag stellen, kümmern sich die Behörden nicht um die Frage der politischen Verfolgung, sondern wollen von dem Flüchtling in erster Linie wissen, über welches Land er eingereist ist, um ihn gleich wieder dorthin abschieben zu können.

In einem Bericht der Forschungsgesellschaft Flucht und Migration (FFM) werden die Fälle von 21 Flüchtlingen dokumentiert, die von Deutschland aus nach Polen abgeschoben worden waren und dort wieder in Abschiebearresten landeten. Wo werden diese Leute landen? Unter anderem wird beschrieben, daß Flüchtlinge vom Bundesgrenzschutz gezwungen werden sollten, Papiere zu unterschreiben, die sie nicht lesen konnten. Bei Weigerung wurden sie von den Beamten mit Schlägen bedroht. Beamte verlangten als Wahrheitsbeweis für die Aussage das Schwören auf den Koran.[190]

Asyl und Frauen

Besonders schlimm ist die asylrechtliche Behandlung von Frauen, die wegen frauenspezifischer Verfolgung in Deutschland Zuflucht suchen. Gewiß, über Einzelfälle kann man immer streiten, und oft kann das, was tatsächlich geschehen ist, von Deutschland aus nicht objektiv festgestellt werden. Um die Schwierigkeiten der Behörden und Gerichte bei der Wahrheitssuche geht es aber nicht. Es geht vielmehr um die innere Einstellung zur Frauenverfolgung, die in Behörden und Gerichten herrscht und die zu Entscheidungen führt, die dem christlichen Menschenbild, dem Geist der Verfassung und internationalen Vereinbarungen widersprechen.

Frauenspezifische Verfolgung

Vor einiger Zeit ist eine iranische Lehrerin in Teheran zu ihren drei männlichen Kollegen ins Auto gestiegen, weil sie den Bus verpaßt hatte und nicht zu spät zum Unterricht kommen wollte. Diese Frau wurde am anderen Tag vor ihren Schülern ausgepeitscht und verlor dabei ein Auge. Sie hat kurz darauf die Flucht angetreten und in Deutschland um Asyl nachgesucht. Ihr Antrag wurde von einem deutschen Verwaltungsgericht abgelehnt. In der Urteilsbegründung steht: »Auch wenn diese Frau die Auspeitschung als äußerst demütigend empfunden hat, stellt diese Maßnahme dennoch keine individuelle Verfolgung im Sinne des Grundgesetzes dar. Vielmehr handelt es sich dabei um eine Strafe, die zur Aufrechterhaltung islamischer Ordnung ergriffen wurde und in dieser oder ähnlicher Weise jede Person getroffen hätte, die eines vergleichbaren Verbrechens beschuldigt worden wäre.« Jede Person? Falsch: nur jede Frau. Frauenspezifische politische Verfolgung gibt es für deutsche Gerichte offenbar nicht.

Eine deutsche Behörde hat einer muslimischen Frau gegenüber festgestellt, daß Vergewaltigungen in Bosnien nicht politisch motiviert seien und daher kein Grund bestehe, warum Vergewaltigungsopfer nicht wieder in ihre Heimat zurückgeschickt werden könnten. In einem Bericht der Journalistin Josephine Adler ist die Aussage eines serbischen Soldaten enthalten:»Ich weiß nur, daß ich der zwanzigste war, daß sie ekelerregend und voller Sperma war und daß ich sie am Ende erschossen habe.« Aber den Frauen, die mit dem Leben davongekommen sind und Zuflucht suchen, sagen wir, sie sollten besser wieder zurückfahren? Hier ist etwas nicht mehr in Ordnung mit der moralischen Integrität unserer Gesellschaft.

Judith Kumin, bis vor kurzem Repräsentantin des UNHCR in Deutschland, schildert die Ablehnung des Asylantrags einer Afghanin. Die Begründung des Verwaltungsgerichts unter anderem:»Der Klägerin ist zuzumuten, sich gemäß den Normen der islamischen Gesellschaft zu verhalten.«[191]

Eine alleinstehende Lehrerin mit Kindern wurde in Afghanistan von den Taleban-Milizen gezwungen, ihren Beruf aufzugeben. Sie scheiterte im Asylverfahren. Die Begründung lautet:»Die Anordnung der Taleban, daß die Frauen keiner Berufstätigkeit nachgehen und das Haus nur in Begleitung eines Mannes verlassen dürfen, stellt mitnichten politische Verfolgung, sondern allein eine Umsetzung der Rechte des heiligen Buches des Islam, des Koran, dar.«

»Es könne nicht Aufgabe der bundesdeutschen Asylbehörden sein, die religiösen Gebräuche und Gepflogenheiten anderer Länder zu kritisieren«, argumentiert das Bundesamt für die Anerkennung ausländischer Flüchtlinge. Dies gelte um so mehr, »als sich die Antragstellerin selbst als gute Muselmanin bezeichnet hat, von der zu erwarten ist, daß sie die Regeln des Koran einzuhalten bereit ist«.[192] Der Bayerische Verwaltungsgerichtshof vertritt in ständiger Rechtsprechung die Auffassung, daß körperliche Mißhandlung, zum Beispiel Auspeitschung, wegen des Verstoßes gegen Bekleidungsvorschriften nur dann eine asylrechtlich relevante Verfolgung darstelle, wenn darin eine regimefeindliche Haltung zum Ausdruck komme, wobei die Frau den Eindruck einer »politisch aktiven und konsequenten Regimegegnerin überzeugend vermitteln muß«.[193] Auffallend ist an diesen Entscheidungen zunächst einmal die Unkenntnis des Islam und der politischen Verhältnisse in den betreffenden Ländern. Die Frauenunterdrückung in Afghanistan wird sogar von den religiösen Führern im Iran und in Ägypten abgelehnt. Der iranische Ajatollah Janati urteilt: Mädchen den Schulbesuch und Frauenarbeit außer Haus zu verbieten und im allgemeinen Frauenrechte im Namen des Islam zu beschneiden, heiße, die Religion zu diffamieren. Der oberste geistliche Führer, Ajatollah Khamenei, war nicht minder deutlich: Die Taleban verstünden den Islam nicht. Wolle jemand ein Beispiel von Rückständigkeit, Fanatismus und Menschenrechtsverletzungen geben, brauche er nur die Taleban zu nennen. Zwar geht die Ideologie der Taleban auch auf die archaische, jahrhundertealte Kultur der Paschtunen, den »Pakhtunwali« genannten Sittenkodex, zurück, der älter ist als der Islam. Das System, das die Taleban in Kabul und anderswo durchsetzen, ist eine Kombination aus paschtunischer Tradition und islamischer Scharia.

Die zitierte Entscheidung des Bundesamts für die Anerkennung ausländischer Flüchtlinge gegen die afghanische Lehrerin ist schon deswegen einseitig. Aber auch die Argumentation, Berufsverbote und Auspeitschung seien dann kein Asylgrund, wenn sie auf religiös begründete Vorschriften zurückgingen, ist verfassungsrechtlich unhaltbar. Diese Auffassung verkennt nämlich, daß die religiösen Vorschriften gleichzeitig Bestandteile der staatlichen Rechtsordnung geworden sind und infolgedessen die Menschenrechtsverletzungen politischen Charakter haben. Und die Ausführungen des Bayerischen Verwaltungsgerichtshofs, daß Folter und Auspeitschung wegen Verstoßes gegen religiöse Regeln hinzunehmen seien, ist ungefähr so intelligent wie die These, eine von der Folter der Inquisition verfolgte, der Hexerei angeklagte Frau habe die Torturen hinnehmen und dulden müssen, es sei denn, sie hätte gleichzeitig gegen die damals herrschende staatliche Gewalt rebelliert.

Behörden und Gerichte begreifen offenbar nicht, daß in dem Moment, in dem sich eine Religion zum Staat macht, wie beim islamischen Fundamentalismus oder früher bei der Inquisition, religiös begründete Entscheidungen politische Entscheidungen sind. Wenn sie Verfolgungstatbestände enthalten, müssen sie daher als Asylgrund anerkannt werden. Behörden und Gerichte verstoßen mit ihrer Rechtsauffassung auch gegen die 1985 und 1993 vom Exekutivkomitee des UNHCR beschlossene Regelung, daß unter den Schutz der Genfer Flüchtlingskonvention auch Frauen fallen, die in ihren Heimatländern unmenschliche und erniedrigende Behandlung erwarten müssen, weil sie gegen den sozialen Sittenkodex verstoßen haben. Die Bundesregierung hat dieser Vereinbarung zugestimmt. Aber Regierung, Behörden und Gerichte halten sich nicht daran, sondern versuchen im Gegenteil international eine einschränkende Interpretation der Genfer Flüchtlingskonvention im Hinblick auf Frauen durchzusetzen.

Vergewaltigung als Asylgrund

Nicht minder empörend ist, daß deutsche Behörden und Gerichte die Vergewaltigung als Asylgrund ablehnen. Eine Albanerin aus dem Kosovo wurde verhaftet und mit Handschellen gefesselt, daraufhin vergewaltigt und schwanger. Der Asylantrag wurde mit der Begründung abgelehnt, dies sei »eine bloße Belästigung« und keine politische Verfolgung. »Nicht entscheidend ist, wie jemand, hier die Antragstellerin, eine objektiv asylunerhebliche Maßnahme subjektiv empfindet.«[194]
In einer Broschüre zur gemeinsamen Aktion »Verfolgte Frauen schützen!« vom Deutschen Frauenrat und Pro Asyl wird folgender Fall geschildert: Die langjährige Präsidentin der Müttersektion einer Oppositionspartei im ehemaligen Zaire wurde nach der Ermordung ihres Mannes im Oktober 1994 verhaftet und im Gefängnis der Sicherheitspolizei ohnmächtig geschlagen, mit kaltem Wasser wieder geweckt und anschließend vergewaltigt. Ihr gelang unter großen Schwierigkeiten die Flucht nach Deutschland. Im Dezember 1994 wurde sie in Freiburg angehört. Der Übersetzer war ein Zairer, die Bediensteten des Bundesamts allesamt Männer. Der Asylantrag wurde abgelehnt, weil sie nichts sagte. Die Scheu, die Demütigung offenzulegen, war offenbar zu groß.[195]

Der Asylantrag einer Marktfrau aus dem Kongo, die nach einer Demonstration von Soldaten festgenommen und vom vorgesetzten Offizier mit vorgehaltener Waffe vergewaltigt worden war, wurde vom Bundesamt abgelehnt mit der Begründung, daß der Offizier nicht als Vertreter einer staatlichen Behörde aufgetreten sei. Wörtlich: »Vielmehr hat er sich – bei Wahr-Unterstellung des Vorbringens der Antragstellerin – privat belustigt. Diese von der Antragstellerin vorgebrachten Beeinträchtigungen stellen ausschließlich Übergriffe privater Dritter dar.«[196]

In zwei Resolutionen des UNHCR-Exekutivkomitees 1985 und 1993 wurden die Staaten mit Zustimmung der Bundesregierung aufgefordert, die asylrechtliche Relevanz frauenspezifischer Fluchtgründe im Sinn der Genfer Flüchtlingskonvention anzuerkennen.

Im Gegensatz dazu werden in Deutschland schutzsuchende Frauen abgewiesen, wenn sie eine sogenannte nichtstaatliche Verfolgung geltend machen. Das Argument der Behörden: Wo kein Staat, da kann es auch keine asylrechtlich relevante Verfolgung geben – als ob die politische Verfolgung im Sinn des Artikels 16 einen funktionierenden Staat voraussetze. Es ist rechtlich auch nicht haltbar, daß der Abschiebungsschutz, der nach der Europäischen Menschenrechtskonvention bei der Gefahr einer unmenschlichen Behandlung einsetzen muß, einfach ignoriert wird.

Asylverfahren sind rechtlich zweifelhaft, wenn Verfolgungsmaßnahmen nicht als politische gewertet werden, obwohl man sie staatlichen Behörden zuordnen muß. Sexuelle Mißhandlung durch Soldaten oder Polizisten kann nicht nur als gewöhnliche Straftat bewertet werden. Zumindest muß geprüft werden, ob Frauen in ihrem Heimatland überhaupt staatlichen Schutz gegen solche Übergriffe in Anspruch nehmen können. Politische Verfolgungen müssen auch dann als solche anerkannt werden, wenn zum Beispiel aufgrund einer Bürgerkriegssituation die staatlichen Strukturen zusammengebrochen sind. Der Schutz vor drohender Folter, Vergewaltigung oder anderer unmenschlicher Behandlung darf in solchen Situationen nicht außer Kraft gesetzt werden.

Die bisherige Position der deutschen Behörden und Gerichte verkennt auch, daß Frauen in spezifischer Weise Menschenrechtsverletzungen ausgesetzt sind. Das zeigt sich besonders bei der Behandlung von weiblichen und männlichen Gefangenen bei Verhör und Haft. Frauen werden »doppelt verfolgt«. Als faktische oder vermeintliche Gegnerinnen des politischen Systems oder als Angehörige verfolgter sozialer und kultureller Gruppen sind sie während Verhören, Polizeigewahrsam und Haft oft auch Opfer sexistischer Erniedrigung, sexueller Übergriffe und von Vergewaltigungen.

Notwendige Änderungen

Folgendes ist erforderlich: Erstens müssen die vorhandenen Gesetze so ausgelegt werden, daß Frauen im Fall geschlechtsspezifischer Verfolgung Asyl oder zumindest Abschiebungsschutz nach der Genfer Flüchtlingskonvention bekommen können. Frauenspezifische Verfolgungshandlungen, wie zum Beispiel Vergewaltigung in Gefängnissen, müssen als schwere Rechtsgutverletzungen und nicht als Lappalien angesehen werden. Die Verfolgung durch private Dritte muß als Asylgrund anerkannt werden, wenn die Behörden des Herkunftsstaats das Opfer nicht schützen wollen oder können oder die Verfolger ihre Position als Amtsperson mißbrauchen. Anders sind zum Beispiel Opfer von Beschneidung oder mit Tötung aus Gründen der Familienehre Bedrohte nicht zu schützen. Politische Verfolgung muß auch dann anerkannt werden, wenn zum Beispiel aufgrund eines Bürgerkriegs die staatlichen Strukturen zusammengebrochen sind. Der Schutz vor drohender Folter, Vergewaltigung oder anderer unmenschlicher Behandlung darf in solchen Situationen nicht außer Kraft gesetzt werden.

Zweitens: Verfolgte Frauen brauchen besseren Schutz vor Abschiebung. Es muß im Paragraph 51 des Ausländergesetzes klargestellt werden, daß auch eine Verfolgung aus »geschlechtsspezifischen Gründen« ein asylrechtliches Abschiebungshindernis darstellt. Der Bundesinnenminister muß das Bundesamt für die Anerkennung ausländischer Flüchtlinge anweisen, sexuelle Übergriffe als Abschiebungshindernis im Sinn des Paragraph 53 des Ausländergesetzes zu akzeptieren, wenn und solange im Herkunftsstaat die gesellschaftliche Realität ein Leben der Frau in Würde nicht zuläßt. Ein besonderer Abschiebungsschutz muß auch für Frauen gelten, die in Deutschland Opfer einer Vergewaltigung geworden sind und deshalb den Schutz ihrer Familien im Herkunftsland verloren haben. Eine Abschiebung von Frauen etwa nach Afghanistan oder von traumatisierten Frauen nach Bosnien ist weder zu verantworten noch zumutbar.

Drittens: Das Auswärtige Amt muß in seinen Lageberichten sorgfältiger auf die spezifische Situation von Frauen eingehen, damit im Bundesamt für die Anerkennung ausländischer Flüchtlinge zuverlässige Informationen über

die geschlechtsspezifische Verfolgung von Frauen vorliegen. Traumatisierten Frauen und Folteropfern muß die
Gelegenheit gegeben werden, erlittene Verfolgung auch
noch nach der Erstanhörung vorzubringen, ohne daß dies
als unglaubwürdig gewertet wird. Gerade Schutzsuchenden, die noch unter dem unmittelbaren Eindruck ihrer
Mißhandlung stehen, ist es aller Erfahrung nach kaum
möglich, in einem detaillierten Vortrag ihre Fluchtgründe
darzulegen.

Asylsuchende Frauen müssen das Recht haben, ihren
Antrag vor weiblichen Bediensteten, Anhörerinnen, Ent-
scheiderinnen und Dolmetscherinnen zu begründen. Die
Entscheiderinnen des Bundesamts müssen speziell ausge-
bildet werden, um mit den spezifischen Problemen von
Frauen im Verfahren umgehen zu können.

Die in diesen Punkten genannten Forderungen werden
unterstützt vom Deutschen Frauenrat, von Pro Asyl, der
Arbeiterwohlfahrt, dem Caritasverband, dem Deutschen
Paritätischen Wohlfahrtsverband, dem Deutschen Gewerk-
schaftsbund, dem Diakonischen Werk, der Evangelischen
Frauenarbeit in Deutschland, dem Katholischen Deut-
schen Frauenbund, der Katholischen Frauengemeinschaft
Deutschlands und dem Verband Binationaler Familien und
Partnerschaften.

Flüchtlingskinder

In vielen Entscheidungen der Behörden und Gerichte offenbart sich unbarmherzige Gesinnung gegenüber Kindern. Die fünfzehnjährige Schwester eines in den Untergrund in China abgetauchten Oppositionellen war von chinesischen Sicherheitskräften nach ihrem Bruder gefragt, verhört und bis zur Bewußtlosigkeit geschlagen worden. Außerdem wurde sie aus der Schule entlassen.[197] Dennoch wurde ihr Asylantrag abgelehnt.

Der dreijährige Junge einer staatenlosen Familie aus dem Libanon litt an einer angeborenen Erbgutstörung, die sich in erheblichen psychomotorischen Behinderungen und Schluckstörungen äußerte und dazu führte, daß er über eine Magensonde ernährt werden mußte. Die Familie sollte abgeschoben werden, obwohl das schwerkranke Kind im Libanon ärztlich nicht versorgt werden konnte. Die Einzelrichterin am Verwaltungsgericht Düsseldorf verfügte die Abschiebung mit der Begründung, selbst eine unzureichende medizinische Versorgung des Kindes im Libanon und eine daraus resultierende Lebensgefahr sei »kein rechtlich relevantes Abschiebungshindernis«.[198]

Laut Bayerischem Verwaltungsgerichtshof darf eine fünfjährige Türkin, die uneheliche Tochter eines Geisteskranken, in die Türkei abgeschoben werden, obwohl die Großeltern, bei denen das Kind lebt, die einzigen Bezugspersonen sind. Ein Amtsgericht hatte den Großvater zum Vormund bestellt. Der VGH hielt es jedoch für zumutbar, daß der Großvater mit der Enkelin in die Türkei zurückkehrt, um von dort aus für das Mädchen ein Nachzugsverfahren anzustrengen.[199]

Im Neuen Testament steht dazu passend: »Ihr berechnet den Zehnten von Minze, Dill und Kümmel, aber ihr vernachlässigt, was von größerem Gewicht ist: das Recht und die Barmherzigkeit und die Treue.«[200]
Die UNO-Konvention über die Rechte des Kindes vom 20. November 1989 ist auch von der Bundesrepublik ratifiziert worden. Diese Konvention enthält eine genaue und fortschrittliche Darstellung der Menschenrechte des Kindes. In ihr wird festgelegt, daß das Wohl des Kindes Vorrang habe vor allen anderen Maßnahmen und daß der Vorrang des Kindes von öffentlichen und privaten Einrichtungen, aber auch von Gerichten und Verwaltungsbehörden oder parlamentarischen Gremien beachtet werden muß.
Bei der Niederlegung der Ratifikationsurkunde hat die Bundesregierung allerdings erklärt, sie gehe davon aus, daß keine Bestimmung der Konvention das Recht der Bundesrepublik Deutschland einenge, Gesetze und Verordnungen über die Einreise von Ausländern und die Bedingungen ihres Aufenthalts zu erlassen oder Unterschiede zwischen Inländern und Ausländern zu machen. Diese Erklärung stellt keinen förmlichen Vorbehalt dar und ist insoweit rechtlich ohne Bedeutung. Dennoch haben Verwaltung und Gerichte die UNO-Kinderkonvention im Sinn der Bundesregierung restriktiv praktiziert.
Das Vormundschaftsgericht in Hamburg hat über diese Praxis anläßlich einer von der Ausländerbehörde und dem Verwaltungsgericht in Hamburg verfügten Abschiebung eines achtjährigen Kindes in das ehemalige Jugoslawien ein vernichtendes Urteil gefällt: »Das Gericht ist erstaunt, geradezu entsetzt, über Inhalt und Diktion der Entscheidungen der Ausländerbehörde und des Verwaltungsgerichtes. Diese können zusammenfassend nur als unbarmherzig und

zynisch bezeichnet werden und als unwürdig für einen Rechtsstaat, der sich wie die Bundesrepublik Deutschland immer wieder rühmt, humanitären Grundsätzen verpflichtet zu sein.«[201]

Die pharisäische Geisteshaltung deutscher Behörden und Gerichte wird immer dann besonders deutlich, wenn Entscheidungen gegen Familien oder Kinder getroffen werden, obwohl auch das Gegenteil möglich gewesen wäre, ohne Präzedenzfälle befürchten zu müssen.

1994 starb der Vater des dreizehnjährigen Muzafer Ucar. Mutter und Bruder kümmerten sich nicht um ihn. Er verwahrloste und verlor jeden Halt. Schließlich wurde er von seiner Halbschwester und deren Mann in Köln aufgenommen. Durch deren Betreuung konnte das Kind sich wieder fangen und seine psychosomatischen Störungen überwinden. Dennoch sollte Muzafer in die Türkei abgeschoben werden. Die Begründung: Es bestehe keine Eltern-Kind-Beziehung, und eine außergewöhnliche Härte liege auch nicht vor. Nach Meinung des Bundesinnenministeriums könnte ein Verzicht auf die Abschiebung »unabschätzbare Zuwanderungsfolgen haben«.

Die Auffassung des Bundesinnenministeriums ist nicht nur menschlich unverständlich, sondern auch verfassungswidrig. Denn Artikel 6 schützt nicht allein die Kleinfamilie, also die leiblichen Eltern mit ihren Kindern, sondern – wie das Bundesverfassungsgericht sagt – ebenso »die Lebens- und Erziehungsgemeinschaft«. Der Schutz des Grundrechts bezieht sich auch auf andere Beziehungen, wenn sie Familiencharakter haben, also zum Beispiel zwischen Enkel und Großeltern oder zwischen Geschwistern. Aber unabhängig von der verfassungsrechtlichen Interpretation des Artikel 6 ist es ein Schlag ins Gesicht des christlichen Menschenbilds, einen dreizehnjährigen Jungen in eine wildfremde Umgebung abzuschieben und damit die seelische und körperliche Existenz eines Menschen per Verwaltungsakt aufs Spiel zu setzen.

Eine Ausländerrechtspraxis, die nur die Eltern-Kind-Familie schützt, produziert unmenschliche Folgen. Sie verhindert auch ein Aufenthaltsrecht für ein Kind, das von den Eltern im Ausland vernachlässigt oder mißhandelt worden ist und das seit Jahren in Deutschland, zum Beispiel in der Obhut seiner Großmutter, aufwächst. Wären die Betroffenen Deutsche und nicht Ausländer, dann würde die Zerstörung solcher Familienbeziehungen zu Recht als inhuman kritisiert werden.

Ehe und Familie stehen unter dem besonderen Schutz der staatlichen Ordnung (Grundgesetzartikel 6). Das gilt für viele Beamte und Richter offenbar nur für deutsche Familien, während, wenn es um Ausländer geht, vor allem die Vermeidung von Kosten Verfassungsrang hat. Dafür soll ein Beispiel genügen.[202]

Die aus Bosnien geflohenen Eheleute K. lebten seit Jahren in einem Wohnwagencamp für Flüchtlinge in Hamburg. Der Mann erlitt dort einen Bandscheibenvorfall, die Frau wurde schwer psychisch krank und mußte lange stationär behandelt werden. Ihre gemeinsame 25jährige Tochter M. war kurz nach den Eltern ebenfalls nach Deutschland geflohen, aber nach Sachsen zugeteilt worden. Wie die Ärzte von Frau K. bestätigten, war die Mutter zur Genesung auf die Hilfe ihrer Tochter angewiesen. Deren Antrag, zur Pflege ihrer Eltern nach Hamburg umverteilt zu werden, lehnte die Ausländerbehörde in Hamburg im Oktober 1995 mit den Worten ab: »Da sowohl Ihr als auch der Aufenthalt Ihrer Familienangehörigen ausschließlich aus öffentlichen

Mitteln bezahlt wird, hat die Behörde für Arbeit, Gesundheit und Soziales einem Zuzug aus grundsätzlichen Erwägungen nicht zugestimmt. Diese grundsätzlichen Erwägungen werden in der Hauptsache durch das öffentliche Interesse, den Finanzhaushalt nicht noch mehr durch den Zuzug bosnischer Flüchtlinge zu belasten, bestimmt.« Diese Entscheidung wurde von leitenden Beamten später ausdrücklich bestätigt und erst durch eine Petition von Terre des Hommes von der Bürgerschaft korrigiert.[203] Unverständlicherweise nimmt es die Bundesregierung in Kauf, daß die Behandlung von Flüchtlingskindern sogar vom UNO-Kinderrechtsausschuß kritisiert werden muß.[204] Auf Kreuze in Klassenzimmern kann der Staat glatt verzichten, wenn er in anderen staatlichen Räumen gegen Kinder Entscheidungen trifft, die in diametralem Gegensatz zur Botschaft des Evangeliums stehen.

Die Tragödie der Bosnienflüchtlinge

Ein Folge des Zusammenbruchs der Sowjetunion und der Revolutionen in Mittel- und Osteuropa ist der Bürgerkrieg in Südosteuropa. Der Wegfall des Eisernen Vorhangs und die ethnisch-religiösen Auseinandersetzungen in Südosteuropa haben eine Migrationswelle großen Ausmaßes produziert. Besonders betroffen ist das Gebiet des ehemaligen Jugoslawien und hier vor allem Bosnien. 4,4 Millionen Menschen lebten vor dem Bürgerkrieg in diesem Land. Ungefähr die Hälfte verlor alles, was sie hatte, Geld, Wohnung, Land. 1,1 Millionen Bosnier sind geflohen. Sechzig Prozent des Wohnraums in Bosnien wurden zerstört. Zehntausende von Frauen wurden als Mittel der Kriegsführung zumeist von Serben oder Kroaten vergewaltigt. Ethnische Säuberungen und Massenmorde wie in Srebrenica waren an der Tagesordnung. Ungefähr 340 000 Menschen aus diesen Gebieten des ehemaligen Jugoslawien sind nach Deutschland geflohen. Innerhalb von Bosnien-Herzegowina herrschen katastrophale Zustände. Allein in der muslimisch-kroatischen Föderation gibt es 400 000 Vertriebene, die ihre Heimat verlassen mußten, und in der Republik Srpska sind es ungefähr 700 000 Flüchtlinge.

Wenn in Bayern, Baden-Württemberg oder in Berlin ein Bürgerkrieg stattfände, wenn in der Pfalz und in Hessen Hunderttausende von Menschen abgeschlachtet und Zehntausende von Frauen vergewaltigt würden, die Schwaben, Bayern, Berliner, Hessen und Pfälzer würden davonlaufen wie die Hasen, und zwar dorthin, wo sie die begründete Hoffnung hätten, in Frieden und ohne ständige Bedrohung leben zu können. Diese Migration und die hohe Zahl von

Flüchtlingen, die in Deutschland wesentlich größer ist als in anderen Ländern, ist jedoch, wie jedermann weiß, kein Dauerzustand. Diese Menschen kehren wieder in ihre Heimat zurück, wollen dies auch in ihrer überwiegenden Mehrheit.

Angesichts dieser Tatsache ist die Art und Weise, wie im Jahr 1997 aufgrund eines Beschlusses der Innenminister-konferenz des Bundes und der Länder mit der Abschiebung der Bosnienflüchtlinge, vor allem in Bayern und Berlin, begonnen wurde, zu Recht zum Gegenstand des Streits geworden. Ignaz Bubis, Hans-Dietrich Genscher, Hans Koschnik, Christian Schwarz-Schilling und ich protestierten am 28. März 1997 offiziell gegen die Abschiebepraxis und forderten die Innenminister des Bundes und der Länder auf, diese Politik zu korrigieren und Auswüchse rasch zu beenden. Auch wenn einzelne Ereignisse bei der Abschiebung unterschiedlich beurteilt werden können, war der Appell absolut notwendig. Einige wenige Beispiele sollen dies verdeutlichen.

Die zwanzigjährige bosnische Muslimin Medina und ihr Mann lebten seit dem März 1993 in Bad Neustadt an der Saale und wurden am 3. Dezember 1996 in der Nacht von der Polizei verhaftet. Sie durften zwei Reisetaschen packen, wurden in Handschellen abgeführt und waren die Nacht über im Gefängnis. Am folgenden Tag wurden sie mit anderen bosnischen Flüchtlingen, begleitet von zehn Beamten des Bundesgrenzschutzes und dem bayerischen Ministerialrat Heinz Grundwald, nach Sarajewo geflogen. Sie waren weder sogenannte »Kriminelle« noch Sozialhilfeempfänger. Der Beamte in der Behörde eines der Evangelischen Synode angehörenden Ministers der CSU kommentierte den Vorgang vor der Presse so: »Someone has to start someday.«[205]

Ein von der Abschiebung bedrohter bosnischer Flüchtling in Berlin beging Selbstmord. Er stammte aus dem serbischen Teil Bosniens und war nach Schikanen und einem Einberufungsbefehl der jugoslawischen Armee im August 1994 nach Deutschland geflüchtet.[206] Die 36 Jahre alte muslimische Bosnierin Jasminka Klančević war nach den Massakern von Srebrenica nach Deutschland geflüchtet. Sie bekam Mitte 1997 von der Stadt Augsburg aufgrund der Richtlinien des bayerischen Innenministers den Bescheid, bis spätestens 31. August 1997, 24 Uhr, die Bundesrepublik Deutschland zu verlassen, andernfalls würde sie gegen ihren Willen zwangsweise abgeschoben werden. Dieser Bescheid bedeutet für die Frau, wie der Spiegel feststellt, »das sichere Ende«.[207]

Jasminka Klančević ist krebskrank und hat eine Darm- und Totaloperation der Gebärmutter hinter sich. In Bosnien-Herzegowina kann sie medizinisch nicht versorgt werden. Ihre Mutter und ihr Bruder haben in Holland Bleiberecht bekommen; ihr Verlobter war im Juli 1995 in Srebrenica ermordet worden.

Was haben Kreuze in bayerischen Schulzimmern eigentlich für einen Sinn, wenn die Abschiebung von der Behörde aufgrund der Durchführungsbestimmungen damit begründet wird, man könne »Frau Klančević nicht im Sozialhilfebezug dabehalten, da sie der öffentlichen Hand auf Dauer zur Last fällt«?[208]

Die Gerichtsrede Jesu richtet sich nicht an die Augsburger Beamten, sondern geht an die Adresse der deutschen Innenminister.

Ich glaube auch nicht, daß eine Behörde das Recht hat, einen Menschen durch Abschiebungsdrohung in eine psychische Situation zu bringen, aus der er keinen Ausweg mehr weiß. Daß es auch anders geht, hat ein CDU-Landrat im schleswig-holsteinischen Plön bewiesen, der einem neunzehnjährigen Rumänen in weiter Auslegung des Gesetzes eine sechsmonatige Duldung mit Aussicht auf Verlängerung gewährt hat, damit dieser das Abitur machen kann.[209] Es ist richtig, daß die Bürgerkriegsflüchtlinge Bund, Länder und Gemeinden Geld kosten, 1996 ungefähr 3,4 Milliarden Mark.[210] Aber die Bundesrepublik gehört zu den reichsten Ländern der Welt und ist die zweitgrößte Handelsnation dieser Erde mit einem Bruttosozialprodukt von 3,4 Billionen Mark. Niemand in Deutschland hat auch nur eine Mark weniger Lohn oder Rente bekommen, weil wir – als christliches Land – Fremde, die in Not geraten sind, im biblischen Sinn bei uns aufgenommen haben.

Zum Argument, die Bürgerkriegsflüchtlinge würden jetzt für den Wiederaufbau gebraucht, sagt der Chef der Weltbankmission in Sarajevo, Rory C. O. Sullivan: »Natürlich werden gut Ausgebildete benötigt, aber zurückgeschickt werden ja gerade die anderen.« Fachleute hätten im Ausland Arbeit gefunden und einen gewissen Status erreicht. Er sagt weiter: »Massenhafte Rückkehr von Leuten, die nicht wissen, wohin, löst die Probleme nicht. Ganz im Gegenteil.«[211] Natürlich beteiligt sich die Bundesrepublik Deutschland finanziell am Aufbau von Bosnien-Herzegowina. Und die Einsparungen durch das Asylbewerberleistungsgesetz verwenden die Länder, um den Wohnungsbau in diesem Staat mit zu finanzieren. Aber wichtig wäre es, daß die Menschen, die abgeschoben werden, mit ein bißchen Geld in Bosnien ankommen. In München wurde ein Mann, der in den letzten Jahren 1700 Mark gespart hatte, in ein Flugzeug gesetzt, die bayerische Polizei kassierte jedoch vor dem Abflug 1300 Mark als Reisekosten.[212]

Viele der Abzuschiebenden werden direkt vom legalen Arbeitsplatz abgeholt und sofort in Abschiebehaft genommen. Frauen, die im fünften Monat schwanger sind, wurden in kalte Gefängniszellen gesperrt. Kranke Menschen, schwangere Frauen, junge Leute, die sich mitten in der Lehrlingsausbildung befinden, Mütter, deren Kinder kurz vor der Prüfung stehen, werden abgeschoben oder bekommen Abschiebebescheide. Eine junge Frau aus Augsburg wurde zehn Tage in Abschiebehaft genommen.[213]

Viele Flüchtlinge sitzen praktisch auf ihren Koffern, weil sie Angst haben, am nächsten Tag verhaftet zu werden. Ohne Vorankündigung werden Menschen von der Polizei abgeholt und eingesperrt. Die Polizei nimmt Flüchtlinge am Frühstückstisch fest, und sie dürfen sich nicht einmal von Verwandten verabschieden. Es werden auch Leute abgeschoben, die längst eine Genehmigung für die Einwanderung in die USA haben.

Die Abschiebeankündigungen werden ohne erkennbare Kriterien und ohne Rücksicht auf Familienverhältnisse verschickt. Abschiebebescheide bekommen Flüchtlinge, die im Krankenhaus liegen, ebenso wie Frauen, die nach drei Schlaganfällen im Rollstuhl sitzen. Unbescholtene Flüchtlinge werden zwischen drei Uhr und sechs Uhr morgens verhaftet. Oft erlaubt man ihnen zum Zusammensuchen ihrer Habseligkeiten nur 10 bis 25 Minuten.

Dies ist um so schlimmer, als sich hinter den willkürlichen Ausweisungen und den damit verbundenen menschenrechtswidrigen Modalitäten ein System versteckt, das zum Ziel hat, unter den Bosnienflüchtlingen Angst und Schrecken zu verbreiten. Alle sollen in der Furcht leben, möglicherweise am nächsten Morgen verhaftet und abgeschoben zu werden, unabhängig davon, ob sie überhaupt in ihre

Heimat zurückkehren können. Erst auf massiven Druck hin haben sich die Innenminister bereit erklärt, keine Muslime in die bosnisch-serbische Republik Srpska abzuschieben. Aber lange genug hat man die Menschen sogar mit der Angst alleingelassen, in den Massenvernichtungsort Srebrenica geschickt zu werden.

Meistens sind unmoralische Handlungen gleichzeitig auch die am wenigsten sachgemäßen. Wenn Flüchtlinge massenhaft in das zerstörte Bosnien zurückgeschickt werden, verschärft dies dort die Lage. Viele Menschen haben keine Heimat mehr, weil sie von anderen Volksgruppen besetzt ist. Wo sollen sie bleiben? Von was sollen sie leben? Die so entstehenden Spannungen können in einer Explosion enden, und Deutschland wäre mitverantwortlich für neue Greueltaten und Flüchtlingswellen. Auch die Soldaten der NATO mitsamt dem Bundeswehrkontigent, die zur Friedenssicherung in Bosnien stehen, gerieten in Gefahr.

Die deutsche Verantwortung endet nicht am Flughafen von Sarajevo. Die Rückkehr der Flüchtlinge kann nicht nur im Hinblick auf die innenpolitische Aufgabe gesehen werden, die Sozialhilfekosten zu reduzieren und das Ausländerrecht strikt anzuwenden, sondern hat auch eine außenpolitische Dimension. Im Ausland wird bereits von »deutschen Deportationslisten« gesprochen. So falsch ist das nicht.

Die Innenminister von Bund und Ländern haben sich am 19. September 1996 darauf geeinigt, ab dem 1. Oktober mit der Abschiebung der Bosnienflüchtlinge zu beginnen. Danach sollen zunächst Erwachsene ohne Kinder sowie Erwachsene, deren Ehepartner oder Kinder in der Heimat leben, zurückgeschickt werden. Von den Rückführungen ausgenommen sind unter anderem Folter- und Vergewaltigungsopfer, Menschen über 65 ohne Familie in Bosnien sowie Zeugen eines Kriegsverbrechens.

Gleichzeitig haben die Innenminister vereinbart, daß es den Ländern freisteht, wann und wie sie den Rückführungsbeschluß umsetzen wollen. SPD-regierte Länder wollen ab Frühjahr 1998 mit der Rückführung beginnen, aber nur auf freiwilliger Basis. Die CDU-regierten Länder und Bayern haben bekräftigt, daß sie mit der Umsetzung sofort beginnen werden und auch bereit sind, notfalls zwangsweise abzuschieben.

Ich stelle mir die Frage, warum eine Partei, die sich zum christlichen Menschenbild bekennt, in einer solchen Frage nicht die gleiche Toleranz und Menschlichkeit aufbringen kann, wie sie Politiker zeigen, die einer Partei angehören, die ohne das »C« in ihrem Namen auskommt.

Diese Frage stelle ich mir aber nicht nur hinsichtlich der Bosnienflüchtlinge, sondern auch angesichts des Streits um die Deserteure der Roten Armee.

Kennzeichen christlichen Lebens ist die Barmherzigkeit, das heißt, die Bereitschaft, mit anderen, die in Not sind, mitzuleiden und daraus Konsequenzen zu ziehen. Auf breiter Front hatten deutsche Verwaltungsgerichte und Ausländerbehörden es abgelehnt, ehemaligen Soldaten der Roten Armee Asyl zu gewähren und ihre Aufenthaltsberechtigungen zu verlängern. Die Soldaten waren in der revolutionären Übergangzeit 1989, 1990 und 1991 desertiert, weil sie nicht mit ihrer Armee in die Sowjetunion zurückkehren wollten. Ein Grund waren die unmenschlichen Verhältnisse in den sowjetischen Streitkräften, vor allem für junge Wehrpflichtige.

Auch das Bundesamt für die Anerkennung ausländischer Flüchtlinge hatte ablehnende Bescheide erlassen. Als Begründung wurde vor allem angegeben, daß den Deserteuren, wenn sie in ihre Heimat zurückkehrten, keine Todesstrafe drohe. Die panischen Ängste, von denen diese Menschen bei dem Gedanken an eine Auslieferung an die russischen oder ukrainischen Behörden gehetzt wurden, sprechen eine andere Sprache. Die Deserteure wissen genau, was ihnen blüht, wenn sie der russischen oder ukrainischen Militärbürokratie in die Hände fallen.

Mußten diese Menschen jahrelang fast zu Tode geängstigt werden, bis endlich, nach langem Hin und Her, der Innenausschuß des Deutschen Bundestags eine humane Regelung fand? Gehören wir angesichts dessen nicht alle zu den Buchstabenrechtsakrobaten, die den Zehnten von Minze, Dill und Kümmel für wichtiger halten als das Recht, die Barmherzigkeit und die Treue? »Ihr blinden Wegweiser, ihr seht die Mücke, verschluckt jedoch das Kamel«, sagt Jesus.

Toleranz für Kirchenasyl

Vor einigen Jahren haben evangelische und katholische Kirchengemeinden beschlossen, abgelehnten Asylbewerbern unter bestimmten Voraussetzungen ein sogenanntes Kirchenasyl zu gewähren, das heißt, diesen Menschen kirchliche Räume zu öffnen in der Hoffnung, daß die Polizei diese Räume respektieren werde, so wie früher im Mittelalter.

Nun darf in einem Rechtsstaat niemand für sich beanspruchen, im Sinn einer elitären Moral Gesetze zu mißachten oder zu übertreten, auch wenn es in guter Absicht geschieht. Insofern ist der Satz »Kirchenasyl ist Rechtsbruch« formal in Ordnung. Diese Position vertritt zum Beispiel der bayerische Innenminister, Günther Beckstein, gegenüber den Synodalen der evangelischen Landeskirche. Es ist in der Tat die Aufgabe eines Innenministers – gerade auch wenn er selbst Mitglied des Kirchenparlaments ist –, Kirchengemeinden, die in ihren Räumen abgelehnten Asylbewerbern Schutz gewähren, auf die scheinbare Recht- und Aussichtslosigkeit ihres Tuns hinzuweisen und davor zu warnen, mit dem Kirchenasyl in eine Sackgasse zu geraten.

Ich glaube aber, daß angesichts der Häufung schwer erträglicher und in ihren Auswirkungen unmenschlicher Vorfälle eine differenzierte Betrachtung notwendig ist. Wegen der gesinnungsethischen Motivation läßt sich die Kirchenasylfrage vergleichen mit den Blockaden in Mutlangen gegen die Stationierung von Pershing-Raketen, die im übrigen nicht von allen Gerichten bestraft worden sind. Allerdings handelt es sich beim Kirchenasyl nicht um die Abwehr einer abstrakten Gefahr, wie bei der Stationierung von Mittelstreckenraketen, sondern um Hilfe in sehr konkreten Fällen.

Die ökumenische Bundesarbeitsgemeinschaft »BAG – Asyl in der Kirche« hat 1997 eine repräsentative Untersuchung in Bonn veröffentlicht. Das entscheidende Ergebnis dieses Erfahrungsberichts besteht darin, daß in siebzig Prozent der Kirchenasylfälle Abschiebungen verhindert werden konnten. Es wurde erzwungen, daß Flüchtlingsschicksale erneut überprüft wurden, und dies in vielen Fällen mit dem Ergebnis, daß rechtswidrige Entscheidungen gefällt worden waren. Die betroffenen Menschen durften gar nicht abgeschoben werden, entweder weil sie tatsächlich politisch verfolgt werden oder weil ihnen Gefahren für Leib und Leben drohen. In 16 Kirchenasylfällen wurden Flüchtlinge nachträglich als politisch Verfolgte anerkannt (12,7 Prozent), in 45 Fällen mußten die Ausländerbehörden nachträglich eine Duldung aussprechen. 8 Prozent der Fälle konnten gelöst werden, weil ein sicheres Drittland gefunden wurde.

Die BAG hat von den 232 Kirchenasylfällen in den letzten sechs Jahren 124 gründlich recherchiert und analysiert. 13 Kirchenasyle wurden in ökumenischer Zusammenarbeit betreut. Statistisch gesehen, zeigten die evangelischen Kirchengemeinden deutlich mehr Mut zum »bürgerlichen Ungehorsam« als katholische Gemeinden. Allerdings haben auch Klöster Asylbewerbern Schutz in ihren Mauern gewährt. Vierzig Prozent der Kirchenasyle dauern drei Monate, etwa sechzig Prozent bis zu einem halben Jahr, achtzig Prozent konnten innerhalb eines Jahres gelöst werden. 1997 ist jedoch die Zahl der Fälle gestiegen, die länger als ein Jahr dauern. Am häufigsten bitten laut BAG Kurden

266

aus der Türkei, Armenier, Roma aus Mazedonien oder Rumänen um Schutz in Kirchengemeinden.

Die Analyse dieser Fälle hat eklatante Mängel des derzeitigen Asylverfahrens zutage gebracht. Sie liegen vor allem in der Kürze der Einspruchsfristen und der Befragung der Flüchtlinge, die oftmals keine Gelegenheit haben, ihre Fluchtgründe ausführlich zu schildern. Ein großes Problem sind die Dolmetscher. Viele Protokolle zeigen außerdem, daß die Beamten voreingenommen sind gegenüber den Asylantragstellern und entsprechende Fragen stellen. Auch werden die Abschiebehindernisse nur ungenügend geprüft. Zu ähnlichen Ergebnissen sind 1996 schon der Caritasverband sowie die Evangelische Kirche in Deutschland in eigenen Berichten zum Asylproblem gekommen.[214]

Aufgrund dieser Ergebnisse kann das Argument nicht von der Hand gewiesen werden, das Kirchenasyl habe es ermöglicht, »dem Recht zum Recht zu verhelfen«. Richtig ist, daß Konflikte mit Behörden entstehen, wenn sich aus kirchlicher Sicht eine Beistandspflicht für Menschen in Bedrängnis ergibt. Wer in Einzelfällen Abschiebungen verhindert, kann zumindest partiell die staatliche Autorität untergraben.[215]

Im Einzelfall kann sich aber sehr wohl ein im materiellen Recht begründeter Verfahrensnotstand ergeben, der es zumindest zeitlich begrenzt erlaubt, eine drohende Menschenrechtsverletzung zu verhindern, den Vollzug einer Behördenentscheidung aufzuheben, um so eine rechtlich einwandfreie und verfassungskonforme Entscheidung zu ermöglichen. Eine fehlerhafte Baugenehmigung kann revidiert werden, Folter oder Tod nach einer rechtswidrigen Abschiebung aber sind unwiderruflich. Im übrigen ist Kirchenasyl etwas anderes als illegales Untertauchen.

Ein pragmatischer, unaufgeregter Umgang mit dem Thema Kirchenasyl ist angebracht. Wer in Kirchenräumen Menschen beherbergt, setzt sich ja nicht willkürlich wegen eines elitären Moralanspruchs über eine behördliche Entscheidung hinweg, sondern entscheidet dies in genauer Kenntnis der menschlichen Schicksale und oft unter Inkaufnahme erheblicher Nachteile. Ganz zu schweigen von den Schutzsuchenden selbst, die sich einer solch beengten Situation in totaler Abhängigkeit und unter starkem psychischen Druck nur dann aussetzen, wenn sie sicher sind, daß sie dort, wohin sie abgeschoben werden sollen, ein schlimmes Schicksal erwartet.

Nicht zufällig suchen daher viele Kurden im Kirchenasyl Zuflucht. Die Türkei führt gegen das Volk der Kurden einen ethnisch motivierten Bürgerkrieg. Folter ist in der Türkei zwar gesetzlich verboten, doch hat sich, nach Angaben der Kommission für Menschenrechte des Europarats, 1996 die Zahl der vorgebrachten Beschwerden gegen die Türkei im Vergleich zum Vorjahr verdoppelt. Für Kurden zum Beispiel besteht keine abstrakte, sondern eine konkrete Gefahr, gefoltert zu werden, wenn sie in die Türkei zurückkehren. Die deutschen Behörden und politisch Verantwortlichen sollten sich lieber an das geltende Recht halten, das die Abschiebung in diesen Fällen verbietet, statt sich über das umstrittene Kirchenasyl aufzuregen. Nicht selten wird erst durch das mutige Engagement der am Kirchenasyl Beteiligten dem Recht zum Recht verholfen.

Kajetan

Die Mentalität, die sich in vielen Entscheidungen der Behörden und Gerichte ausdrückt, ist leider ein Spiegelbild dessen, was im Alltag immer häufiger geschieht: Diskriminierung und Ausgrenzung von Ausländern, Zunahme von Fremdenfeindlichkeit. Gastwirte oder Diskothekenbetreiber weisen ausländische Gäste ab, Bürger protestieren, wie im hessischen Dillenburg, gegen den Gesang eines Muezzin, die Berichte über Mißhandlungen von Ausländern durch Polizeibeamte haben sich vermehrt, Übergriffe von Skinheads und anderen rechten Gruppierungen auf Ausländer, auch gegen ungarische Touristen oder italienische Schülerinnen, sind, vor allem in den ostdeutschen Ländern, an der Tagesordnung.

Die auch innerhalb der CDU verbreitete Meinung, man müsse auf diese Bewußtseinslage der Bevölkerung Rücksicht nehmen, ist eine Kapitulation vor Verletzungen der Menschenrechte im eigenen Land. Das Gegenteil ist richtig: Diesem Zeitgeist muß Widerstand geleistet werden. Wenn alle, die Verantwortung tragen, die Medien, der Landrat in seinem Kreis, die Regierungspräsidenten, Ministerpräsidenten, der Bundeskanzler, die Bischöfe, die Kirchenpräsidenten das Evangelium und die Nächstenliebe vertreten, werden Rassismus und Fremdenfeindlichkeit keine Chance haben.

Beseitigung der Diskriminierung auf dieser Welt ist der Schlüssel zum Tor einer friedlichen Weltordnung. Konflikte können nicht wegdiskutiert werden, aber demokratische Gesellschaften können Konflikte humanisieren.

Antisemitismus in Europa und in Deutschland würde es

auch ohne einen einzigen Juden geben. Antisemitismus, Fremdenhaß und Ausländerfeindlichkeit sind nicht das Ergebnis von Übervölkerung und Überfremdung. Die Juden wurden im Dritten Reich verfolgt, ohne daß damals jedes Jahr 100 000 oder 200 000 Einwanderer ins Land kamen. Heute leben bei uns 40 000 Juden, und trotzdem werden jüdische Friedhöfe geschändet. Die Pogrome gegen die Schwarzen und die Indianer in den Vereinigten Staaten von Amerika fanden auf einem fast menschenleeren Kontinent statt. Das alles hat also nichts mit angeborenem Verhalten und Bevölkerungsdichte zu tun, dafür aber um so mehr mit Habsucht, Neid, falscher Information, Unbildung und Verwirrung der Geister.

Kajetan Reinhard war mein Spielkamerad in Kindertagen. Meine Eltern wohnten damals, 1935, mit ihren fünf Kindern in Ravensburg, am südlichen Stadtrand. Kajetan hatte sein Zuhause ein paar hundert Meter von unserer Wohnung entfernt. Wir waren fünf Jahre alt und unzertrennlich beim täglichen Spiel im Binsendickicht und den Sandlöchern des Schussentals. Manchmal kamen seine drei Schwestern dazu, dunkelhäutige Mädchen mit braunen Augen und langen pechschwarzen Haaren. Sie hatten eine laute, freundliche und unglaublich dicke Mutter und einen respekteinflößenden Vater, dem sie aufs Wort gehorchten. Oft holte mich Kajetan morgens ab, und ich kam erst spät am Nachmittag nach Hause. Zu essen bekamen wir bei seiner Mutter. Bei der Einschulung heulte und tobte ich, bis ich mit ihm zusammen auf einer Schulbank sitzen durfte.
1938 war er plötzlich verschwunden. Meine Eltern waren bedrückt und gaben ausweichende Antworten; ich lief hinaus zu den Weiden, wo die Reinhards ihren großen farbi-

gen Wagen stehen hatten. Außer ein paar Spuren im Sand war nichts mehr zu sehen. Kajetan war ein Zigeuner, man sagte damals nicht Sinti oder Roma.

1985, als ich als Bundesminister auch für diese Bevölkerungsgruppe zuständig war, ließ ich nach ihm suchen. Er hat Birkenau überlebt. Ich traf ihn 1988 wieder bei einer Messe im Speyrer Dom, die der dortige Bischof mit ein paar tausend Sinti und Roma feierte. Ich erfuhr von ihm, daß seine schönen Schwestern und die Eltern in Auschwitz umgebracht worden sind.

Schenkt man Ethologen wie Eibl-Eibesfeldt Glauben, dann muß mit mir und dem Zigeuner irgend etwas schiefgelaufen sein – ein lockeres Gen, die falsche Erziehung? An der Schule kann es nicht gelegen haben: Kajetan wurde ein halbes Jahr nach der Einschulung aus unserer Schulbank geholt und »artgerecht« in der letzten Reihe isoliert, der kindliche Widerstand durch Schläge im Keim erstickt. So muß es an den Eltern gelegen haben, die nie »Heil Hitler« gesagt und mir erlaubt haben, im Zigeunerwagen zu Mittag zu essen.

Die Politik in Deutschland und der Welt darf sich nicht an ethnisch begründeter Abschottung, Ausgrenzung, Auslese, an archaischen Verhaltensmustern und biologischen Determinanten orientieren. Sie muß sich, ohne weltfremd zu werden, ausrichten an den humanen und realistischen Botschaften des Evangeliums, dem Universalitätsanspruch der Menschenwürde und der Menschenrechte und am Primat der Erziehung ohne archaische Phobien. Dieser Primat hat mir dank meiner Eltern drei glückliche Kinderjahre mit einem »Zigeuner« geschenkt.

Anmerkungen

[1] Matthäus 23, 3

[2] Die Inquisitoren waren meist Ankläger und Richter in einer Person. Die Rechtsstellung des Beschuldigten innerhalb des Inquisitionsverfahrens war denkbar ungünstig: Seine Verteidigungsmöglichkeiten waren sehr beschränkt, und er konnte beim Vorliegen von Verdachtsmomenten durch die Folter, die 1352 von Innozenz VI. zugelassen wurde, zum Geständnis gezwungen werden. Da die Kirche es ablehnte, selbst Blut zu vergießen, wurde der Delinquent der weltlichen Obrigkeit zur Vollstreckung des Todesurteils überantwortet.

[3] Toledo fiel 1085, Saragossa 1118, Córdoba, die Hauptstadt des Kalifats, 1236, Valencia 1238, Murcia und Sevilla 1248, und nach der Heirat Ferdinands von Aragon mit Isabella von Kastilien im Jahr 1492 konnte auch Granada als letzte Festung der Muslime in Spanien eingenommen werden. Der Held der christlichen Reconquista war El Cid, eigentlich Rodrigo Diaz, einer der Kämpfer gegen die Mauren. Es endete eine lange Zeit der Herrschaft von Muslimen in Europa, in der islamische Gelehrsamkeit und Weisheit viele Spanier dazu gebracht hatten, sich in Sprache und Sitte zu arabisieren.

[4] Am Anfang der Judenpogrome zu Beginn des 1. Kreuzzugs und während der Pest im 14. Jahrhundert standen meist Ritualmordbeschuldigungen und der Vorwurf der Brunnenvergiftung. Der Aufruf zum Kreuzzug erfolgte mit der Parole: »Freiheit für Jerusalem«. Warum sollte man nicht bereits auf dem Weg nach Jerusalem die Gottesmörder bestrafen? Im Jahr 1096 haben Pogrome in Speyer, Worms, Mainz, Trier, Metz, Köln, Neuss und Xanten stattgefunden. Nach vorsichtiger Schätzung fielen ihnen 4000 bis 5000 Juden zum Opfer. Dies geschah trotz eines Schutzbriefes Kaiser Heinrichs IV. für die Juden. In Mainz stellte sich die jüdische Gemeinde unter den Schutz des Erzbischofs, aber am Ende siegten die Truppen Emicho von Leiningens über den Kirchenfürsten. Auch die Eroberung Jerusalems war ein einziges Blutbad: Juden und Muslime wurden gleichermaßen hingemetzelt.
Rechtlich waren die Juden im Mittelalter nach den Privilegien Hein-

richs IV., Friedrich Barbarossas und Friedrichs II. als »infideles« = »Ungläubige« und »servi camera regis« = »königliche Kammerknechte« eingestuft. Dahinter verbirgt sich die theologische Lehre von der Dienstbarkeit der Juden, die 1234 in die Dekretalensammlung Papst Gregors IX. einging. Das Interesse richtete sich dabei auf die wirtschaftliche Leistungsfähigkeit der Juden, vor allem auf ihre Rolle als Geldverleiher, da den Christen das Zinsnehmen verboten war. Während der großen Pestwelle in Europa im 14. Jahrhundert warf man den Juden nach dem Sündenbockschema vor, die Brunnen vergiftet und die Seuche verschuldet zu haben. Dort, wo die Pandemie bereits grassierte, merkten die Christen aber schnell, daß auch die Juden zu den Pestopfern gehörten. Die Pogrome des 14. Jahrhunderts sind die Folge von massenpsychologisch wirksamer Dämonisierung einer religiösen Gruppe, die ökonomisch sehr erfolgreich war und Neid hervorrief. Zwangstaufen und Vertreibung lösten im Spätmittelalter die Pogrome ab.

5 Zwar hat Luther auch einen positiven Beitrag über die Juden geschrieben in seiner Schrift »Juden und Christen« aus dem Jahr 1523. Ausschlaggebend für das Verhältnis zu den Juden war jedoch die Schrift »Von den Juden und ihren Lügen« mit der berüchtigten »Sieben-Punkte-Anleitung zum Umgang mit den Juden«. Luther ist bis zu seinem Tod von dieser antijüdischen Haltung nicht mehr abgewichen. Theologische Fakultäten haben in den Jahrzehnten danach die Aversionen gegen das Judentum untermauert. Nach der sogenannten Reichskristallnacht, also den Judenpogromen im Jahr 1938, verteidigte der thüringische Landesbischof Martin Sasse das Vorgehen der Nationalsozialisten gegen die Juden und gab eine Schrift heraus mit dem Titel »Martin Luther über die Juden: Weg mit ihnen!« In der Schrift werden die sieben Punkte Luthers herangezogen und die Auffassung vertreten, Juden müßten wie Zigeuner behandelt werden. Beide Volksgruppen sind dann ja auch in den Krematorien der Konzentrationslager gleichermaßen zu Asche verbrannt worden. Zur Einführung des »Judensterns« gaben am 17. Dezember 1941 die sieben evangelisch-lutherischen Landeskirchen von Sachsen, Hessen-Nassau, Mecklenburg, Schleswig-Holstein, Anhalt, Thüringen und Lübeck folgende Erklärung ab: »Als Glieder der deutschen Volksgemeinschaft stehen die unterzeichnenden deutschen evangelischen Landeskirchen und Kirchenleiter in der Front dieses historischen Abwehrkampfes, der unter anderem die Reichspolizeiordnung über die Kennzeichnung der Juden als der geborenen

Welt- und Reichsfeinde notwendig gemacht hat, wie schon Dr. Martin Luther nach bitteren Erfahrungen die Forderung erhob, schärfste Maßnahmen gegen die Juden zu ergreifen und sie aus deutschen Landen auszuweisen.«

6 Im Zug der Herausbildung der bürgerlichen Gesellschaft im 19. Jahrhundert emanzipierten sich die Juden, vor allem in Preußen. Initiator war Christian Dohm, der in seiner Schrift aus dem Jahr 1781 »Von der bürgerlichen Verbesserung der Juden« rechtspolitische Maßnahmen zugunsten der Juden gefordert hatte. Das Judenedikt vom 12. März 1812 im Rahmen der preußischen Reformen ist der positive Höhepunkt der Judenemanzipation, auch wenn dadurch nicht direkt die rechtliche Gleichstellung und wirtschaftliche Freistellung erreicht wurde. Das Edikt war dennoch der Durchbruch im Wandel vom geduldeten Schutzjuden zum preußischen Bürger jüdischen Glaubens. In der Städteordnung des Freiherrn vom Stein wurde das städtische Bürgerrecht allen Einwohnern zugesprochen, unabhängig von Stand, Geburt und Religion. Allerdings beschnitten Ausnahmeregelungen die bürgerliche Existenz der Juden: Sie konnten zwar nun Lehrämter sowie kommunale Ämter übernehmen, der Eintritt in höhere Staatsämter blieb ihnen aber nach wie vor verwehrt. Mittels restriktiver Verwaltungspraxis und Rechtsprechung wurde bis zur Reichsgründung immer wieder versucht, die Emanzipation rückgängig zu machen. Die Auffassung, daß Juden keine staatlichen Funktionen als Beamte wahrnehmen dürften, wirkte sich äußerst hemmend auf ihre Integration in die bürgerliche Gesellschaft aus.

Der Antisemitismus war aber keine ausschließlich deutsche Angelegenheit. Er war in der Dritten Französischen Republik in der Mitte des 19. Jahrhunderts Bestandteil einer Bewegung gegen Positivismus, Demokratie und Liberalismus. Auch unter den Sozialisten Frankreichs fanden sich zahlreiche Antisemiten, deren Feindbild eine Mischung aus Judentum und Bürgertum darstellte. Pierre Joseph Proudhon wollte Heinrich Heine und andere Juden aus Frankreich entfernt sehen. Auch die wissenschaftliche Rechte war von Maurice Barrès bis Gustave Le Bon nationalistisch und stark antisemitisch geprägt.

Die Dreyfus-Affäre bildete den Höhepunkt des französischen Antisemitismus: Von 1894 bis 1906 spaltete sie die Nation. Gegen die militärgerichtliche Verurteilung des jüdischen Offiziers Alfred Dreyfus aufgrund gefälschter Dokumente – lebenslängliche Verbannung wegen angeblicher Spionage – bildete sich 1898 der Bloc républicain. Der sozialkritische Dichter Émile Zola veröffentlichte den Essay »J'accuse«, und der sozialistische Politiker Jean Jaurès forderte mit vielen anderen die Wiederaufnahme des Verfahrens. Obwohl Dreyfus später für unschuldig befunden wurde, änderte sich das antisemitische Klima in Frankreich nicht wesentlich. Die jüdischen Flüchtlinge aus Ostmitteleuropa während der Zeit der nationalsozialistischen Verfolgung wurden nicht nur von der französischen Bevölkerung, sondern auch vom assimilierten und ökonomisch erfolgreichen französischen Judentum bewußt ausgegrenzt.

7 Das sogenannte kumulative Konzept der Hexerei, das aus mehreren Aspekten besteht, wurde erstmals im Malleus Maleficarum entwickelt. Dieses Werk zweier Inquisitoren aus dem Dominikanerorden, Heinrich Kramer (mit lateinischem Namen Institoris) und Jakob Sprenger, wurde erstmals 1487 veröffentlicht und bis 1520 dreizehnmal nachgedruckt. Der Malleus schuf eine Synthese vielfältiger Vorstellungen über Hexerei in einem umfangreichen Traktat, untermauerte diese Ideen theologisch und gab juristische Ratschläge.

Das Konzept der Hexerei umfaßte mehrere Punkte: Im Zentrum des Hexenglaubens stand der Teufel als Vertragspartner der Hexen und Objekt ihrer Verehrung. Hexen schließen angeblich immer einen Pakt mit dem Teufel und feiern ihn in kultischen Veranstaltungen, dem Hexensabbat, an dem rituelle Handlungen, wie Kannibalismus, Kindsmord und der Beischlaf mit Dämonen, vorgenommen werden. Die Vorstellung des Hexenflugs ist eine logische Folge aus dem Glauben an den Hexensabbat, da sie eine Erklärung für die Fähigkeit der Hexen bot, sich nächtens in weit entfernten Gegenden zu treffen. Außerdem gehört die Fähigkeit zur körperlichen Verwandlung zum Hexenglauben.

8 Der im 19. Jahrhundert aufkommende Nationalismus führte damals zu einer Verbindung mit den in Indien verbreiteten Religionen. Die indische Oberschicht gründete die mehrheitlich hinduistische Kongreßpartei, die Reformen, Mitsprache und Unabhängigkeit von den britischen Kolonialherren forderte. Die indischen Muslime organisierten sich 1906 in der Muslimliga, in der die Forderung nach selbständiger politischer Repräsentanz laut wurde. Ihre Führer propagierten seit den dreißiger Jahren die Trennung der Muslime von den Hindus und einen eigenen Muslimstaat, nämlich Pakistan. Die eskalierenden blutigen Auseinandersetzungen zwischen Hindus und Muslimen führten im Jahr 1947 zur Teilung in den muslimischen Staat Pakistan und den Hindustaat Indien.

Wegen des Streits um die Teilung des historischen Punjab flüchteten acht Millionen Muslime nach Pakistan und sechs Millionen Hindus nach Indien. Im Verlauf dieser Unruhen starben zehn Millionen Menschen. Mohandas Karamchand – Mahatma – Gandhi, Führer der indischen Unabhängigkeitsbewegung und Vorsitzender der Kongreßpartei, versuchte als Gegner der Teilung und Verfechter eines Minderheitenschutzes für die Muslime vergeblich zu vermitteln. Am 30. Januar 1948 wurde er von einem fanatisierten Hindu ermordet.

9   Mitte des 19. Jahrhunderts hatten die Sikhs von der Provinz Punjab aus Kaschmir erobert. 75 Prozent der Bevölkerung waren aber Muslime. Im Oktober 1947 versuchten bewaffnete islamische Pathani die Kaschmirfrage gewaltsam zu lösen. Indische Luftlandetruppen schlugen den Aufstand nieder und eroberten drei Viertel Kaschmirs. Entgegen den Beschlüssen der UNO erzwang Indien den Abzug der pakistanischen Truppen und die Teilung Kaschmirs entlang der Waffenstillstandslinie der UNO. 1965 kam es zu einem regelrechten Krieg zwischen den Armeen beider Staaten, allerdings ohne einen territorialen Gewinn für eine der beiden Seiten. 1987 formierte sich der zivile und militärische muslimische Widerstand im von Indien verwalteten Teil Kaschmirs neu. Anfang 1990 eskalierte er zum Bürgerkrieg. Die Bevölkerung Kaschmirs wurde von der indischen Regierung ökonomisch, politisch, religiös und ethnisch diskriminiert.
Nach den militärischen Erfolgen der indischen Sicherheitsstreitkräfte gegen die muslimischen Befreiungsbewegungen und nach umfassenden Repressionen gegen die muslimische Bevölkerung sind inzwischen die propakistanischen, muslimisch-fundamentalistischen Gruppen um die Hizbul-Mujaheddin zu den Hauptgegnern der indischen Truppen geworden. Die öffentliche Ordnung ist in weiten Teilen zusammengebrochen, der wachsende Einfluß der Fundamentalisten ist überall zu spüren.
Zunehmende militärische Grenzvorfälle haben zur Flucht der Hindus aus Kaschmir geführt. Pakistan schürt den innerindischen Konflikt durch Waffenlieferungen an die Rebellen. Muslimische Separatisten besetzten am 15. Oktober 1993 die Hazratbal-Moschee in Srinagar, die daraufhin von indischen Sicherheitskräften umstellt und vollständig abgeriegelt wurde. Bei den blutigen Zusammenstößen wurden 50 Muslime getötet. Insgesamt sind seit 1990 bei den Kämpfen zwischen den muslimischen Extremisten und Regierungstruppen 10 000 Menschen ums Leben gekommen. Schwerste Menschenrechtsverletzungen werden von den Regierungskräf-

ten, aber auch von Rebellen begangen, unter anderem Mord und Folter von Gefangenen.

¹⁰ Als Reaktion auf diese Massaker starb am 31. Oktober 1984 die indische Premierministerin Indira Gandhi durch das Attentat einer ihrer Sikh-Leibwächter. In der Folge entbrannten in ganz Nordindien Pogrome, bei denen mehr als 3000 Sikhs getötet wurden. Seit 1986 flüchten Hunderttausende Hindus und auch Sikhs vor dem Bürgerkrieg in benachbarte Bundesstaaten, weil es wiederholt zu Massakern an Angehörigen der jeweils anderen Volksgruppe kam. Bei Feuergefechten töteten die Sicherheitskräfte 1992 mehrere hohe Führer der Sikhs. Aus Rache ermordeten Sikh-Terroristen daraufhin 31 Polizisten und deren Familien. Die Auseinandersetzungen ziehen sich mit einer hohen Zahl von Todesopfern bis heute hin. Beispiele unheiliger Allianzen von ethnischen und religiösen Fundamentalisten ließen sich beliebig vermehren.

¹¹ Im Verlauf von fünfzehn Jahren Krieg wurden etwa 94 000 Zivilisten getötet und 115 000 Menschen verletzt. Über 14 000 Menschen wurden entführt, beinahe 20 000 gelten als vermißt, 800 000 flohen ins Ausland.

¹² Die Armenier blicken auf mehr als einenhalb Jahrtausende christlicher Staatsreligion zurück, als erstes Volk der Weltgeschichte erhoben sie im Jahr 301 das Christentum zur Staatsreligion. Das Armenische Reich zerfiel im Lauf der Jahrhunderte, und die Armenier lebten verteilt auf russischem und türkischem Gebiet. Erst nach der Auflösung der Sowjetunion wurde im Territorium des früher zur Sowjetunion gehörenden Teils Armeniens ein eigenständiger Staat gebildet. Die mehrheitlich von Armeniern besiedelte Exklave Nagorny Karabach erklärte sich 1992 zur unabhängigen Republik, ist aber bisher von keiner Regierung als eigener Staat anerkannt worden.
Während des religiös und ethnisch begründeten Kampfes gegen Aserbaidschan, oder genauer gesagt: während des Kriegs der Aseris gegen die Armenier, bis zum Waffenstillstand vom Mai 1994, wurden mehr als 40 000 Menschen bei Kampfhandlungen getötet, mehr als 22 000 verletzt, rund eine Million flüchtete. In den für die Armenier insgesamt erfolgreich verlaufenen Kämpfen überwanden sie auch den sogenannten »armenischen Komplex«, nämlich den Glauben, daß Armenier immer nur Opfer seien. Er geht zurück auf das Jahr 1915, als die Armenier den Genozid durch die Türken erleiden mußten.

¹³ Man sollte meinen, daß in dem aufgeklärten und angeblich zivili-
sierten Europa Auseinandersetzungen wie in Armenien und Sri
Lanka undenkbar sein müßten. In Wirklichkeit gehört der Nordir-
landkonflikt zu den schlimmsten Beispielen ethnisch-religiöser
Intoleranz weltweit. Die Ursache dieses Konflikts liegt in der Diskriminierung der katholischen Iren durch die Nachkommen der
rund 100 000 presbyterianischen Schotten, die Anfang des 17. Jahrhunderts, nach dem berühmten »flight of the earls«, der Flucht des
gälischen Adels aus Ulster, in sechs nordirischen Grafschaften
angesiedelt worden waren. Die politische, ökonomische und
soziale Diskriminierung der irischen Katholiken dauert bis auf
den heutigen Tag an und hat terroristische Abwehrreaktionen hervorgerufen. Bis 1994 sind durch Terroranschläge der IRA und der
Ulster-Extremisten insgesamt 3171 Menschen getötet worden. Die
verfeindeten Parteien berufen sich auf denselben Gott.

¹⁴ Sergio Quinzio, Die Niederlage Gottes, Hamburg 1996, S. 96

¹⁵ Matthäus 7, 28

¹⁶ William L. Hull, Kampf um eine Seele. Gespräche mit Eichmann
in der Todeszelle, Wuppertal 1964

¹⁷ Markus 10, 35–45

¹⁸ Pinchas Lapide, Die Bergpredigt – Utopie oder Programm? Mainz
1982, S. 106

¹⁹ Heinrich Heine, Deutschland: Ein Wintermärchen, in: Werke,
hrsg. v. Stuart Atkins, München 1978, Bd. 2, S. 628

²⁰ Friedrich Nietzsche, Zur Genealogie der Moral, in: Werke, Kritische Gesamtausgabe, hrsg. von Giorgio Colli und Mazzino Mon-
tinari, 6. Abteilung, 2. Band, Berlin 1986, S. 281

²¹ Matthäus 7, 21

²² Matthäus 7, 24–27

²³ Hartmut Meesmann (Hrsg.), Publik-Forum: Kirche und Glaube
auf der Couch. Eugen Drewermann – ein Theologe im Widerstreit,
Oberursel 1990, S. 32

[24] Pinchas Lapide, a. a. O., S. 141

[25] Johannes 15, 13

[26] Matthäus 22, 37–40

[27] Markus 12, 30–31

[28] Eduard Moriz (Hrsg.), »Lieber intim als in petto«. Sponti-Sprüche Nr. 5, Frankfurt am Main 1984

[29] Josef Isensee, in: Das Kreuz im Widerspruch. Quaestiones disputatae 162, Freiburg im Breisgau 1996, S. 26

[30] Hans Maier, in: Das Kreuz im Widerspruch, a. a. O., S. 51

[31] Karl Gabriel, in: Das Kreuz im Widerspruch, a. a. O., S. 60

[32] Ebenda

[33] Focus vom 4. August 1997

[34] Matthäus 23, 25

[35] Markus 3, 20-21

[36] Hermann Rauschning, Gespräche mit Hitler, Zürich 1934

[37] Pinchas Lapide, a. a. O., S. 99

[38] Pinchas Lapide, a. a. O., S. 78 f.

[39] Pinchas Lapide, a. a. O., S. 100

[40] Levitikus/3. Buch Mose 19, 16

[41] Pinchas Lapide, a. a. O., S. 126

[42] Lukas 6, 27 und 35

[43] Schalom bedeutet vor allem: »Ein integrales Ganz-Sein, als Antithese zu aller Schizophrenie und Entzweiung«. Vgl. Pinchas Lapide, a. a. O., S. 40

Ähnlich die deutschen Bischöfe am 28. April 1980 in der »Erklärung über das Verhältnis der Kirche zum Judentum«: »Christen
und Juden sollen und können gemeinsam eintreten für das, was in
der hebräischen Sprache Schalom heißt. Dies ist ein umfassender
Begriff, der Friede, Freude, Freiheit, Versöhnung, Gemeinschaft,
Harmonie, Gerechtigkeit, Wahrheit, Kommunikation, Menschlichkeit bedeutet.« (S. 27)

[44] Matthäus 6, 25–26

[45] Pinchas Lapide, a. a. O., S. 109

[46] Thomas Söding, in: Das Kreuz im Widerspruch, a. a. O., S. 77

[47] Matthäus 23, 4

[48] Kurt Reumann, in: Frankfurter Allgemeine Zeitung vom 13.
November 1977

[49] Republik Griechenland: »Im Namen der Heiligen, Wesensglei-
chen und Unteilbaren Dreifaltigkeit das Fünfte Verfassungsändernde Parlament der Hellenen beschließt (...).« (Beschlossen
am 9. Juni 1975, in Kraft getreten am 11. Juni 1975, zuletzt geändert
am 12. März 1986)
Republik Irland: »Im Namen der Allerheiligsten Dreifaltigkeit,
von der alle Autorität kommt und auf die, als unserem letzten Ziel,
alle Handlungen sowohl der Menschen wie der Staaten ausgerich-
tet sein müssen, anerkennen Wir, das Volk von Irland, in Demut
alle unsere Verpflichtungen gegenüber unserem göttlichen Herrn,
Jesus Christus, der unseren Vätern durch Jahrhunderte der Heim-
suchung hindurch beigestanden hat.« Am Schluß des Verfassungs-
textes steht: »Zur Ehre Gottes und zum Ruhme Irlands.« (Vom 1.
Juli 1937, zuletzt geändert am 26. November 1992)
Ukraine: »Der Oberste Rat der Ukraine im Namen des Ukrainischen Volkes, der Bürger aller Nationalitäten der Ukraine, den
souveränen Willen des Volkes ausdrückend, gestützt auf viele
Jahrhunderte währende Geschichte der Schaffung des ukrainischen Staatswesens und auf der Grundlage des von der ukrainischen Nation, dem gesamten Ukrainischen Volk verwirklichten
Rechtes auf Selbstbestimmung, in dem Bemühen, die Rechte und
Freiheiten des Menschen und ihm würdigen Lebensbedingungen
zu gewährleisten, in Sorge um die Festigung der bürgerlichen
Eintracht auf dem Boden der Ukraine, in dem Bestreben, einen

demokratischen, sozialen und Rechtsstaat zu errichten und zu festigen, im Bewußtsein der Verantwortung vor Gott, dem eigenen Gewissen, den früheren, heutigen und zukünftigen Generationen, geleitet von dem Akt der Deklaration der Unabhängigkeit der Ukraine vom 24. August 1991, der durch die landesweite Abstimmung am 1. Dezember 1991 gebilligt wurde, nimmt die vorliegende Verfassung, das Grundgesetz der Ukraine, an.« (Vom 28. Juni 1996)

Schweizerische Eidgenossenschaft: »Im Namen Gottes des Allmächtigen! Die Schweizerische Eidgenossenschaft, in der Absicht, den Bund der Eidgenossen zu festigen, die Einheit, die Kraft und Ehre der schweizerischen Nation zu erhalten und zu fördern, hat nachstehende Bundesverfassung angenommen.« (Vom 29. Mai 1874, zuletzt geändert am 24. Juni 1971, Verfassungsreformprozeß 1995/96 noch nicht abgeschlossen)

Israel: Israel besitzt eine Verfassung, die nicht aus einem geschlossenen Dokument besteht, sondern aus neun Grundgesetzen über die staatlichen Institutionen. Ein weiteres Dokument mit Verfassungsrang ist die Unabhängigkeitserklärung aus dem Jahr 1948. Sie beginnt mit folgendem Passus: »Das Land Israel war der Geburtsort des jüdischen Volkes. Hier entwickelte sich ihre spirituelle, religiöse und politische Identität. Hier bauten sie [die Juden] ihre erste Staatlichkeit auf, schufen kulturelle Werte von nationaler und universeller Bedeutung und gaben der Welt das ewige Buch der Bücher.« Der letzte Absatz endet so: »Voll Vertrauen in den Allmächtigen setzen wir unsere Unterschrift unter diese Erklärung (...).« (Vom 14. Mai 1948)

Commonwealth von Australien: »Das Volk von New South Wales, Victoria, South Australia, Queensland und Tasmania, demütig dem Segen des Allmächtigen Gottes unterstehend, hat vereinbart, uns zu einem unauflöslichen Föderalen Commonwealth unter der Krone des Vereinigten Königreichs von Großbritannien und Irland und unter der hiermit veröffentlichten Verfassung zu vereinen (...).« (Vom 9. Juli 1900, zuletzt geändert am 31. Oktober 1986)

Republik Südafrika: »In demütiger Unterwerfung unter Gott, den Allmächtigen, erklären wir, das Volk von Südafrika (...).« (Vom 28. Januar 1994)

Islamische Republik Iran: Die iranische Verfassung ist erlassen »Im Namen Gottes, des Allerbarmers, des Gnädigen«. Zu Beginn der iranischen Verfassung wird Koransure 57, Vers 25 zitiert: »Wahrlich, wir haben unsere Gesandten mit den klaren Beweisen geschickt und mit ihnen die Schrift und die Waage herabgesandt,

damit sich die Menschen für die Gerechtigkeit erheben.« Der erste
Absatz der Präambel lautet: »Die Verfassung der Islamischen
Republik Iran strebt eine Gestaltung der kulturellen, sozialen,
politischen und ökonomischen Institutionen der iranischen
Gesellschaft nach islamischen Grundsätzen und Regeln an; sie
entspricht dem innigsten Wunsch der islamischen Glaubensgemeinschaft.« (Am 2./3. Dezember 1979 durch Referendum angenommen)
Vereinigte Staaten von Amerika: In der Verfassung der USA gibt es
keinen Bezug auf Gott, in der Unabhängigkeitserklärung dagegen
sehr wohl: »Wenn im Laufe menschlicher Ereignisse es für ein
Volk notwendig wird, die politischen Bande, welche es seither an
ein anderes gefesselt, zu lösen und unter den Mächten der Erde die
getrennte und gleichmäßige Stellung einzunehmen, wozu die
Gesetze Gottes und der Natur es berechtigen, dann verlangt die
Achtung vor der Meinung der Menschheit, daß es sich über die
Ursache erkläre, durch welche es zu dieser Trennung getrieben
worden ist. Wir halten es für eine sich von selbst verstehende
Wahrheit, daß alle Menschen gleich geschaffen sind, daß ihnen
von ihrem Schöpfer gewisse unveräußerliche Rechte verliehen
worden, daß Leben, Freiheit und das Streben nach Glück zu diesen Rechten gehören, daß zur Sicherung dieser Rechte Regierun-
gen unter den Menschen eingesetzt sind, deren gerechte Befug-
nisse auf der Zustimmung der Regierten beruhen, daß, sooft eine
Regierungsform zu diesen Zwecken hinderlich ist, das Volk das
Recht hat, sie zu ändern oder ganz aufzuheben oder eine neue
Regierung einzusetzen, deren Grundlagen und Befugnisse von
der Art sind, wie sie dem Volke zur Herbeiführung seines Wohles
und Glückes am geeignetsten erscheinen.« (Vom 4. Juli 1776)
In der Präambel der Verfassung Kanadas gibt es keinen Bezug auf
Gott. Das gilt auch für die Verfassungen Belgiens, Dänemarks,
Finnlands, Frankreichs, Italiens, Luxemburgs, der Niederlande,
Österreichs, Portugals, Schwedens sowie Spaniens. Von den nach
dem Zusammenbruch der Sowjetunion neu entstandenen osteuropäischen Staaten hat einzig die Ukraine einen Bezug auf Gott in
ihre Verfassung aufgenommen.

[50] Hubert Heinold, Abschiebungshaft. Strafe ohne Rechtsgrund und
Rechtsschutz, in: Grundrechtereport. Zur Lage der Bürger- und
Menschenrechte in Deutschland 1997, S. 24

[51] Amnesty International, Jahresbericht 1997

[52] Frankfurter Allgemeine Zeitung vom 23. November 1996

[53] Auf Drängen von Amnesty International hat die Bundesregierung 1997 eine Verordnung erlassen, die den Export von Elektroschockwaffen und Elektroschlagstöcken genehmigungspflichtig macht. Pressemitteilung von Amnesty International vom 18. Juni 1997

[54] Bahman Nirumand, in: Sepp Graessner (Hrsg.), Folter: An der Seite der Überlebenden, München 1996

[55] Ebenda

[56] Bericht von Physicians for Human Rights aus dem Jahr 1996 und Brief des Behandlungszentrums für Folteropfer Berlin an den Autor vom 30. Juli 1997

[57] Johannes 18, 23

[58] Pinchas Lapide, a. a. O., S. 40

[59] Amnesty International, Jahresbericht 1997

[60] Frankfurter Allgemeine Zeitung vom 31. Juli 1997

[61] Andreas Krautscheid, Unbequem und unverzichtbar, in: Außenpolitik im 21. Jahrhundert, Bonn 1996, S. 241

[62] Die Zeit vom 6. September 1996

[63] Diesen treffenden Satz habe ich irgendwo gelesen, weiß aber nicht mehr, wo. Der mir unbekannte Autor möge mir die Verwendung des Zitats verzeihen.

[64] Frankfurter Allgemeine Zeitung vom 24. September 1996

[65] Schon im April 1994 hatte Bundesaußenminister Klaus Kinkel, damals auch noch FDP-Vorsitzender, erreicht, daß der Dalai Lama nicht vor dem Auswärtigen Ausschuß des Bundestags sprechen konnte. Die Behandlung des Dalai Lama durch Kinkel entspricht seinem Verhalten gegenüber dem von den islamischen Fundamentalisten zum Tod verurteilten iranischen Schriftsteller Salman Rushdie, den Kinkel nach einem ersten Treffen aus fadenscheinigen Gründen nicht mehr empfangen hat.

Unvergeßlich ist für mich die Szene, die jedermann im Fernsehen verfolgen konnte, als der Bundesaußenminister bei einem Treffen mit dem Dalai Lama sich dessen Gastgeschenk, einen tibetischen Schal, den die Mönche als Zeichen des Friedens tragen, nicht über die Schultern legen ließ, sondern ihn dem Dalai Lama brüsk aus der Hand nahm und ihn an irgendein Faktotum des Auswärtigen Amts weiterreichte. Ich will ausdrücklich festhalten, daß die Friedrich-Naumann-Stiftung und ihr Vorsitzender Graf Lambsdorff der Tibetpolitik der Bundesregierung widersprochen haben.

[66] Dieter Buhl, Erst der Handel, dann die Moral, in: Die Zeit vom 23. Mai 1997

[67] Ebenda

[68] Ebenda

[69] Roman Herzog, Die Rechte des Menschen, in: Die Zeit vom 6. September 1997

[70] Volkmar Deile, Schafft die zivile Weltgesellschaft!, in: Die Zeit vom 3. Januar 1997

[71] Sarkuhi ist einer der bekanntesten iranischen Schriftsteller und Chefredakteur der Literaturzeitschrift »Adineh«. Das Monatsblatt gehört zur iranischen Opposition und darf in letzter Zeit nicht mehr erscheinen. Sarkuhi ist der Initiator des berühmten »Briefs der 134«, in dem iranische Autoren 1994 Meinungsfreiheit und den Schutz der Menschenrechte forderten. Sarkuhi hatte schon unter dem Schah Regimekritik geübt und war gefoltert worden. Er verschwand 1996 in den Gefängnissen des iranischen Geheimdienstes, als er im November jenes Jahres zu seiner Familie nach Berlin ausreisen wollte. Offenbar wird ihm jetzt der Prozeß gemacht. Einer der Vorwürfe, die gegen ihn erhoben werden, besteht darin: Er war im August 1996 zusammen mit anderen Schriftstellern vom deutschen Kulturattaché eingeladen worden und hatte sich dort mit anderen Schriftstellern zu einem Abendessen eingefunden. Daraufhin stürmte der iranische Geheimdienst die Wohnung des Botschaftsangestellten und verhaftete die Gäste.

[72] Die Doppelmoral einer Politik im Namen Gottes wird auch von der New Yorker Menschenrechtsorganisation Human Rights Watch kritisiert. In einem am 4. Dezember 1996 veröffentlichten

Bericht heißt es, daß viele westliche Staaten, inklusive Deutschland, im Umgang mit China, Rußland und Ländern des Nahen Ostens eine eklatante Doppelmoral anwendeten. Als Beispiel führt Human Rights Watch die Haltung der westlichen Länder zum Krieg in Tschetschenien an. Alle Proteste gegen das Vorgehen der russischen Streitkräfte seien unter den Teppich gekehrt worden, um die Stellung von Boris Jelzin nicht zu gefährden. In Bosnien habe der Westen darüber hinaus nicht den Mut gehabt, 67 vor dem UNO-Tribunal angeklagte mutmaßliche Kriegsverbrecher zu verhaften.

[73] Samuel Huntington, Kampf der Kulturen, München 1996

[74] Die Zeit vom 6. September 1996

[75] Matthäus 7, 12

[76] Volkmar Deile, in: Die Zeit vom 3. Januar 1997

[77] Konrad-Adenauer-Stiftung, Menschenrechte im interkulturellen Dialog, Köln, Juni 1997, S. 21 ff.

[78] Ebenda, S. 22

[79] Ebenda, S. 23

[80] Heiner Rötz, Konfuzius und die Würde des Menschen, in: Die Zeit vom 15. November 1996

[81] Konrad-Adenauer-Stiftung, a. a. O., S. 24

[82] Lew Kopelew, Einmischung ist lebensnotwendig, in: DeutschlandRadio/Deutschlandfunk – Programm-Monatsheft August 1997, S. 77

[83] Problematisch ist vor allem der Export von Waffen einschließlich Panzern aus der Bundesrepublik Deutschland in die Türkei. Waffenexporte in NATO-Länder, also auch in die Türkei, unterliegen keinerlei Restriktionen. Obwohl die Bundesregierung sich 1991 und 1992 in Luxemburg und Lissabon innerhalb der Europäischen Union verpflichtet hat, bei ihrer Waffenexportpolitik die innenpolitische Situation in den Empfängerländern zu berücksichtigen, nimmt sie keine Rücksicht auf die Verletzung der Menschenrechte

in der Türkei und die dortige Verfolgung der ethnischen Minderheit
der Kurden, zu deren militärischen Bekämpfung offensichtlich auch
Waffen aus ehemaligen NVA-Beständen eingesetzt werden.

[84] Brief an die Galater 3, 28

[85] Apostelgeschichte 10, 34

[86] Apostelgeschichte 2, 7–12

[87] Dieter Oberndörfer, in: Der Wahn des Nationalen, Freiburg 1993

[88] Ebenda

[89] Ebenda

[90] Ebenda

[91] Der Spiegel, Nr. 30/1997, S. 50

[92] Ebenda

[93] Matthäus 5, 21–22

[94] Pinchas Lapide, a. a. O., S. 53

[95] Der Spiegel, Nr. 16/1997

[96] stern vom 5. Oktober 1996

[97] Süddeutsche Zeitung vom 2. Januar 1997 und Die Zeit vom 7. März
1997
Kolong Jamba saß mit dem deutschen Ingenieur in einem Abteil.
Um den Schwarzen zu vertreiben, öffnete der Ingenieur mehrfach
das Fenster, um kalte Winterluft hereinzulassen. Kolong Jamba
wiederum versuchte, das Fenster zu schließen. Es kam zu einer
Auseinandersetzung. Der Asylbewerber war unbewaffnet. Der
Ingenieur stach mit einem Sprungmesser auf Kolong Jamba ein.
Notwehr hatte der Bundesgerichtshof ausgeschlossen, da der
Angeklagte den Schwarzen provoziert habe. Trotzdem rechtfer-
tigte das Gericht sein mildes Urteil damit, daß der Ingenieur sich
habe verteidigen müssen. Es erwähnte ausdrücklich, daß der Asylbewerber für das Erste-Klasse-Abteil keinen gültigen Fahrschein

gehabt habe. Und für den Angeklagten hätten die geordneten persönlichen und wirtschaftlichen Verhältnisse gesprochen, obwohl er am Arbeitsplatz oft durch ausländerfeindliche Parolen aufgefallen war.

98 Stuttgarter Zeitung vom 21. Februar 1997

99 Amnesty International, Ausländer als Opfer – polizeiliche Mißhandlungen in der Bundesrepublik Deutschland, 3. Juli 1997

100 Länderinnenministerkonferenz, Polizei und Fremde – Belastungen und Gefährdungen von Polizeibeamtinnen und -beamten im alltäglichen Umgang mit Fremden, Februar 1996

101 »Hamburger Polizei« – Bericht des Parlamentarischen Untersuchungsausschusses der Hamburger Bürgerschaft, November 1996

102 Auch der UNO-Menschenrechtsausschuß, ein Expertengremium, das darüber wacht, ob die Vertragsstaaten des internationalen Pakts über bürgerliche und politische Rechte ihren aus dem Pakt erwachsenen Verpflichtungen nachkommen, äußerte sich im November 1996 besorgt über »Vorfälle polizeilicher Mißhandlungen, denen unter anderem Ausländer und insbesondere Angehörige ethnischer Minderheiten und Asylbewerber ausgesetzt sind«. Seit Mai 1995 sind Amnesty international mehr als vierzig neue Berichte über Mißhandlungen zugegangen, die die Kernaussage erhärten, daß polizeiliche Mißhandlungen keine isolierten Einzelvorkommnisse sind. Bei den Mißhandlungsopfern handelt es sich in erster Linie um Ausländer, darunter Asylbewerber und Angehörige ethnischer Minderheiten. Verletzungen, wozu in erster Linie Hämatome und Hautabschürfungen, zum Teil aber auch Knochenbrüche zählen, sind medizinisch dokumentiert. Die ärztlichen Gutachten lassen Vorwürfe der untersuchten Personen, mit Fausthieben oder Fußtritten traktiert oder mit einem Polizeiknüppel geschlagen worden zu sein, glaubwürdig erscheinen.

Amnesty beklagt auch, daß die strafrechtlichen Ermittlungen gegen die betreffenden Polizeibeamten den Kriterien der Unverzüglichkeit, Unparteilichkeit und Sorgfalt nicht gerecht geworden sind. Die Folge, so Amnesty: Die beschuldigten Polizeibeamten konnten sich häufig ihrer strafrechtlichen Verantwortung entziehen und blieben größtenteils auch disziplinarisch weitgehend

288

unbehelligt. Keiner der Beschwerdeführer ist für die erlittenen Verletzungen finanziell entschädigt worden.

In diesen Zusammenhang gehört auch das Schicksal des Nigerianers Kola Bankole. Der abgelehnte Asylbewerber kam im August 1994 auf dem Frankfurter Flughafen im Gewahrsam der Polizei zu Tode, nachdem man ihn gefesselt, geknebelt und mit einer Spritze ruhigzustellen versucht hatte, um seine Abschiebung nach Nigeria zu vollziehen. Das Verfahren gegen den Arzt, der das Beruhigungsmittel injiziert hatte, wurde im Februar 1997 gegen Zahlung einer Geldbuße eingestellt. Gegen die an der Abschiebung beteiligten Polizisten wurde keine Anklage erhoben. Quelle: Amnesty International, Neue Fälle, altes Muster – polizeiliche Mißhandlung in der Bundesrepublik Deutschland, 3. Juli 1997

[103] Im Bericht des europäischen Antifolterausschusses über seinen Besuch in Deutschland 1996 werden keine Feststellungen getroffen, daß in polizeilichen Einrichtungen in Deutschland festgehaltene Personen gefoltert oder in anderer Form mißhandelt worden seien. Allerdings werden Vorwürfe wiedergegeben, Polizeibeamte hätten bei der Festnahme im Übermaß Gewalt angewendet. Der Ausschuß empfahl, Personen in Polizeigewahrsam das Recht auf Benachrichtigung einer anderen Person, auf Zugang zu einem Rechtsanwalt und auf Inanspruchnahme eines Arztes ihrer Wahl zu gewähren.

[104] Vielen wollte es einfach nicht in den Kopf, daß deutsche Soldaten, die »von der Fahne« gegangen waren, im nachhinein auch noch eine Ehrenerklärung des Deutschen Bundestags bekommen sollten; wobei die Befürworter einer Rehabilitierung klargestellt hatten, daß dies nicht gelten konnte für Taten im Zusammenhang mit der Fahnenflucht, die auch nach heutigem Recht strafbar gewesen wären, also Diebstahl, Totschlag und Mord. Die Unklarheit im Denken und die Verschwommenheit des Menschenbildes brachten die Kritiker einer Rehabilitierung in innere Widersprüche: Auf der einen Seite wurden die Deserteure der NVA als Helden gefeiert, die Deserteure der Armee, die dem Nationalsozialismus gedient hatten, aber als Verbrecher angesehen.

[105] Bundestags-Drucksache 13/7162 vom 11. März 1997: Antrag der Fraktionen der CDU/CSU und F.D.P., Ausstellung »Vernichtungskrieg. Verbrechen der Wehrmacht 1941–1944«

[106] Süddeutsche Zeitung vom 15. Januar 1997

[107] Frankfurter Rundschau vom 27. Februar 1997

[108] Geo vom 3. März 1994

[109] Süddeutsche Zeitung vom 12. Dezember 1996

[110] Frankfurter Allgemeine Zeitung vom 9. Juni 1997

[111] Der Spiegel, Nr. 29/1997, S. 84

[112] Süddeutsche Zeitung vom 16. August 1997

[113] Der Spiegel, Nr. 39/1996, S. 94

[114] Lester C. Thurow, Die Zukunft des Kapitalismus, Düsseldorf/ München 1996

[115] Der Spiegel, Nr. 39/1996, S. 94

[116] Hans-Peter Martin, Harald Schumann, Die Globalisierungsfalle, Reinbek 1996

[117] Kaiserlicher Erlaß vom 4. Februar 1890, zitiert nach: Karl Diehl und Paul Mombert (Hrsg.), Ausgewählte Lesestücke zum Studium der politischen Ökonomie – Sozialpolitik, Frankfurt am Main 1984, S. 186

[118] Matthäus 25, 40

[119] UNICEF, Zur Situation der Kinder in der Welt 1997, Fischer Taschenbuch Verlag, Frankfurt am Main 1996, S. 23

[120] Süddeutsche Zeitung vom 12. Dezember 1996

[121] Arno Anzenbacher, Solidarität und Subsidiarität als Grundlage der Sozialen Marktwirtschaft, Vortrag vor dem Zukunftsforum »Soziale Sicherungssysteme« der CDU am 5./6. September 1996 in Bonn

[122] Ulrich Beck, in: Der Spiegel, Nr. 20/1996, S. 142

[123] Ebenda

[124] Arno Anzenbacher, a. a. O., S. 2

[125] Vergleichsdaten des BKA vom 14. Februar 1996

[126] Arno Anzenbacher, a. a. O., S. 8

[127] Ulrich Beck, a. a. O.

[128] Kölner Stadt-Anzeiger vom 27. Juni 1996

[129] Vgl. im folgenden: Günter Ogger, König Kunde – angeschmiert und abserviert, München 1996

[130] Ebenda, S. 32 f.

[131] Ebenda, S. 101

[132] Ebenda, S. 175 f.

[133] Gefährdetes Klima. Unsere Verantwortung für Gottes Schöpfung, Studie des Beirats des Beauftragten des Rates der Evangelischen Kirche in Deutschland für Umweltfragen, S. 11

[134] Johannes 5, 1-3

[135] Matthäus 4, 23

[136] Für eine Zukunft in Solidarität und Gerechtigkeit, Wort des Rates der Evangelischen Kirche in Deutschland und der Deutschen Bischofskonferenz zur wirtschaftlichen und sozialen Lage in Deutschland, S. 41

[137] Lukas 6, 36

[138] 1. Brief des Johannes 4, 20

[139] Deuteronomium/5. Mose 24, 17 ff.

[140] Lukas 18, 35-43

[141] Lukas 6, 6-11

[142] Grundrechtereport, a. a. O., S. 55

[143] Ebenda, S. 59

[144] Ebenda

[145] So die australische Wissenschaftlerin Helga Kuhse, eine Kollegin des Euthanasiebefürworters Peter Singer. Vgl. Grundrechtereport, a. a. O., S. 60

[146] Helmchen/Lauter, Dürfen Ärzte mit Demenzkranken forschen?, Stuttgart 1995, zitiert nach: Grundrechtereport, a. a. O., S. 61

[147] Bundestags-Drucksache 13/6736, S. 8 ff.

[148] Globus, UNFPA, 9. Juni 1997

[149] Bundestags-Drucksache 13/6736, S. 8 ff.

[150] stern, Nr. 19/1997, S. 36 ff.

[151] Deutscher Paritätischer Wohlfahrtsverband, Pressemitteilung vom 5. März 1997

[152] Junge Frauen haben eine geringere Erwerbsquote als junge Männer (Alter zwischen 15 und 20 Jahren). 1993 lag sie im Westen bei 33 Prozent, bei den Männern bei 38 Prozent. 1994 betrug die Quote der Frauen unter den noch nicht vermittelten Bewerbern auf dem Arbeitsmarkt im Westen 49,3 Prozent, im Osten 57,3 Prozent. (Berufsbildungsbericht 1994) Junge Frauen stellen 52 Prozent aller Bewerber für einen Ausbildungsplatz, aber nur 45 Prozent erhalten einen. Sie sind überproportional in den Vollzeitberufsbildungsschulen vertreten, die entweder gar keinen Abschluß oder einen Abschluß mit geringeren Chancen vermitteln. Trotz ihres geringen Anteils an den Auszubildenden in betrieblichen Ausbildungen sind 56 Prozent aller nicht Übernommenen Frauen, und 73 Prozent aller Arbeitslosen, die aus einem Ausbildungsverhältnis in die Arbeitslosigkeit geraten, sind junge Frauen. Der Anteil junger Frauen an den Sozialhilfeempfängern ist ebenfalls überproportional. 1993 waren von den Sozialhilfeempfängern im Alter von 18 bis 25 Jahren 55,2 Prozent weiblich. Nach wie vor dominieren die Frauen bei der privaten unbezahlten Haus- und Sorgearbeit und schließen sich dadurch selbst von den Normalarbeitsverhältnissen aus, die von den Männern dominiert werden. Das ist jedoch nur deswegen möglich, weil die

Frauen ihnen durch ihre unbezahlte Arbeit den Rücken freihalten. Vgl. Barbara Stiegler, in: Das Geschlecht als Bremse, zitiert nach: Frankfurter Rundschau vom 24. Juli 1997

[153] Bundestags-Drucksache 13/3389

[154] Frankfurter Allgemeine Zeitung vom 25. Juni 1997

[155] 1. Brief an Timotheus 4, 3

[156] Siehe auch: Uta Ranke-Heinemann, Eunuchen für das Himmelreich, Hamburg 1988, S. 125 ff.

[157] Lukas 15, 1; Matthäus 11, 18 und Lukas 7, 33

[158] Eugen Ruckstuhl, Jesus, Freund und Anwalt der Frauen, Stuttgart 1996, S. 46

[159] Matthäus 5, 32; Lukas 16, 18 und Markus 10, 11

[160] Markus 12, 38–40

[161] Johannes 7, 35

[162] Lukas 18, 2

[163] Lukas 7, 36–50

[164] Lukas 13, 10

[165] Markus 7, 24

[166] Johannes 4, 7

[167] Lukas 7, 36

[168] Eugen Ruckstuhl, a. a. O., S. 201

[169] Ebenda, S. 199

[170] Uta Ranke-Heinemann, a. a. O., S. 13 ff

[171] Ebenda

[172] Augustinus, De Genesi ad litteram, Buch 9, Vers 5–9, Patrologia Latina, Bd. 34

[173] Augustinus, De bono coniugali, Kapitel 17, Vers 20, Patrologia Latina, Bd. 40

[174] Ein guter Überblick über das Für und Wider einer angeblichen Begründung des Zölibats findet sich in: Uta Ranke-Heinemann, a. a. O., S. 41 ff.
Am Zölibat spalteten sich die Geister: Die Weltkirche brach auseinander. Der Bruch zwischen West- und Ostrom, der sich schon auf dem ersten allgemeinen Konzil von Nicäa im Jahr 325 angebahnt hatte, vergrößerte sich beträchtlich auf dem Trullanum II, einer byzantinischen Synode im Jahr 691/692. Das Konzil war von Kaiser Justinian II. als Reichssynode einberufen worden. In der Zölibatsfrage stellte sich die Synode in Opposition zum Papst. Kanon 13 lautet: »In der römischen Kirche müssen die, welche das Diakonat oder Priestertum erhalten wollen, versprechen, mit ihren Frauen keinen Umgang mehr zu haben. Wir aber gestatten ihnen gemäß den apostolischen Canones die Fortsetzung der Ehe.« Als Kompromißformel läßt sich Kanon 48 deuten: »Wird jemand zum Bischof geweiht, so soll seine Frau in ein ziemlich entferntes Kloster gehen. Aber der Bischof muß für sie sorgen. Ist sie würdig, so kann sie auch Diakonissin werden.«
Papst Sergius I. unterschrieb diese Canones allerdings nicht. Er erklärte, er wolle lieber sterben. Die orthodoxe Kirche gründet ihre Praxis noch heute auf das Trullanum II. Die überlieferten harten Strafen des Missionars Bonifatius für verheiratete Priester, Mönche und Nonnen – Prügelstrafe, Stäupung und Kerkerhaft für den Priester, Kahlschur des Kopfes und Klosteraufenthalt für deren Frauen – zeigen jedoch, daß die Mehrzahl der Kleriker um das Jahr 1000 noch verheiratet gewesen sein muß. Die Reformbewegung des Papstes Gregor VII. (gestorben 1085) zementierte die Ehelosigkeit der weströmischen Kleriker. Im Bannfluch über die Ostkirche 1054 durch Humbert von Silva Candida, den päpstlichen Legaten, wurde dies bestätigt. Heute wird die Zölibatsverpflichtung laut einer Umfrage bei Priesteramtskandidaten aus dem Jahr 1994 zu 52 Prozent abgelehnt. Die Entscheidung zum Zölibat müsse freigegeben werden.

[175] Gabriele Venzky, in: Die Zeit vom 1. November 1996

[176] Ebenda

[177] Ebenda

[178] Ebenda

[179] Levitikus/3. Buch Mose 19, 34

[180] Exodus 23, 9

[181] Exodus 20, 2 und 3

[182] Levitikus/3. Buch Mose 19, 33 ff.

[183] Brief an die Galater 3, 28

[184] Apostelgeschichte 10, 34; Brief an die Galater 2, 6

[185] Matthäus 25, 31–46

[186] Daniel Cohn-Bendit und Thomas Schmid, Heimat Babylon, Hamburg 1992

[187] Mitglieder der deutschen Olympiamannschaft in Atlanta, die nicht in Deutschland geboren wurden:

1. Medaillengewinner
   Marc-Kevin Goellner, Tennis, 1 Bronze, Brasilien
   Luan Krasniqi, Boxen, 1 Bronze, Jugoslawien
   Zoltan Lunka, Boxen, 1 Bronze, Rumänien
   David Prinosil, Tennis, 1 Bronze, Tschechien
   Arawat Sabejew, Ringen, 1 Bronze, Kasachstan
   Franke Sloothaak, Reiten, 1 Gold, Niederlande
   Andrej Tiwontschik, Stabhochsprung, 1 Bronze, Weißrußland
   Monika Weber-Koszto, Florett, 1 Bronze, Rumänien

2. Mitglieder ohne Medaille
   Alina Astafei, Hochsprung, Rumänien
   Valeri Belenki, Kunstturnen, Aserbaidschan
   Claudia Bokel, Degen, Niederlande
   Magdalena Brzeska, Rhythmische Sportgymnastik, Polen
   Piotr Bukowski, Wasserball, Polen
   Nancy Celis, Volleyball, Belgien
   Nischan Daimer, Gehen, Rußland
   Michelle Darvill, Rudern, Kanada
   Konstantin Dubrovin, Schwimmen, Ukraine

Claude Edorh, 100 Meter Hürden, Elfenbeinküste
Csilla Elekes, Handball, Ungarn
Davor Erjavec, Wasserball, Kroatien
Stephane Franke, 5000, 10 000 Meter, Frankreich
Artur Gevorgian, Luftpistole, Armenien
Jacek Huchwajda, Säbel, Polen
Robert Ihly, 20 Kilometer Gehen, Rußland
Eric Kaiser, 110 Meter Hürden, Komoren
Eva Kiss-Györi, Handball, Ungarn
Oleg Koutcherenko, Ringen, Ukraine
Emilia Luca, Handball, Rumänien
Olga Nemes, Tischtennis, Rumänien
Vigindas Petkevicius, Handball, Litauen
Raúl de la Pena, Wasserball, Mexiko
Dmitri Prochorow, Gewichtheben, Rußland
Miroslava Ritskiavitchius, Handball, Litauen
Igor Sadykov, Gewichtheben, Kirgisistan
Gesine Schiel, Florett, Schweden
Jie Schöpp, Tischtennis, Volksrepublik China
Uwe Sterzik, Wasserball, Tschechien
Marius Strzalka, Degen, Polen
Alfred Ter-Mkrtchyan, Ringen, Iran
Marius Toba, Turnen, Rumänien
Julia Voitowitsch, Schwimmen, Ukraine
Rifat Yildiz, Ringen, Türkei

[188] Benjamin Franklin, Beobachtungen über das Anwachsen der Menschen und die Bevölkerungsentwicklung in unserem Land, 1751

[189] Heidelberger Manifest vom 17. Juni 1981

[190] Grundrechtereport, a. a. O., S. 152

[191] Pro Asyl, Schreiben vom 4. März 1997

[192] Ebenda

[193] Deutscher Frauenrat und Pro Asyl, Info: Verfolgte Frauen schützen, März 1997

[194] Ebenda

[195] Ebenda

[196] Ebenda

[197] Die Zeit vom 4. Oktober 1996

[198] Die Welt, Süddeutsche Zeitung und Frankfurter Allgemeine Zeitung vom 8. August 1996

[199] Tagesspiegel vom 2. August 1996

[200] Matthäus 23, 23

[201] InfAusR 1994, 237/238

[202] Grundrechtereport, a. a. O., S. 86

[203] Welche Blüten die Polizeibürokratie treiben kann, mußte eine Frau aus Afghanistan auf dem Frankfurter Flughafen erleben. Frau N. war als asylberechtigt anerkannt und lebte in München. Im September 1994 suchte sie im Frankfurter Flughafen nach ihren vierzehn und siebzehn Jahre alten Söhnen A. und H., die tags zuvor ohne Begleitung mit dem Flugzeug angekommen waren. Sie entdeckte ihre Kinder gegen zehn Uhr durch die Glasscheibe zum Transitbereich und ließ dem Bundesgrenzschutz (BGS) über den Sozialdienst eine Paßkopie und ihre Adresse zukommen. Sie durfte ihre Söhne jedoch nicht sehen. Die Befragung der Söhne am Nachmittag durch den BGS erfolgte ohne die Mutter und ohne einen Rechtsbeistand. Da der BGS die Altersangaben der Kinder für falsch hielt, erfolgte – wiederum ohne die Mutter – eine radiologische Altersuntersuchung in der Flughafenklinik. Sie führte dazu, daß der BGS die Jungen als sechzehn- und achtzehnjährig einstufte und somit als asylantragsberechtigt. Erst am Mittag des nächsten Tages erhielt die Mutter die Erlaubnis, zwanzig Minuten mit ihren Kindern zu reden. Die am Nachmittag und am nächsten Morgen folgenden Anhörungen beim Bundesamt für die Anerkennung ausländischer Flüchtlinge fanden wieder ohne die Mutter statt. Erst danach konnte die Mutter mit Kopien der Geburtsurkunden die Richtigkeit der Altersangaben der Söhne beweisen. Da war der vierzehnjährige Sohn – ohne seinen Bruder – schon auf dem Weg zur Unterkunft für unbegleitete minderjährige Flüchtlinge in Schwalbach/Taunus. Am nächsten Tag folgte der Siebzehnjährige dorthin, wo die

Mutter – vier Tage nach der Ankunft auf dem Flughafen – ihre minderjährigen Kinder endlich in Empfang und nach München mitnehmen konnte. Quelle: Dokumentation des kirchlichen Flughafensozialdienstes in Frankfurt a. M. vom 30. November 1994, nach: Grundrechtereport, a. a. O., S. 89 f.

[204] Ebenda

[205] Die Zeit vom 13. Dezember 1997

[206] Süddeutsche Zeitung vom 16./17. November 1996

[207] Der Spiegel, Nr. 34/1997, S. 50

[208] Ebenda

[209] Die Zeit vom 13. Dezember 1996

[210] Auskunft des Bundesministeriums des Inneren vom 5. August 1997

[211] Die Zeit vom 11. April 1997

[212] Norbert Mappes-Niediek, Fremde in der alten Heimat, in: Süddeutsche Zeitung vom 5./6. April 1997

[213] Süddeutsche Zeitung vom 5./6. April 1997

[214] Süddeutsche Zeitung vom 7./8. Dezember 1996 und Frankfurter Rundschau vom 6. Dezember 1996

[215] Die Evangelische und die Katholische Kirche, Gemeinsames Wort zu den Herausforderungen durch Migration und Flucht, 1997

Heiner Geißler
Gefährlicher Sieg

Die Bundestagswahl 1994 und ihre Folgen
Gebunden

Steht Deutschland angesichts einer knappen Regierungs-
mehrheit und einer möglichen sozialdemokratischen
Gegenregierung im Bundesrat vor einem politischen
Umbruch? Heiner Geißler, einer der brillantesten politischen Köpfe Deutschlands, analysiert in diesem span-
nenden Buch offen und rückhaltlos die politischen Konsequenzen und Gefahren des Machtpatts in Bonn.

VERLAG
KIEPENHEUER
&WITSCH

Franca Magnani
Mein Italien

Herausgegeben von Sabina und Marco Magnani
Mit zahlreichen Fotografien
Gebunden

»Den Beruf der Journalistin habe ich mir nicht ausge-
sucht, ich wurde hineingeboren«, sagte Franca Magnani
einmal. Seit 1964 war sie für die deutschen Fernsehzu-
schauer die »Stimme Italiens«. Die wichtigsten Beiträge
aus 30 Jahren journalistischer Arbeit – von ihr zusam-
mengestellt, von ihrer Tochter und ihrem Sohn herausgegeben – liegen nun vor.

VERLAG
KIEPENHEUER
&WITSCH

Alice Schwarzer
Marion Dönhoff

Ein widerständiges Leben
Mit zahlreichen Abbildungen
Gebunden

Alice Schwarzer begegnet Marion Gräfin Dönhoff – das
Ergebnis ist ein überraschendes, passioniertes Porträt
von Deutschlands bedeutendster Journalistin der Pio-
niergeneration.

VERLAG
KIEPENHEUER
&WITSCH

Hildegard Hamm-Brücher
Freiheit ist mehr als ein Wort

Eine Lebensbilanz
Mit zahlreichen Abbildungen
Gebunden

Hildegard Hamm-Brüchers Buch ist ein bedeutendes Dokument der Zeitgeschichte und das spannende Buch einer mutigen und selbstbewußten Frau.

VERLAG
KIEPENHEUER
&WITSCH